菁莪乐育：全环境立德树人的校本实践研究

郭峰 著

中国出版集团有限公司
China Publishing Group Co., Ltd.
现代出版社

图书在版编目(CIP)数据

菁莪乐育 ： 全环境立德树人的校本实践研究 / 郭峰著 .
北京 ： 现代出版社， 2025. 8. -- ISBN 978-7-5231
-1656-2

Ⅰ . G621

中国国家版本馆 CIP 数据核字第 2025YE6383 号

菁莪乐育 ： 全环境立德树人的校本实践研究

JINGELEYU：QUANHUANJING LIDESHUREN DE XIAOBEN SHIJIAN YANJIU

著　　者　郭　峰

责任编辑　袁　涛
责任印制　贾子珍
出版发行　现代出版社
地　　址　北京市安定门外安华里 504 号
邮政编码　100011
电　　话　010-64267325
传　　真　010-64245264
网　　址　www.1980xd.com
印　　刷　河北联合印务有限公司
开　　本　170mm × 240mm　1/16
印　　张　21.5
字　　数　310千字
版　　次　2025年9月第1版　2025年9月第1次印刷
书　　号　ISBN 978-7-5231-1656-2

定　　价　79.00元

前　言

教育是国之大计、党之大计。党的二十大报告明确指出，要“全面贯彻党的教育方针，落实立德树人根本任务，培养德智体美劳全面发展的社会主义建设者和接班人”。在这一时代背景下，如何将立德树人根本任务落到实处，如何在新时代背景下传承中华优秀传统文化，培养担当民族复兴大任的时代新人，成为每一所学校必须面对和解决的重大课题。

济宁学院第二附属小学，坐落于孔子故里——山东省曲阜市，这片沃土孕育了中华文明的重要源头，滋养了儒家文化的精髓。学校秉承“菁莪乐育”校训，立足于深厚的文化底蕴，积极探索将孔子教育思想与现代教育理念相融合的实践路径，构建了一套全方位立德树人的校本实践体系，为新时代基础教育的改革与发展提供了宝贵经验。

本书以《菁莪乐育：全方位立德树人的校本实践》为题，系统梳理和总结了济宁学院第二附属小学在全方位立德树人方面的校本实践经验。“菁莪”一词源自《诗经·小雅·菁菁者莪》：“菁菁者莪，在彼中阿。”意指教育者要像培育菁菁芳草一样培养人才；“乐育”则体现了教育实践的幸福感和成就感，寓意教育者以培育人才为乐事。“菁莪乐育”既是对中华优秀传统文化的传承，也是对现代教育理念的创新诠释，凝聚了学校对教育本质的深刻理解和对育人使命的坚定担当。

全方位立德树人，是对教育实践的全面要求，也是学校教育的根本任务。它要求我们从环境、管理、课程、教学、活动等多维度构建育人体系，形成全员、全程、全方位育人格局。济宁学院第二附属小学在这一理念指导下，通过系统设计和实践探索，形成了具有鲜明特色的校本实践模式，为新时代基础教育的改革与发展提供了有益借鉴。

本书共分为十编二十章，全面展现了学校在全方位立德树人方面的理论探索和实践创新。第一编聚焦学校的历史传承与文化根基，梳理学校的发展历程和文化积淀；第二编阐述学校的办学理念与发展规划，展现学校的顶层设计和战略布局；第三编探讨环境育人的实践探索，呈现学校在儒雅校园建设和文化环境营造方面的创新实践；第四编分析学校管理体系的科学构建，揭示学校治理的内在机制和动力源泉；第五编详述学校育人模式的全面实践，展示五育并举、君子教育和十大行动的系统推进；第六编介绍学校在课程建设与教学改革方面的创新举措，阐释育人核心载体的优化路径；第七编呈现学校在合作共育方面的多元实践，展现学校、家庭、社会协同育人的丰富经验；第八编总结学校的特色项目与创新实践，凸显学校发展的亮点和动力；第九编展示学校的办学成果与经验总结，提炼可资借鉴的理论成果；第十编展望学校未来发展的方向与愿景，指明持续创新的前进路径。

本书的写作，旨在系统总结济宁学院第二附属小学在全方位立德树人方面的校本实践经验，为基础教育实践者提供可借鉴的实践案例和理论指导。我们希望通过这本专著，能够引发教育实践者对立德树人根本任务的深入思考，激发更多学校在传承中华优秀传统文化、创新育人模式方面的探索热情，共同为培养德智体美劳全面发展的社会主义建设者和接班人贡献智慧和力量。在新时代的教育征程上，我们将继续秉承“菁莪乐育”的教育理念，坚持全方位立德树人的根本任务，不断在基础教育领域对中华优秀传统文化创新实践、总结经验，为中国基础教育的改革与发展贡献更多的济宁学院第二附属小学方案和孔孟之乡的教育经验智慧。

郭峰

2025年5月

目录

第一章 百年历程：学校发展的历史沿革

第一节 学校发展的历史脉络与积淀

一、百年办学历程的时代背景

济宁学院第二附属小学的百年历史，是中国近现代教育发展的一个缩影。济宁学院第二附属小学的创建，要追溯到20世纪初中国教育现代化的历史浪潮。清末民初，当时的中国内忧外患，社会动荡不安。在这样的历史背景下，教育被视为救国图强的重要途径，各地兴办新式学堂，推动教育改革。随着“废科举、兴学堂”教育改革的推进，全国各地掀起了创办新式学堂的热潮。1904年，清政府颁布《奏定学堂章程》(又称“癸卯学制”)，标志着中国近代学制的正式确立。在这一历史背景下，曲阜地区的教育事业迎来了新的发展契机。

作为孔子故里的曲阜，在这场教育变革中展现出了独特的文化底蕴和教育传统。当时的曲阜，文化氛围浓厚，儒家传统深厚，社会各界对创办新式学堂的呼声日益高涨，1905年山东省官立四氏学堂(山东省曲阜师范学校)应时而生。在当地开明士绅和教育先驱的共同努力下，1908年，济宁学院第二附属小学的前身——“曲阜师范学校附属小学”正式创立。学校选址于曲阜师范学校南院，毗邻孔庙，占地面积约五亩，初建时仅有教室六间，教职员工8人，招收学生60余名，曲阜师范学校第一任总理、第74代衍圣公孔令贻兼任附小主任(即校长)。尽管条件简陋，但这所新式小学堂的创立，标志着曲阜地区基础教育的现代转型迈出了重要一步。

值得一提的是，学校的创立得到了当地社会各界的广泛支持。不少士绅捐资捐物，支持学校建设；当地百姓也纷纷送子入学，支持新式教育。这种全社会共同参与的办学模式，为学校的早期发展奠定了坚实的社会基础。

曲阜，作为孔子故里，自古以来就是中华文化的重要发源地。在这片沃土上创办一所新式学堂，既是时代发展的必然，也是文化传承的使命。学校的创办，标志着曲阜教育开始从传统私塾教育向现代学校教育转变，是中国教育现代化进程中的一个重要节点。

二、学校创建与早期发展（1908—1949年）

作为一所师范性质的附属小学，学校的创办不仅为当地儿童提供了接受现代教育的机会，也为师范生提供了教育实习的平台，主要承担师范生教育实习和教学研究的功能，对推动当地教育现代化进程具有重要意义。

创校之初，学校秉承“传承儒家文化，培育时代新人”的办学理念，既注重传统文化的传承，又积极引入新式教育理念和方法；既传承了儒家“有教无类”“因材施教”的教育思想，又引入了现代教育理念和方法，形成了独特的教育风格。课程体系上，除了传统的经史子集外，还开设了算术、格致（自然科学）、体操等新式课程，开展美国道尔顿教育实验，体现了中西融合的教育思想。这一时期，学校的教育实践在当时的教育界产生了较大影响。吸引到当时作为记者、后来成为著名教育家的黄炎培先生到校视察，并给予“全国小学之冠”的高度评价，这份美誉不仅是对学校办学成就的肯定，也为学校的发展指明了方向。

在学校发展的早期，一批教育名家的引领和支持，极大地提升了学校的办学品质。山东省“民国三大教育家”之一的王祝晨校长的治校理念和实践，为学校的发展奠定了坚实基础；李广田等名师的执教，提高了学校的教学水平和文化品位。他们的教育思想和实践，为学校奠定了深厚的文化底蕴和教育传统。

这一时期，学校形成了注重德育、重视实践、追求卓越的办学传统，培养了大批优秀人才，在当时的教育界产生了较大影响。这些宝贵的教育经验和文化传统，成为学校百年发展的重要精神财富。

这一时期，学校虽然经历了战争和社会动荡的考验，但始终坚持办学，为当地培养了大批优秀人才，在曲阜教育史上留下了浓墨重彩的一笔。

三、曲折发展时期（1949—1989年）

新中国成立后，学校随着国家教育体制的调整而几经变迁。这一时期，学校的发展道路并不平坦，曾多次停办，但学校的精神和传统并未中断。在各种历史条件下，学校始终坚持教育初心，以自强不息的精神在百年历程中积淀了丰厚的精神文化，在不同历史时期都创造了时代的辉煌。

这一时期，虽然学校的发展受到了诸多限制，但教育实践者的教育热情和专业精神得到了传承和发展。学校的教育理念和教学策略也在实践中不断完善，为后来的复校奠定了基础。

四、复校与新发展（1989年至今）

（一）涅槃重生，重新复校

1989年，在时任国务院副总理万里同志的关怀下，学校正式复校招生，揭开了学校发展的新篇章。这是学校发展史上的重要转折点。复校初期，学校领导班子制定了明确的发展目标和策略，注重教师队伍建设，改善办学条件，提高教育教学质量，学校的社会声誉逐步提升，为后续发展奠定了基础。复校后，学校面临着诸多困难和挑战，但全体教职员工团结一心，克服困难，重建校园，恢复教学秩序，使学校焕发出新的生机。

1993年，经济宁市教育局与曲阜市人民政府协商，学校迁至南新区（现址），曲阜市实验小学分校并入曲阜师范学校附属小学。

（二）更名与管理体制变革：发展格局的拓展（2008 年、2016 年）

2008年11月11日，学校更名为济宁学院第二附属小学，主管单位为济宁学院。这一变革，使学校的发展有了更广阔的平台和更丰富的资源，学校的办学条件和教育质量得到了进一步提升。

2016年12月，学校划归济宁市教育局主管，成为济宁市教育局唯一驻县级城市的市直学校。这一管理体制的变革，进一步拓展了学校的发展格局，提高了学校的办学地位和影响力，为学校的特色发展提供了新的机遇和条件。

五、特色发展：儒家文化与现代教育的融合（2009年至今）

2009年以来，学校开始探索儒家文化与现代教育的融合之路，这是学校发展的又一重要转折点。2010年，学校成功举办了“首届孔子教育思想与现代小学教育研讨会”，标志着学校特色发展战略的正式启动。

在这一阶段，学校以“菁莪乐育”为校训，以孔子“仁爱”思想为魂，依托身处儒家文化发源地曲阜的地域优势和文化优势，不断探索儒家优秀传统文化与现代小学教育完美结合的特色发展之路，形成了具有鲜明特色的校本课程体系和育人模式，成为济宁市中小学传统文化教育的标杆学校和窗口学校。

复校后的学校发展总体分为六个重要阶段：

（一）起步阶段（1989—1993年）

学校刚刚复校，百废待兴，主要任务是恢复正常教学秩序，建立基本的教学和管理体系。

（二）发展阶段（1993—2005年）

学校迁至新址后，办学条件得到改善，教育教学质量稳步提升，学校的社会影响力逐渐扩大。

（三）奠基阶段（2006—2008年）

学校成功举办了百年校庆系列活动，争创成功省规范化学校、省教学示范校、省少先队规范化学校。建立起规范、科学、民主的管理体系，促进了学校管理水平的提高，大大激发了全校师生的积极性，提升了全校师生的自信心，锻炼了师生的能力，迅速提高了办学水平和质量，扩大了办学影响；初步确定学校整体办学方向，制订了第一个三年发展规划，为学校跨越发展奠定了坚实的基础。

（四）构建阶段（2009—2010年）

学校成功召开首届孔子教育思想与现代小学教育研讨会，开始探索儒家文化与现代教育的融合之路，学校特色逐渐形成。

（五）巩固阶段（2011—2018年）

学校以“菁莪乐育”为校训，以孔子“仁爱”思想为魂，全面实施“以校为本的新基础教育改革”，不断探索儒家优秀传统文化与现代小学教育完美结合的特色发展之路，已成为具有广泛影响力和鲜明儒家文化特色的学校。

（六）创新发展阶段（2018年至今）

作为济宁市“两创”示范校、创新实验重点校，山东省传统文化体验校，不断落实立德树人根本任务，以文化人，素养为导，教学为先，通过全员、全方位、全过程、全要素实现全环境立德树人。

历经以上办学过程，学校的办学成就得到了社会各界的广泛认可，先后荣获全国国防教育示范校、全国中华优秀传统文化教育示范校、团中央国学之声传统文化教育基地、全国首批十所传统文化教育协同校之一、山东省教学示范校、规范化学校、教科研先进单位、少先队工作规范化学校、优秀家长学校、安全标杆校等荣誉称号。学校涌现出齐鲁名校长、齐鲁名师、省特级教师、济宁市特级教师、济宁市骨干教师、济宁市级教学能手等一大批优秀教师，在国家、省级刊物发表论文100余篇，课题结题20余项，编撰开发校本教材《走近孔子》，教师主编、参编著作20余部，国家级基础教育成果一项，省级教学成果二项。

第二节 21世纪的跨越式发展

一、办学规模的扩大与条件的改善

进入21世纪，济宁学院第二附属小学迎来了跨越式发展的新时期。在党和政府的高度重视下，在社会各界的大力支持下，学校办学规模不断扩大，办学条件显著改善，综合实力大幅提升。

2003年，为适应城市发展和教育需求，学校启动了新校区建设工程。经过两年的规划建设，2005年9月，建成新教学楼。新校区建成后，学校办学规模迅速扩大，从原来的12个教学班扩大到24个教学班，学生人数从700人增加到1500人，极大地缓解了周边地区"入学难"问题。

新教学楼建设不仅扩大了学校规模，更显著改善了学校办学条件。新教学楼按照现代化学校标准规划建设，配备了先进的教育教学设施。教学楼宽敞明亮，每间教室都配备了多媒体教学设备；实验楼设有科学实验室、计算机教室、语音教室等专用教室，为学科教学提供了良好条件；图书馆藏书丰富，阅览室环境舒适，为师生提供了良好的阅读空间；篮球场、田径场等体育设施一应俱全，满足了学生体育锻炼和体育教学需求；舞蹈室、美术室等艺术教育场所，为学生艺术素养培养创造了条件。

2008年，为进一步改善办学条件，学校启动了儒雅校园环境综合整治工程。这一工程包括校园绿化美化、文化景观建设、基础设施更新等内容，使校园环境更加优美、舒适，文化氛围更加浓厚。工程完成后，校园内绿树成荫，花草遍布，四季常青，成为一座名副其实的花园式学校。

2010年，学校启动了教育信息化建设工程，投入大量资金购置先进的教育信息化设备，建设校园网络系统，开发数字教育资源，推进信息技术与教育教学的深度融合。这一工程的实施，使学校的教育信息化水平跃上新台阶，为实现教育现代化奠定了坚实基础。

2015年，为适应教育国际化发展趋势，学校建设了国际交流中心，为开展国际教育交流提供了场所和平台。同年，学校还建成了创客教育中心，为学生创新教育提供了专业场所和设备支持。

2018年，学校启动了智慧校园建设工程，引入人工智能、大数据、云计算等现代信息技术，构建了智能化、数字化的教育教学和管理服务体系，实现了教育教学、学校管理、校园生活等各方面的智能化、便捷化，为师生提供了更加智能、高效的教育教学和生活环境。

2020年，面对新冠疫情带来的挑战，学校迅速调整策略，加强线上教育资源建设，完善线上教学平台，确保了“停课不停学”。疫情过后，学校总结经验，进一步加强了混合式教学环境建设，形成了线上线下相结合的教育教学新模式。

2023年，面对人工智能的迅猛发展，学校启动新一轮数字化建设，省级录播室，更换希沃白板、加强数字化培训，提升教师数字化素养。

2025年，与香港学校建立人工智能姊妹校，启动STEAM教育、跨学科教学等，以应用为驱动，与课程建设相融合，持续构建数字化现代化儒雅校园。

“苔花如米小，也学牡丹开。”通过持续不断的建设和改善，济宁学院第二附属小学的办学规模和条件得到极大提升，成为济宁市开展传统文化教育的标杆学校和窗口学校，为学校教育教学质量的提升和特色发展奠定了坚实的物质基础。

二、教育教学改革的深入推进

近年来，济宁学院第二附属小学紧跟国家教育改革发展趋势，深入推进教育教学改革，在课程建设、教学策略、评价机制等方面开展一系列创新探索，取得了显著成效。

在课程建设方面，学校坚持“国家课程校本化、校本课程特色化、课程实施多样化”的原则，构建了多元、丰富、特色鲜明的课程体系。一方面，学校认真落实国家课程方案，确保国家课程的有效实施；另一方面，学校立足自身特色和优势，开发了一系列校本课程，如经典诵读课程、甲骨文课程、书法艺术、科技创新、环保教育等，丰富了学生的学习内容，拓宽了学生的视野和能力。

2005年，学校启动了“基于核心素养的课程整合”改革，打破学科界限，以主题方式整合各学科内容，形成了一批跨学科综合课程，如“生态文明”“科技创新”“文化传承”等，促进了学生知识的整合和能力的综合发展。

2010年，学校实施了“选修课程超市”计划，开设了五十多门选修课程，涵盖科技、艺术、体育、人文等多个领域，学生可以根据自己的兴趣和特长自主选择课程，实现了课程的个性化和多样化，满足了学生的不同发展需求。

2015年，学校启动了“项目式学习”改革，引导学生通过完成真实、复杂的项目任务，培养解决问题的能力和团队合作精神。这一改革打破了传统的课堂教学模式，使学习更加贴近实际、更具挑战性，极大地激发了学生的学习兴趣和创新精神。

在教学策略方面，学校积极推进教学方式变革，倡导启发式、探究式、参与式教学，注重培养学生的自主学习能力和创新思维。学校大力推广“小组合作学习”“探究性学习”“体验式学习”等先进教学策略，使课堂教学更加生动活泼、富有成效。

2018年，学校实施了“导学案教学”改革，通过精心设计的导学案，引导学生自主学习、合作探究、展示交流，实现了教师角色从“教学中心”向“学习引导者”的转变，学生角色从“被动接受者”向“主动学习者”的转变。

2012年，学校推行了“翻转课堂”教学模式，利用信息技术和网络资源，实现了课前自主学习、课中互动探究、课后拓展提升的教学流程，提高了课堂教学效率和质量。

2016年，学校开展了“基于核心素养的深度学习”研究，探索如何通过深度学习培养学生的核心素养，形成了一套行之有效的教学策略和方法，如问题链设计、深度对话、思维可视化等，促进了学生高阶思维能力的发展。

在评价机制方面，学校坚持“以评促学、以评促教、以评促改”的原则，构建了多元、科学、发展性的评价体系。学校改变了传统的单一考试评价方式，建立了综合素质评价制度，通过观察、访谈、作品分析、表现性评价等多种方式，全面评价学生的发展状况。

2010年，学校实施了“成长档案袋”评价改革，通过收集、整理、分析学生在学习过程中的各种资料和作品，形成对学生成长的动态记录，为学生的个性化指导提供了依据。

2013年，学校建立了“学生成长电子档案”系统，利用信息技术手段，对学生的学习过程和成长轨迹全面记录和分析，形成了更加科学、客观的评价机制。

2022年，学校开展了“基于大数据的精准评价”研究，利用大数据技术对学生的学习行为和学习结果分析，为学生的个性化学习提供精准指导，为教师的教学改进提供数据支持。

通过持续不断的教育教学改革，济宁学院第二附属小学的教育教学质量显著提升，学生的核心素养和关键能力得到了全面发展，学校的教育教学特色也日益彰显。

三、办学特色的形成与发展

21世纪以来，济宁学院第二附属小学在传承优良传统的基础上，不断探索创新，逐步形成了鲜明的办学特色，成为学校发展的重要标志和核心竞争力。

学校地处孔子故里，儒家文化底蕴深厚。基于这一独特的文化背景和资源优势，学校确立了“传承儒家文化，培育君子人格”的办学特色方向，通过系统的课程建设、丰富的文化活动、浓厚的校园文化氛围，将儒家文化的精髓融入学校教育的各个方面，形成了独具特色的“君子教育”模式。

2005年，学校启动了“君子教育”特色项目，系统梳理了儒家文化中的教育思想和人格理念，提炼出“仁、义、礼、智、信、和、中、正”八大君子品格要素，构建了以培养“君子人格”为核心的德育体系。学校开发了《论语》诵读、《弟子规》学习、《三字经》解读等一系列传统文化课程，将儒家经典融入课堂教学；组织了“经典诵读”“礼仪展示”“志学礼”“开笔礼”“修身礼”等丰富多彩的文化活动，让学生在活动中感受传统文化的魅力；建设了“菁莪园”“知新阁”“学而亭”“百家姓墙”“孔子广场”“四书五经长廊”“杏坛舞台”等文化景观，营造浓厚的文化氛围，使学生在潜移默化中受到传统文化的熏陶。

2008年，学校提出了“菁莪乐育”的教育理念，源于《诗经·小雅·菁菁者莪》中“菁菁者莪，乐育材也”的诗句，意为“像培育茂盛的菁莪一样，快乐地培养人才”。这一理念既体现了儒家“乐教”思想，又融合了现代教育的“快乐学习”理念，成为学校特色发展的重要指导思想。在这一理念指导下，学校注重创设愉悦、和谐的教育环境，采用生动、活泼的教学策略，开展丰富、多彩的教育活动，使学生在快乐中学习、在学习中快乐，实现了教育的最佳效果。

2015年，学校启动了“五育并举”特色项目，围绕德智体美劳全面发展的教育目标，构建了系统、完整的育人体系。在德育方面，学校以“君子教育”为核心，培养学生的道德品质和人格修养；在智育方面，学校注重培养学生的创新思维和实践能力，开设了科技创新、创客教育等特色课程；在体育方面，学校实施“阳光体育”计划，开展了丰富多彩的体育活动，培养学生的健康体魄和运动习惯；在美育方面，学校开设了音乐、美术、舞蹈、戏剧等艺术课程，培养学生的审美情趣和艺术素养；在劳育方面，学校开展了劳动技能培训、社会实践、志愿服务等活动，培养学生的劳动意识和实践能力。通过“五育并举”，学校实现了学生的全面发展和个性发展的有机统一。

2020年，面对新冠疫情带来的挑战，学校创新提出了“云端君子”教育模式，将“君子教育”与线上教育相结合，通过网络平台开展经典诵读、礼仪教育、道德实践等活动，确保了特色教育的持续推进。疫情过后，学校总结经验，进一步完善了“线上线下相结合”的特色教育模式，拓展了特色教育的时空维度和实施路径。

2022年，学校明确提出了“全环境立德树人十大行动”育人工程，包括“党建领航行动、君子修身行动、书香润泽行动、智慧启迪行动、健体强魄行动、雅韵涵养行动、劳动砺行行动、家校共育行动、名师锻造行动、文化铸魂行动”。将立德树人融入校园生活，形成了全方位、多层次的育人体系，为学生培根铸魂、厚植文化根基、全面发展提供了系统支持。

通过多年的探索和实践，济宁学院第二附属小学的办学特色日益鲜明，特色项目的影响力和辐射力不断扩大，成为学校发展的重要标志和核心竞争力。学校的特色发展经验多次在省市级教育会议上交流推广，引起了广泛关注和好评，为区域基础教育的特色发展提供了有益借鉴。

第三节 历史经验与发展启示：百年办学的历史经验总结

回顾济宁学院第二附属小学百余年的发展历程，我们可以总结出以下几点宝贵的历史经验：第一，坚持正确的办学方向是学校发展的根本保证。百余年来，学校始终坚持以培养德智体美劳全面发展的社会主义建设者和接班人为根本任务，坚持社会主义办学方向，坚持立德树人，这是学校能够持续健康发展的根本原因。无论时代如何变迁，学校始终不忘初心，牢记使命，坚持为党育人、为国育才，培养了一代又一代优秀人才，为国家和社会发展做出了重要贡献。

第二，传承创新的教育理念是学校发展的不竭动力。学校地处孔子故里，儒家文化底蕴深厚。百余年来，学校始终坚持传承中华优秀传统文化，特别是儒家教育思想，同时又不断吸收现代教育理念和方法，实现了传统与现代的有机融合，古老智慧与时代精神的完美结合。从早期的“传承儒家文化，培育时代新人”，到如今的“菁莪乐育”理念，学校的教育思想既保持了文化根脉的连续性，又展现了与时俱进的创新性，为学校发展提供了强大的思想动力。

第三，“注重内涵发展”是学校持续进步的关键所在。百余年来，学校始终把提高教育质量作为核心任务，注重内涵发展，不断深化教育教学改革，优化育人模式，提升办学水平。特别是21世纪以来，学校在课程建设、教学策略、评价机制等方面开展一系列创新探索，形成了特色鲜明的育人体系，实现了教育质量的显著提升。学校的发展历程表明，只有坚持内涵发展，才能实现教育质量的持续提升和学校事业的长久发展。

第四，“特色发展”是学校竞争力的重要体现。百余年来，学校始终注重特色发展，立足自身优势和资源，形成了鲜明的办学特色。从早期的传统文化教育特色，到如今的“君子教育”模式，学校的特色发展道路越走越宽广，特色项目的影响力和辐射力不断扩大，成为学校的重要标志和核心竞争力。学校的发展历程表明，特色发展是学校在激烈的教育竞争中脱颖而出的重要途径，是学校可持续发展的重要保障。

第五，“改革创新”是学校发展的不竭动力。百余年来，学校始终保持改革创新的精神，勇于探索，敢于实践，不断推进教育教学改革和管理创新。从早期的新式教育实验，到如今的信息化、国际化、智能化探索，学校的改革创新步伐从未停止，为学校发展注入了源源不断的活力。学校的发展历程表明，只有坚持改革创新，才能适应时代发展要求，满足社会和学生的多样化需求，实现学校的可持续发展。

第六，“开放合作”是学校发展的重要途径。百余年来，学校始终坚持开放办学，积极与社会各界合作，整合各种教育资源，拓展发展空间。从早期的社会各界支持办学，到如今的国际交流合作，学校的开放程度不断提高，合作领域不断拓展，为学校发展提供了广阔的平台和丰富的资源。学校的发展历程表明，开放合作是学校获取资源、拓展空间、提升水平的重要途径，是学校可持续发展的必然选择。

第七，“以人为本”是学校发展的核心理念。百余年来，学校始终坚持以人为本，关注师生的全面发展和幸福成长。学校尊重教师的专业自主权，关心教师的专业发展和生活福祉；尊重学生的个体差异，关注学生的全面发展和个性发展；尊重家长的教育需求，积极推进家校合作。这种以人为本的理念，使学校形成了和谐、民主、进取的文化氛围，为学校发展提供了强大的内在动力。学校的发展历程表明，只有坚持以人为本，才能激发师生的创造活力，实现学校的和谐发展。

第八，“一以贯之”是学校发展的内核动力。坚持就是力量，紧紧围绕扎根孔孟大地“办一所体现孔子教育思想的现代学校”目标方向，长期执着做好传统文化教育，坚持系统化建设，体系化推进，不断丰富办学体量，打通内在教育各要素，实现各要素的融合和适配协调。坚守教学为先，课比天大，始终把教育质量作为学校的生命线，不断更新教育理念，数字化赋能，丰富学与教的策略，把教育实践作为学校的重心工作，努力办人民满意的教育。坚守教师队伍建设，是提升学校办学品质的关键，要注重教师的专业发展和成长，倡导以专业赢得尊重。

这些宝贵的历史经验，是济宁学院第二附属小学百余年发展历程的精华所在，也是学校未来发展的重要指导和借鉴。

二、面向未来的发展启示

济宁学院第二附属小学百余年的发展历程，不仅为我们提供了宝贵的历史经验，也为学校未来发展提供了重要启示。

第一，坚持立德树人，培养时代新人。未来学校发展必须始终坚持立德树人根本任务，把培养德智体美劳全面发展的社会主义建设者和接班人作为根本目标。要深入贯彻党的教育方针，全面落实立德树人根本任务，坚持“五育并举”，促进学生全面发展。要把社会主义核心价值观融入教育教学全过程，引导学生树立正确的世界观、人生观、价值观，培养学生的爱国情怀、社会责任感、创新精神和实践能力，使学生成为德智体美劳全面发展的社会主义建设者和接班人。

第二，传承创新并重，构建现代教育体系。未来学校发展必须坚持传承与创新并重，在传承中华优秀传统文化的基础上，积极吸收现代教育理念和方法，构建具有中国特色、时代特征的现代教育体系。要深入挖掘儒家文化中的教育智慧，特别是孔子的教育思想，将其与现代教育理念和方法有机融合，形成既有文化根脉又有时代特征的教育体系。要坚持“菁莪乐育”理念，创新教育教学方式，优化育人环境，使学生在快乐中学习、在学习中快乐，实现教育的最佳效果。

第三，深化教育改革，提升教育质量。未来学校发展必须坚持以提高质量为核心，深化教育教学改革，创新育人模式，提升教育质量。要深化课程改革，构建多元、丰富、特色鲜明的课程体系，满足学生的多样化学习需求；要创新教学策略，推进“AI+教育”，实现数字化技术与教育教学的深度融合，提高教学效率和质量；要改革评价机制，建立多元、科学、发展性的评价体系，促进学生的全面发展和个性发展；要加强教师队伍建设，提高教师的专业素质和教育教学能力，为提高教育质量提供人才保障。

第四，坚持特色发展，打造教育品牌。未来学校发展必须坚持特色发展道路，进一步深化以“菁莪乐育”为引领的全环境立德树人校本实践体系，擦亮“君子教育”德育特色，丰富“中华优秀传统文化进校园十大路径”，打造具有全国影响力的教育品牌。要系统梳理和提炼“菁莪乐育”的理论体系，深化对儒家教育思想的研究和阐释，形成具有学术价值和实践指导意义的理论成果；要完善“菁莪乐育”的实践体系，创新实施路径和方法，形成可复制、可推广的实践模式；要扩大“菁莪乐育”的影响力和辐射力，通过多种形式的交流推广，使“菁莪乐育”成为学校的金字招牌和核心竞争力。

第五，推进教育现代化，适应时代发展要求。未来已来，将至已至，数字化的浪潮滚滚而来，只有紧紧抓住时代列车的把手，才不会被历史列车甩下。未来学校发展必须顺应教育现代化的时代潮流，积极推进教育信息化、国际化、智能化，适应时代发展要求。要加强教育信息化建设，推进信息技术与教育教学的深度融合，实现教育形态、教学模式、学习方式的变革创新；要推进教育国际化，拓展国际视野，加强国际交流合作，培养具有国际竞争力的人才；要探索教育智能化，利用人工智能、大数据、云计算等现代技术，构建智能化、个性化的教育教学和管理服务体系，提高教育的智能化水平和精准度。

第六，加强开放合作，整合优质资源。坚持一起办教育，对学生成长负责，校家社都是持份者，都是学校建设与发展的历史见证者和建设者。未来学校发展必须坚持开放办学，加强与社会各界的合作，整合各种优质教育资源，拓展发展空间。要加强与高校的合作，特别是与曲阜师范大学、孔子研究院、济宁学院、孔子博物馆等的合作，充分利用高校和研究院所的学科优势和人才优势，提升学校的教育教学水平；要加强与企业的合作，引入企业资源技术和平台，为学生的创新教育和实践教育提供支持；要加强与社区的合作，开展社区教育和服务，实现学校与社区的共生共荣；要加强与国内外优质学校的合作，通过校际交流和合作项目，拓展师生视野，提升学校水平。

第七，坚持以人为本，促进师生共同发展。学生是学习和发展的主体，理应站在教育的最中央。未来学校发展必须坚持以人为本，关注师生的全面发展和幸福成长，营造和谐、民主、进取的文化氛围。要尊重教师的专业自主权，关心教师的专业发展和生活福祉，激发教师的创造活力和工作热情；要尊重学生的个体差异，关注学生的全面发展和个性发展，为每个学生提供适合的教育；要尊重家长的教育需求，积极推进家校合作，形成教育合力；要构建和谐、民主、进取的学校文化，为师生的发展创造良好环境。

这些发展启示，是济宁学院第二附属小学面向未来的重要指引，也是学校实现高质量发展的必由之路。

三、历史传承与未来展望

济宁学院第二附属小学百余年的发展历程，是一部传承与创新、坚守与变革、挑战与机遇并存的历史。这段历史不仅记录了学校的成长足迹，也承载了几代教育实践者的智慧和心血，更蕴含着丰富的教育思想和实践经验。

在历史传承方面，学校始终坚守教育的本质和初心，不忘立德树人的根本任务，坚持为党育人、为国育才的使命担当。无论时代如何变迁，学校始终把培养德智体美劳全面发展的社会主义建设者和接班人作为根本目标，为国家和社会培养了大批优秀人才。

学校始终传承和弘扬中华优秀传统文化，特别是儒家优秀教育思想，将其融入学校教育的各个方面。从早期的传统文化教育，到如今的“菁莪乐育”理念、“君子教育”模式，学校始终坚持文化传承，使中华优秀传统文化在新时代焕发出新的生机和活力。

学校始终传承“严谨治学、追求卓越”的优良传统，注重教育质量，追求教育卓越。从早期的新式教育实验，到如今的教育现代化探索，学校始终保持高标准、严要求，不断提升教育质量，追求教育卓越。

学校始终传承“开放包容、与时俱进”的进取精神，勇于改革创新，适应时代发展。从早期的教育改革尝试，到如今的教育现代化探索，学校始终保持开放包容的态度，与时俱进的精神，不断推进教育改革和创新，适应时代发展要求。

在未来展望方面，济宁学院第二附属小学将继续坚持立德树人根本任务，全面贯彻党的教育方针，落实立德树人根本任务，培养德智体美劳全面发展的社会主义建设者和接班人。

学校将进一步深化和拓展“菁莪乐育”的理念，挖掘“君子教育”特色，打造具有全国影响力的教育品牌。通过系统的理论研究和实践探索，形成完善的“菁莪乐育”理论体系和实践模式，扩大“菁莪乐育”的影响力和辐射力，使其成为学校的金字招牌和核心竞争力。

学校将深化教育教学改革，创新育人模式，提升教育质量。通过课程改革、教学创新、评价改革、队伍建设等一系列措施，不断提高教育教学质量，促进学生的全面发展和个性发展。

学校将推进教育现代化，加强教育信息化、国际化、智能化建设，适应时代发展要求。通过信息技术与教育教学的深度融合，国际交流合作的拓展深化，智能化教育教学和管理服务体系的构建，实现教育形态、教学模式、学习方式的变革创新，提高教育的现代化水平。

学校将加强开放合作，整合优质资源，拓展发展空间。通过与高校、企业、社区、国内外优质学校的合作，整合各种优质教育资源，为学校发展提供广阔的平台和丰富的资源。

学校将坚持以人为本，关注师生的全面发展和幸福成长，营造和谐、民主、进取的文化氛围。通过尊重教师的专业自主权，关注学生的个体差异，尊重家长的教育需求，构建和谐、民主、进取的学校文化，为师生的发展创造良好环境。

百余年的历史积淀，为济宁学院第二附属小学的未来发展奠定了坚实基础；新时代的历史机遇，为学校的未来发展提供了广阔空间。站在新的历史起点上，学校将继续传承优良传统，坚持改革创新，不断提升教育质量，为培养德智体美劳全面发展的社会主义建设者和接班人做出新的更大贡献！

第二章 文化传承：孔子教育思想的现代转化

第一节 孔子教育思想的核心理念与当代价值

一、孔子教育思想的核心理念

孔子，作为中国古代伟大的思想家、教育家，儒家学派的创始人，其教育思想博大精深，对中国乃至世界教育产生了深远影响。其“仁者爱人”的教育情怀、“有教无类”的教育公平、“因材施教”“知行合一”的教育原则、“举一反三、不愤不启、不悱不发”的教学策略、“学而不厌诲人不倦”的教育执着、“文质彬彬”的师者风范等，至今仍熠熠生辉。济宁学院第二附属小学地处孔子故里，深受儒家文化浸润，将孔子教育思想的传承与创新作为学校文化建设和教育实践的核心。深入理解孔子教育思想的核心理念，是学校实现文化传承与现代转化的基础。

孔子教育思想的核心理念主要体现在以下几个方面：

有教无类：这是孔子教育思想中最具革命性的理念之一。在等级森严的春秋时期，孔子打破了“学在官府”的传统，主张教育不分贵贱、贫富、地域，只要有心向学，都应给予教育机会。他广收门徒，弟子三千，贤人七十二，涵盖了社会各个阶层。这一理念体现了教育公平的朴素思想，为后世教育的普及奠定了基础。济宁学院第二附属小学秉承“有教无类”的思想，坚持面向全体学生，关注每一个学生的成长，努力为所有学生提供公平而有质量的教育。

因材施教：孔子认为学生个体之间存在差异，因此教育必须根据学生的才能、性情、基础等不同情况，采取不同的教育方法和内容。他对不同弟子的提问给予不同的回答，对不同学生的优缺点进行针对性的指导。例如，他评价子路“好勇过我，无所取材”，告诫其要谨慎；评价冉求“多才多艺”，鼓励其从政；闻斯行诸，对不同学生求教同一个问题，根据学生性情差别有不同的回应。这种个性化教育思想，至今仍是教育教学的重要原则。济宁学院第二附属小学在实践中，注重了解学生的个体差异，实施分层教学、个别辅导，努力做到因材施教，促进每个学生的最优发展。

学思结合：孔子强调学习与思考的辩证统一。他提出“学而不思则罔，思而不学则殆”，认为只学习不思考，就会迷茫无所得；只思考不学习，就会疑惑而危险。他鼓励学生既要广泛学习知识，又要深入思考，将知识内化为自己的见解。这种学思结合的理念，对于培养学生的批判性思维和创新能力具有重要意义。济宁学院第二附属小学在教学中，注重引导学生勤于思考、善于提问，鼓励学生在学习中发现问题、分析问题、解决问题，培养学思结合的良好习惯。

知行合一：孔子不仅重视知识的学习，更强调知识的实践应用。他认为学习的目的在于“行”，在于将所学知识运用于社会实践，修身齐家治国平天下。他要求弟子“讷于言而敏于行”，强调言行一致，理论联系实际。这种知行合一的思想，对于培养学生的实践能力和社会责任感至关重要。济宁学院第二附属小学注重理论联系实际，开展丰富多彩的社会综合实践活动、志愿服务活动、全方位学习活动，引导学生在实践中学习、在实践中成长，做到知行合一。

教学相长：孔子认为教与学是相互促进、共同提高的过程。他提出“教学相长”，认为教师在教导学生的过程中，也能从学生那里获得启发，从而提高自己的学识和修养。这种理念强调了师生关系的平等性和互动性，有助于建立民主、和谐的师生关系。济宁学院第二附属小学倡导民主平等的师生关系，教师是平等的首席，鼓励教师向学生学习，建立学习共同体，实现师生共同成长。

德育为先：孔子教育思想体系中，德育占据核心地位。他把“立德”作为教育的根本任务，强调培养学生的道德品质和人格修养。他提出了“仁、义、礼、智、信”等核心道德规范，构建了以“仁”为核心的道德体系。他认为“弟子入则孝，出则悌，谨而信，泛爱众，而亲仁。行有余力，则以学文”，强调先修德后学文。这种德育为先的思想，对于落实立德树人根本任务具有重要指导意义。济宁学院第二附属小学始终把德育放在首位，以“君子教育”为抓手，全面加强学生的思想道德建设，培养品德高尚的时代新人。

乐教爱生：孔子热爱教育事业，关爱学生。他提倡“自行束脩以上，吾未尝无诲焉”，体现了他对教育的热忱和对学生的无私关爱。他与弟子关系融洽，既是师长，又是朋友。他倡导“乐学”，认为“知之者不如好之者，好之者不如乐之者”，强调激发学生的学习兴趣，使学生在快乐中学习。这种乐教爱生的思想，对于建立良好的师生关系、营造积极的教育氛围具有重要作用。济宁学院第二附属小学倡导教师关爱学生，尊重学生，建立和谐融洽的师生关系，同时注重创设愉悦的学习环境，激发学生的学习兴趣，让学生享受学习的快乐。

孔子教育思想的核心理念，蕴含着丰富的教育智慧和人文精神，是中华优秀传统文化的重要组成部分，也是济宁学院第二附属小学办学的重要思想源泉。

二、孔子教育思想的当代价值

孔子教育思想虽然产生于两千多年前的古代社会，但其蕴含的深刻哲理和教育智慧，超越了时空限制，在当代社会依然闪耀着思想的光芒，具有重要的理论价值和实践意义。

教育公平的价值导向：孔子“有教无类”的思想，倡导教育机会均等，反对教育歧视，这与当代社会追求教育公平的价值目标高度契合。在教育资源分布不均、教育差距依然存在的今天，重温“有教无类”的思想，对于促进教育公平，保障每个孩子接受良好教育的权利，具有重要的现实意义。济宁学院第二附属小学坚持教育公平原则，努力缩小校内差距，关爱每一位学生，特别是弱势群体学生，体现了对“有教无类”思想的当代实践。

个性化教育的实践指引：孔子“因材施教”的思想，强调尊重个体差异，实施个性化教育，这为当代教育改革提供了重要的实践指引。面对学生日益多样化的学习需求和发展潜能，如何实施有效的个性化教育，是当前教育面临的重要课题。孔子的“因材施教”原则，启示我们要深入了解学生，尊重学生的个性特点，采取灵活多样的教学策略，促进每个学生的最优发展。济宁学院第二附属小学在分层教学、选修课程、项目式学习等方面的探索，正是对“因材施教”思想的现代应用。

核心素养培育的理论支撑：孔子“学思结合”“知行合一”的思想，强调培养学生的思维能力和实践能力，这与当代教育强调核心素养培育的目标不谋而合。核心素养是学生适应未来社会发展所必备的关键能力和品格。孔子教育思想中关于思维训练、实践能力、问题解决等方面的论述，为核心素养的培育提供了丰富的理论支撑和方法借鉴。济宁学院第二附属小学围绕核心素养开展的课程改革和教学创新，体现了对孔子教育思想的创造性转化。

立德树人的根本遵循：孔子“德育为先”的思想，强调把立德树人作为教育的根本任务，这为当代学校落实立德树人根本任务提供了根本遵循。在价值多元、信息复杂的现代社会，加强青少年思想道德建设尤为重要。孔子关于道德修养、人格塑造、价值引领等方面的思想，为学校德育工作提供了宝贵的思想资源和实践路径。济宁学院第二附属小学以“君子教育”为核心的德育体系，正是对孔子“德育为先”思想的继承和发展。

和谐师生关系的构建启示：孔子“教学相长”“乐教爱生”的思想，倡导民主平等的师生关系，强调教师的关爱和学生的乐学，这对于构建和谐、健康的现代师生关系具有重要的启示意义。良好的师生关系是有效教育的前提。孔子教育思想中关于师生互动、情感交流、教学氛围营造等方面的论述，为现代学校建立互尊互信、教学相长的师生关系提供了有益借鉴。济宁学院第二附属小学倡导的民主、平等、和谐的师生关系，正是对孔子相关思想的践行。

终身学习理念的文化源头：孔子“学而不厌”“诲人不倦”的精神，以及“吾十有五而志于学，三十而立，四十而不惑，五十而知天命，六十而耳顺，七十而从心所欲，不逾矩”的终身学习历程，体现了对学习的执着追求和对知识的无限热爱，这与现代社会倡导的终身学习理念高度一致。在知识经济时代，终身学习已成为个体和社会发展的必然要求。孔子的学习精神，为我们树立了终身学习的榜样，也为终身学习理念提供了深厚的文化源头。

文化自信的深厚根基：孔子教育思想是中华优秀传统文化的核心组成部分，是中华民族的精神标识。深入学习和传承孔子教育思想，有助于增强民族文化认同感和自豪感，坚定文化自信。在推进中国式现代化的进程中，传承和弘扬以孔子教育思想为代表的中华优秀传统文化，对于建设中华民族现代文明，具有不可替代的重要作用。济宁学院第二附属小学作为孔子故里的学校，肩负着传承弘扬儒家文化的特殊使命，响亮提出“办一所体现孔子教育思想的现代学校”，其在孔子教育思想创新性应用和创造性转化方面的探索，正是增强文化自信的具体体现。总之，孔子教育思想不仅是历史的瑰宝，更是具有强大生命力的现代思想资源。深入挖掘其当代价值，并将其创造性地融入现代教育实践，对于深化教育改革、落实立德树人根本任务、培养担当民族复兴大任的时代新人，具有重要的理论意义和实践价值。

第二节 儒家文化与现代教育的融合路径

一、儒家文化与现代教育的内在契合性

儒家文化作为中华传统文化的主干，其蕴含的教育思想和价值理念与现代教育在许多方面存在着内在的契合性。认识和把握这种契合性，是探索儒家文化与现代教育融合路径的前提。

（一）育人目标的契合

儒家教育的核心目标是培养具有高尚道德情操和社会责任感的“君子”，强调“修身、齐家、治国、平天下”。这与现代教育培养德智体美劳全面发展的社会主义建设者和接班人的目标在本质上是一致的，都强调人的全面发展和社会责任担当。儒家文化中的“仁爱”“诚信”“担当”等道德规范，与社会主义核心价值观的要求也高度契合，也和有责任、本领、有担当的核心素养要求相匹配。

（二）教育理念的契合

儒家文化中的许多教育理念，如“有教无类”的公平思想、“因材施教”的个性化原则、“学思结合”的思维训练、“知行合一”的实践导向、“教学相长”的师生互动等，都与现代教育所倡导的公平、个性、创新、实践、民主等理念相通。这些理念超越了时代限制，为现代教育改革提供了宝贵的思想资源。

（三）教育内容的契合

儒家文化强调经典的研习和人文素养的培养，注重历史、文学、艺术、礼仪等方面的教育。这与现代教育强调人文素养、文化传承、审美教育等方面的要求相契合。儒家经典中蕴含的哲学思想、伦理观念、历史智慧、文学艺术等，可以成为现代教育丰富人文内涵的重要内容来源。

（四）教育方法的契合

儒家文化倡导启发式教学（“不愤不启，不悱不发”）、榜样示范（“其身正，不令而行；其身不正，虽令不从”）、环境熏陶（“近朱者赤，近墨者黑”）、循序渐进（“欲速则不达”）等教育方法。这些方法注重激发学生的主动性，强调教师的言传身教和环境的育人作用，与现代教育所倡导的探究式学习、合作学习、情境教学等方法在原则上是相通的。

（五）师德要求的契合

儒家文化对教师的道德修养提出了很高的要求，强调教师要“学而不厌，诲人不倦”，要“温故而知新，可以为师矣”，要“传道、授业、解惑”。这与现代教育对教师提出的“四有”（有理想信念、有道德情操、有扎实学识、有仁爱之心）好老师的要求高度契合，和教育家精神的传承是一脉相承，都强调教师的学识、品德和仁爱之心。

认识到儒家文化与现代教育的内在契合性，有助于我们打破传统与现代的二元对立思维，以更加开放和包容的心态，探索二者融合的可能性和有效路径。

二、融合的基本原则与价值取向

在探索儒家文化与现代教育融合路径的过程中，应遵循以下基本原则和价值取向。

（一）古为今用，推陈出新

对待儒家文化，要采取批判继承的态度，取其精华，去其糟粕。要深入挖掘儒家文化中符合时代发展要求、具有积极意义的教育思想和价值理念，并结合当代教育的实际需要，创造性转化和创新性发展，赋予其新的时代内涵和表现形式。不能简单照搬照抄，更不能复古泥古。

（二）以人为本，面向未来

融合的最终目的是促进人的全面发展，培养适应未来社会发展需要的人才。由此可见，融合过程必须坚持以人为本的原则，尊重学生的成长规律和个性差异，关注学生的现实需求和未来发展。融合的成果应体现在促进学生核心素养的提升和关键能力的培养上。

（三）中西汇通，择善而从

儒家文化与现代教育的融合，并非排斥西方教育思想和经验。现代教育本身就是中西文化交流碰撞的产物。在融合过程中，要秉持开放包容的态度，既要立足本土文化根基，又要积极借鉴吸收世界各国先进的教育理念和实践经验，实现中西教育智慧的汇通与互补。

（四）知行统一，注重实效

融合不能仅仅停留在理论探讨层面，更要落实到教育实践中，体现在课程建设、教学改革、学校管理、校园文化等各个方面。要注重实践探索，勇于尝试，不断总结经验，检验融合的实际效果，确保融合能够真正促进教育质量的提升和学生的发展。

（五）系统设计，整体推进

儒家文化与现代教育的融合是一个系统工程，需要顶层设计和整体规划。要将儒家文化的精髓系统地融入学校办学理念、育人目标、课程体系、教学过程、评价机制、师资建设、校园文化等各个环节，形成整体效应，避免碎片化和表面化。

遵循这些基本原则和价值取向，才能确保儒家文化与现代教育的融合沿着正确方向发展，取得积极成效。

三、济宁学院第二附属小学的融合实践探索

作为地处孔子故里的学校，济宁学院第二附属小学在儒家文化与现代教育融合方面开展积极而富有成效的探索，形成了独具特色的实践路径。

（一）理念引领

“菁莪乐育”的校本阐释。学校将儒家“乐教”思想与现代“快乐学习”理念相结合，提出了“菁莪乐育”的教育理念。这一理念既传承了儒家文化的人文关怀，又吸收了现代教育的科学精神，成为统领学校各项工作的核心理念。学校围绕“菁莪乐育”，构建了以“快乐、和谐、发展”为核心的校园文化，营造了积极向上、充满活力的育人氛围。

（二）德育为核

“君子教育”的系统构建。学校深入挖掘儒家“君子人格”的内涵，结合时代要求，提炼出“仁、义、礼、智、信、和、中、正”八大君子品格要素，构建了以培养“君子人格”为核心的德育体系，明确了培养具有中国心、文化根、民族魂和创新力的时代君子的育人目标。通过系统的课程、丰富的活动、浓厚的文化氛围，将君子品格的培养贯穿于教育教学全过程，使之内化为学生的道德素养和行为习惯。这既是对儒家德育思想的传承，也是对立德树人根本任务的校本化落实。

（三）课程融合

国家课程校本化与校本课程特色化。学校在认真落实国家课程的基础上，将儒家文化元素有机融入各学科教学。例如，在语文教学中加强经典诵读和解读——以读带诵，以诵促悟，读讲结合；在道德与法治教学中融入儒家伦理观念；在数学学科中融入中华数学文化。与此同时，学校开发了一系列富有儒家文化特色的校本课程，如《走近孔子》故事卷、家校卷、君子卷、六艺卷、经典卷，融合了书法国画、茶艺饮食、传统礼仪、儒家故事、齐鲁风景等，形成了“基础+拓展+特色”的多元课程体系，既保证了国家课程的基础性，又彰显了学校的文化特色。

（四）教学创新

传统智慧与现代技术的结合。学校在教学策略上，既借鉴儒家“启发诱导”“循序渐进”等传统教学智慧，又积极运用现代教育技术和教学模式。例如，将儒家经典的学习与项目式学习、探究式学习相结合，引导学生在解决实际问题的过程中理解经典内涵；利用信息技术平台开展经典诵读打卡、在线讨论、成果展示等活动，拓展了学习的时空；推行“翻转课堂”，将儒家文化知识的学习延伸到课外、校外，开展实践，课堂上则侧重于认知、讨论、探究。

（五）环境熏陶

儒雅校园的文化营造。学校高度重视校园环境的育人功能，将儒家文化元素融入校园的每一个角落。建设了“菁莪园”“四书五经长廊”“百家姓”文化墙等文化景观；教室、走廊、办公室悬挂儒家名言警句和师生书画作品；定期举办“儒风雅韵园”校园文化节、经典诵读比赛、传统礼仪展示等活动。通过营造浓厚的儒家文化氛围，使学生在耳濡目染中受到熏陶，提升文化素养和道德情操。

（六）师资培养

“儒师”形象的塑造。学校注重加强教师的儒家文化素养和师德修养，提出了塑造“儒师”形象的目标。通过组织教师学习儒家经典、开展师德论坛、评选“儒雅教师”等活动，引导教师自觉践行儒家师德规范，做到“学高为师，身正为范”。与此同时，鼓励教师将儒家教育智慧融入教学实践，提升教书育人能力。

（七）校家社协同

儒家伦理的现代应用。学校将儒家文化中的“孝悌”“诚信”“和睦”等伦理观念引入校家社协同育人体系。通过家长学校、家访、家长开放日等活动，向家长宣传儒家家庭教育思想，引导家长树立正确的育儿观；与社区合作开展敬老爱老、邻里互助等活动，将儒家伦理实践延伸到社会层面，构建学校、家庭、社会三位一体的育人网络。

济宁学院第二附属小学的实践探索表明，儒家文化与现代教育的融合是完全可能的，并且能够产生积极的教育效果。这种融合不是简单的嫁接或拼凑，而是基于对二者内在契合性的深刻理解、创造性转化和创新性发展，最终形成了具有学校自身特色的教育模式。

第三节 “菁莪乐育”理念的校本阐释与实践

一、“菁莪乐育”理念的内涵与渊源

“菁莪乐育”是济宁学院第二附属小学在深入挖掘儒家文化精髓、结合现代教育发展趋势的基础上，凝练出的核心教育理念。这一理念源于《诗经·小雅·菁菁者莪》中的名句：“菁菁者莪，在彼中阿。既见君子，乐且有仪。菁菁者莪，在彼中沚。既见君子，我心则喜。菁菁者莪，在彼中陵。既见君子，锡我百朋。泛泛杨舟，载沉载浮。既见君子，我心则休。”其中，“菁菁者莪，乐育材也”（毛诗序释义）是后人对诗句内涵的阐发，意指看到茂盛的莪（一种植物），便联想到培养人才的快乐。

济宁学院第二附属小学赋予“菁莪乐育”理念更丰富的校本内涵？

菁莪之喻：将学生比作生机勃勃、茁壮成长的“菁莪”，蕴含着对学生生命活力和发展潜能的尊重与期待。学校相信每个学生都是独特的、有价值的个体，都拥有无限的发展可能性，如同“菁莪”般需要精心的培育。

乐育之本：强调教育过程的快乐和愉悦。“乐”既指教师“乐教”，以饱满的热情、仁爱之心投入教育事业，享受育人的快乐；也指学生“乐学”，在轻松、愉悦、和谐的氛围中主动学习、积极探索，体验成长的快乐。“育”则强调教育的根本目的在于培养人、发展人，促进学生的全面发展和健康成长，追求的是育人过程的和谐。

君子之风：“既见君子，乐且有仪”“我心则喜”“锡我百朋”“我心则休”等诗

句，描绘了见到品德高尚的君子时的喜悦和敬仰之情。这与学校“君子教育”的特色相结合，强调“菁莪乐育”的最终目标是培养具有“君子”品格的时代新人，使学生成为有德行、有才能、有担当的人。

“菁莪乐育”理念的渊源，深深根植于儒家教育思想？

孔子的“乐学”思想：孔子曰：“知之者不如好之者，好之者不如乐之者。”强调兴趣是最好的老师，学习应该是快乐的。“菁莪乐育”继承了这一思想，把激发学生的学习兴趣、营造快乐的学习氛围放在重要位置。“暮春者，春服既成，冠者五六人，童子六七人，浴乎沂，风乎舞雩，咏而归。”孔子追求教和学的天人合一，自然和谐境界，一种心理的满足与愉悦。

孟子的“性善论”与“良知良能”：孟子认为人性本善，人天生具有向善的潜能。教育的作用在于“扩而充之”，发掘和培养人的天赋善性。“菁莪乐育”理念中对学生潜能的尊重和期待，与孟子的思想一脉相承。

荀子的“化性起伪”与环境育人：荀子认为人性本恶，需要通过后天的学习和礼仪教化来改造。他强调环境对人的影响，主张“蓬生麻中，不扶而直；白沙在涅，与之俱黑”。“菁莪乐育”理念也重视创设良好的育人环境，通过环境熏陶来培养学生的品格。

《学记》的教学原则：作为儒家教育理论的集大成之作，《学记》提出了许多重要的教学原则，如“豫时孙摩”（循序渐进）、“强而后能”（量力而行）、“开而弗达”（启发诱导）、“道而弗牵”（引导而不强迫）等，这些都体现了对学生身心发展规律的尊重和对教学艺术的追求，与“菁莪乐育”所倡导的遵循规律、科学施教的精神相契合。

与此同时，“菁莪乐育”理念也吸收了现代教育思想的精华？

人本主义教育思想：如罗杰斯强调的“以学生为中心”“促进自我实现”，马斯洛的需求层次理论等，都强调尊重学生、关注学生的情感和需求。“菁莪乐育”理念体现了对学生主体地位的尊重和对学生全面发展的关怀。

建构主义学习理论：强调学习是学习者主动建构意义的过程，学习应在真实情境中进行。“菁莪乐育”倡导的探究式学习、项目式学习等，都鼓励学生主动探索、合作学习，在实践中建构知识。

多元智能理论：加德纳认为人的智能是多元的，教育应关注学生的多种智能发展。“菁莪乐育”理念下的“五育并举”和丰富的选修课程，正是为了满足学生不同智能发展的需要。

由此可见，“菁莪乐育”理念是济宁学院第二附属小学立足儒家文化根基，融合现代教育智慧，形成的具有自身特色的教育哲学，它既是对传统的继承，也是对时代的呼应。

二、“菁莪乐育”理念的实践路径

济宁学院第二附属小学围绕“菁莪乐育”核心理念，构建了全方位、多层次的实践体系，将理念融入学校工作的各个方面。

（一）营造“乐学”的校园环境

1.物理环境

建设优美、舒适、安全的校园环境，如图书馆、阅览室、体育馆、菁莪园等，为学生提供丰富的学习和活动空间。校园绿化美化，文化景观布置充满童趣和人文气息，让学生感受到温馨和愉悦。

2.心理环境

倡导民主、平等、和谐、尊重的师生关系和生生关系。教师关爱学生，尊重学生的个体差异和人格尊严；同学之间互助友爱，团结协作。营造积极向上、宽松和谐的心理氛围，让学生感受到归属感和安全感。

3.文化环境

以“君子文化”为核心，营造浓厚的儒家文化氛围。通过校园文化景观、主题活动、班级文化建设等，让学生在潜移默化中受到优秀传统文化的熏陶。与此同时，引入现代科技、艺术、体育等元素，使校园文化既有底蕴又不失活力。

（二）实施“乐教”的教学策略

1.激发兴趣

教师注重教学内容的趣味性和启发性，采用灵活多样的教学策略，如情境教学、游戏教学、故事教学等，激发学生的学习兴趣和好奇心。

2.鼓励探究

倡导探究式学习、项目式学习、合作学习，鼓励学生主动发现问题、分析问题、解决问题，在探究过程中体验学习的乐趣和成功的喜悦。

3.尊重差异

实施分层教学、个别化辅导，关注不同层次、不同特点学生的需求，让每个学生都能在原有基础上获得发展和进步，体验到学习的成就感。

4.多元评价

采用过程性评价、表现性评价、发展性评价、增值性评价等多种评价方式，构建教学评一体化机制，多维度关注学生的学习过程和进步幅度，淡化分数的唯一标准，保护学生的学习积极性和自信心。

5.技术赋能

积极运用现代信息技术和人工智能技术，如多媒体、网络平台、虚拟现实、AI智能等，丰富教学手段，拓展学习资源，增强教学的互动性和吸引力，让学习更加生动有趣。

（三）开展“乐活”的育人活动

1.丰富多彩的社团活动

开设科技、艺术、体育、人文等各类学生社团近百个，学生根据兴趣自主选择参加，在活动中发展特长、培养爱好、结交朋友，体验丰富多彩的校园生活。

2.主题鲜明的德育活动

围绕“君子教育”，开展经典诵读、礼仪养成、志愿服务、研学旅行等系列主题活动，将德育融入生动活泼的活动之中，寓教于乐。

3.形式多样的艺体活动

定期举办校园文化艺术节、体育节、创客节、劳动节等大型活动，为学生提供展示才华、锻炼能力的舞台。开展“阳光体育”“近视防控”“六艺社团”活动，保证学生每天不少于两小时体育锻炼时间。

4.贴近生活的劳动实践

开设校内外劳动实践基地，组织学生参与校园种植、卫生保洁、手工制作、家政服务、科技发明等劳动实践活动，培养学生的劳动意识和动手能力。

5.校家社协同的拓展活动

组织家长参与学校活动，开展亲子活动；与社区合作开展社会调查、公益活动等，拓展学生的活动空间和社会视野。

（四）培育“乐业”的教师队伍

1.提升专业素养

通过专家讲座、外出培训等请进来走出去的方式学习先进经验，通过“说上评”活动、每学期开展教师“通评课”和“考绩课”，青年教师公开课、优质课评选活动，组织教学观摩同侪同进；通过课题研究、成果申报等方式促进教师科研水平提升，多种途径共发力，不断提升教师的教育理论水平和教学业务能力，用专业赢得尊重。

2.加强师德建设

大力宣讲教育家精神，持续开展师德师风建设，以“儒师”标准要求教师，加强师德师风教育，引导教师树立高尚的职业道德和仁爱之心。号召争做“四有”好教师，做人民满意好教师。

3.搭建发展平台

为教师提供展示才华、专业成长的平台，如名师工作室、青蓝工程、教学竞赛等，让教师发展最有效的关键影响事件、关键影响人物直接作用到教师，多种方式激发教师的专业发展动力。

4.营造人文关怀

关心教师的工作和生活，开展文艺活动，消解职业倦怠，维护教师的合法权益，营造尊重、信任、支持的工作氛围，增强教师的职业幸福感和归属感。

通过以上实践路径，济宁学院第二附属小学将“菁莪乐育”理念落到了实处，形成了教师乐教、学生乐学、校园乐活的生动局面，有效促进了学生的全面发展和健康成长。

三、“菁莪乐育”理念的成效与展望

（一）“菁莪乐育”理念的实施，为济宁学院第二附属小学带来了显著的育人成效

1.学生发展全面

学生在德智体美劳各方面得到和谐发展。学生品德优良，行为规范，具有良好

的“君子”风范；学业成绩优异，创新精神和实践能力突出；身心健康，体魄强健，充满活力；审美情趣高雅，艺术素养得到提升；热爱劳动，具有较强的自理能力和实践能力。

2.教师队伍优化

培师德增师能，教师的专业素养和师德水平不断提升，形成了一支结构合理、业务精湛、敬业爱生、乐于奉献的优秀教师梯队。教师的职业认同感和幸福感增强，工作积极性和创造性得到充分发挥。

3.办学特色彰显

学校以“菁莪乐育”为核心的办学特色日益鲜明，“君子教育”品牌影响力不断扩大。学校在儒家文化传承与创新、素质教育实施、教育教学改革等方面取得了丰硕成果，赢得了社会各界的广泛赞誉。

4.校园文化繁荣

形成了积极向上、和谐愉悦、充满活力的校园文化氛围。师生关系融洽，校园秩序井然，学习风气浓厚，文化活动丰富多彩，成为师生共同成长的精神家园。

（二）展望未来，济宁学院第二附属小学将继续深化“菁莪乐育”理念的实践探索

1.深化理论研究

进一步加强对“菁莪乐育”理念的理论研究，深入挖掘其思想内涵和时代价值，构建更加系统、完善的理论体系，为实践提供更有力的理论支撑。

2.创新实践路径

结合教育发展的新趋势、新技术，不断创新“菁莪乐育”的实践路径和方法。例如，探索人工智能、大数据等技术在个性化“乐学”、精准化“乐教”中的应用；拓展“乐活”活动的领域和形式，加强与社会的深度融合。

3.加强辐射引领

总结提炼“菁莪乐育”的成功经验和模式，通过学术交流、合作办学、送教下乡等多种形式，发挥示范辐射作用，带动区域基础教育的共同发展，为传承弘扬中华优秀传统文化、推进教育现代化贡献力量。

4.构建评价体系

建立健全科学、有效的“菁莪乐育”实施效果评价体系，对学生发展、教师成长、学校文化、办学效益等进行全面、客观的评估，为理念的持续改进和深化提供依据。

“菁莪乐育”不仅是济宁学院第二附属小学的教育理念，更是一种教育情怀和文化追求。学校将继续秉持这一理念，在传承与创新中不断前行，努力培养更多如“菁菁者莪”般茁壮成长、德才兼备的时代新人。

第四节 学校文化建设的理论基础与实践框架

一、学校文化建设的理论基础

学校文化是学校在长期教育实践中形成的共同价值观念、行为准则、精神风貌和物质环境的总和，是学校的灵魂和核心竞争力。加强学校文化建设，对于提升学校办学品位、促进师生发展、实现教育目标具有重要意义。济宁学院第二附属小学的文化建设，既根植于深厚的儒家文化土壤，也吸收了现代学校文化理论的滋养。

儒家文化中的环境育人思想：儒家文化高度重视环境对人的塑造作用。孔子曰：“里仁为美。择不处仁，焉得知？”强调居住环境（引申为社会环境、文化环境）的重要性。荀子提出“蓬生麻中，不扶而直；白沙在涅，与之俱黑”，形象地说明了环境的熏陶作用。这些思想为学校重视校园环境建设、营造良好文化氛围提供了理论依据。

组织文化理论：现代管理学中的组织文化理论认为，优秀的组织文化能够凝聚人心、激发活力、提升绩效。将组织文化理论应用于学校管理，有助于认识到学校文化对于提升学校凝聚力、向心力、战斗力的重要作用。学校需要构建共同的愿景、使命和价值观，形成独特的组织精神和行为规范，以文化引领学校发展。

符号互动理论：该理论认为，人与人之间的互动是通过符号（语言、文字、行为、物品等）进行的，人们通过解释这些符号来理解世界和他人。学校文化中的各种符号，如校训、校徽、校歌、建筑风格、仪式活动、师生言行等，都承载着特定的文化意义，影响着师生的认知、情感和行为。学校文化建设需要关注这些符号的意义建构和传播。

社会建构理论：该理论认为，现实是社会成员通过互动共同建构的。学校文化并非一成不变，而是学校成员（师生、管理者、家长等）在互动过程中不断建构和再建构的结果。学校文化建设是一个动态的过程，需要激发全体成员的参与意识和创造活力，共同塑造理想的学校文化。

人本主义心理学：强调人的潜能、价值和尊严，关注人的需求和自我实现。学校文化建设应体现以人为本的原则，尊重师生的主体地位，满足师生的发展需求，营造关爱、尊重、支持、信任的文化氛围，促进师生的幸福感和归属感。

生态系统理论：布朗芬布伦纳的生态系统理论认为，个体发展受到其所处的多个环境系统（微观系统、中间系统、外层系统、宏观系统、时间系统）相互作用的影响。学校文化建设不仅要关注校内环境，还要关注学校与家庭、社区、社会等外部环境的互动与联系，构建良好的教育生态。

这些理论为济宁学院第二附属小学的文化建设提供了多元的视角和丰富的思想资源，指导学校在实践中科学规划、系统推进文化建设工作。

二、学校文化建设的实践框架

基于以上理论基础，结合自身实际，济宁学院第二附属小学构建了“一体两翼三层四维”的学校文化建设实践框架。

“一体”：以“菁莪乐育”为核心理念。“菁莪乐育”是学校文化建设的灵魂和统领，贯穿于文化建设的各个方面。所有的文化建设活动都围绕这一核心理念展开，旨在营造快乐、和谐、发展的育人氛围，培养具有君子品格的时代新人。

“两翼”：传承儒家文化与融合现代文明。学校文化建设坚持两条腿走路：一是深深根植于孔子故里的儒家文化土壤，传承和弘扬中华优秀传统文化的精髓；二是积极拥抱现代文明，吸收借鉴国内外先进的教育理念、科学技术和文化成果。实现传统与现代的有机融合，是学校文化建设的基本方向。

“三层”：精神文化、制度文化、物质文化。学校文化建设涵盖三个层面：

精神文化层（核心层）：包括学校的办学理念（菁莪乐育）、育人目标（培养君子人格）、校训（明德笃行博学乐群）、校风（儒雅和谐勤奋创新）、教风（敬业爱生博学致远）、学风（乐学善思明理笃行）等核心价值观念和精神追求。这是学校文化的灵魂，决定着学校的办学方向和品位。

制度文化层（中间层）：包括学校的各项规章制度、管理模式、组织结构、运行机制、行为规范等。制度文化是精神文化的载体和保障，体现着学校的价值导向和管理风格。学校注重制度建设的人文性和规范性，营造民主、公平、高效的管理文化。

物质文化层（表层）：包括校园环境、建筑风格、文化景观、教学设施、校服校徽等可见的物质形态。物质文化是精神文化和制度文化的外在表现和物质载体，具有重要的环境育人功能。学校注重校园物质环境的整体规划和精心设计，使其既美观实用，又富有文化内涵和教育意义。

“四维”：历史传承、时代精神、地域特色、学校个性。学校文化建设力求在四个维度上实现和谐统一。

历史传承：尊重学校百余年的办学历史，继承优良传统，挖掘历史文化资源，使学校文化具有深厚的历史底蕴。

时代精神：紧跟时代发展步伐，吸收现代教育理念和科技成果，体现改革创新、开放包容的时代精神，使学校文化充满生机与活力。

地域特色：立足孔子故里的地域优势，深入挖掘和传承儒家文化精髓，彰显鲜明的地域文化特色。

学校个性：结合学校自身的办学实际、师生特点和发展目标，形成独特的办学理念、育人模式和文化风格，塑造学校的独特个性和品牌形象。

三、学校文化建设的主要举措

在“一体两翼三层四维”的实践框架指引下，济宁学院第二附属小学采取了以下主要举措推进文化建设。

凝练与传播核心价值：通过全校师生讨论、专家论证等方式，凝练出以“菁莪乐育”为核心的办学理念体系。利用校园网、宣传栏、校报校刊、主题活动、开学典礼、毕业典礼等多种途径，广泛宣传和阐释核心价值，使之深入人心，成为全体师生的共同追求。

完善与优化制度体系：修订和完善学校章程、各项规章制度，使其更加符合教育规律和学校实际，体现人文关怀和民主精神。优化管理流程，提高管理效率。建立健全师生权利保障机制和沟通反馈机制，营造公平公正、和谐有序的制度环境。

规划与建设儒雅校园：精心规划校园整体布局，将儒家文化元素与现代建筑风格有机融合。建设“菁莪园”“孔子广场”“杏坛舞台”“四书五经长廊”“百家姓文化墙”等标志性文化景观。加强校园绿化美化，营造优美、舒适、宁静的育人环境。配备先进的教育教学设施，为师生提供良好的工作学习条件。

开发与实施特色课程：将学校文化理念融入课程体系建设。在国家课程校本化实施中渗透儒家文化和“菁莪乐育”思想。大力开发以“君子教育”为核心的校本课程，如《走近孔子》《二十四节气》《最美甲骨文》《国学四礼》《新六艺》《中华优秀传统文化进校园》等，形成具有学校特色的课程文化。

组织与开展主题活动：围绕核心理念和育人目标，精心设计和组织丰富多彩的主题文化活动，如“儒风雅韵”校园文化节、经典诵读月、科技创新周、体育艺术节、“君子之星”评选、开笔礼、志学礼、修身礼仪式等。让师生在活动中体验文化、践行价值、展示风采。

塑造与培育优良风尚：加强师德师风建设，倡导“敬业爱生博学致远”的教风，塑造“儒师”形象。加强学生行为规范养成教育，倡导“乐学善思明理笃行“的学风，培养“君子”风范。通过榜样示范、舆论引导、评优表彰等方式，培育积极向上、文明和谐的校风。

构建与拓展合作网络：加强与家庭、社区、高校、科研机构、兄弟学校等的联系与合作，整合社会资源，拓展文化建设空间。开展家校共育活动，建设学习型社区，校际文化交流，邀请专家学者来校讲学，不断吸收外部智慧，丰富学校文化内涵。

通过以上举措的系统实施，济宁学院第二附属小学逐步构建起特色鲜明、内涵丰富、充满活力的学校文化体系，为学校的可持续发展奠定了坚实的文化基础。

第三章 办学理念：体现孔子教育思想的现代学校

第一节 学校办学理念的形成与发展

一、办学理念的内涵与重要性

办学理念是学校在教育实践中形成的，对“办什么样的学校”“培养什么样的人”以及“如何办学和育人”等根本性问题的理性思考和价值追求，是学校发展的灵魂和行动指南。它规定了学校的办学方向，塑造了学校的文化特质，引领着学校的教育实践，是衡量一所学校办学水平和教育质量的核心标志。

一个清晰、科学、富有特色的办学理念具有以下重要作用：

导向作用：办学理念明确了学校的发展方向和育人目标，为学校各项工作的开展提供了根本遵循和价值引领，确保学校始终沿着正确的轨道前进。

凝聚作用：办学理念是学校全体成员共同的价值追求和精神纽带，能够凝聚人心，激发师生的归属感、认同感和使命感，形成推动学校发展的强大合力。

规范作用：办学理念内化为学校的规章制度、行为准则和评价标准，规范着师生的教育教学行为和管理行为，促进学校管理的科学化和规范化。

激励作用：富有感召力的办学理念能够激发师生的内在动力和创造活力，鼓励师生追求卓越，不断进取，实现个人价值与学校发展的统一。

辐射作用：独特的办学理念是学校的核心竞争力，能够塑造学校的品牌形象，提升学校的社会声誉和影响力，吸引优质生源和师资，并对区域教育发展产生积极影响。

由此可见，凝练和践行科学的办学理念，是现代学校建设与发展的关键环节。

二、济宁学院第二附属小学办学理念的演变历程

（一）办学理念的历史溯源

济宁学院第二附属小学的办学理念并非一蹴而就，而是在百余年的发展历程中，伴随着时代变迁、教育改革和学校自身的实践探索，不断演变、深化和完善的，是在百年办学历程中不断积淀、演进和发展的结果，深深根植于学校的历史传统和

文化底蕴之中。

1.创校初期的教育理念（1908—1949年）

1908年，曲阜师范学校附属小学（济宁学院第二附属小学前身）创建之初，就秉承了中国传统教育“传道授业解惑”的理念，在这一时期，学校的教育理念主要受到两方面的影响：一方面是儒家传统教育思想，特别是孔子的教育思想，如“有教无类”、“因材施教”、“学思结合”等；另一方面是当时新兴的现代教育理念，如注重实用知识、培养爱国情操等。这两种影响相互交融，形成了学校早期的教育理念。

2.新中国成立后的教育理念（1949—1989年）

新中国成立后，学校的教育理念随着国家教育政策的调整而发生了变化。这一时期，学校虽然几经变迁，甚至多次停办，但教育实践者的教育热情和专业精神得到了传承和发展。在这一时期，学校的教育理念主要受到社会主义教育思想的影响，强调培养德智体美劳全面发展的社会主义建设者和接班人。与此同时，传统的教育理念也在一定程度上得到了保留和发展，特别是在教学策略和师生关系等方面。

3.复校后的教育理念探索（1989—2008年）

1989年，学校正式复校招生，揭开了学校发展的新篇章。复校后，学校面临着如何在新的历史条件下确立教育理念的问题。在这一时期，学校的教育理念经历了从恢复传统到创新发展的过程。初期，学校主要是恢复和延续传统的教育理念，注重基础知识的教学和学生的全面发展。随着教育改革的深入，学校开始探索新的教育理念，如素质教育、创新教育等。2006年至2008年，学校进入了奠基阶段，成功举办了百年校庆系列活动，争创成功省规范化学校、省教学示范校、省少先队规范化学校。在这一阶段，学校初步确定了整体办学方向，制订了第一个三年发展规划，为学校跨越发展奠定了坚实的基础。

4.特色发展时期的教育理念创新（2008—2018年）

2008年11月11日，学校更名为济宁学院第二附属小学，主管单位为济宁学院。2009年以来，学校开始探索儒家文化与现代教育的融合之路，这是学校教育理念发展的又一重要转折点。

2010年，学校成功举办了“首届孔子教育思想与现代小学教育研讨会”，标志着学校特色发展战略的正式启动。在这一阶段，学校提出了“办一所体现孔子教育思想的学校”的发展目标，确立了“菁莪乐育”的校训，以孔子“仁爱”思想为校魂，全面实施“以校为本的新基础教育改革”。

5.创新发展时期的教育理念创新（2018年至今）

学校进一步深入挖掘儒家教育思想的现代价值，逐步形成了以“传承儒家文化，培育君子人格”为特色方向的办学思路。在此基础上，进一步凝练和丰富出“菁莪乐育”的核心教育理念，并构建了以“君子教育”为核心的育人体系。这一时期的办学理念，既体现了对历史传统的继承，又彰显了与时俱进的创新，形成了学校独特的文化标识。这一时期，学校的教育理念呈现出鲜明的特色：一是注重传统文化与现代教育的融合，将孔子教育思想融入现代教育实践；二是强调全面育人，注重学生的德智体美劳全面发展；三是突出特色发展，形成了具有鲜明儒家文化特色的教育模式。

可以看出，济宁学院第二附属小学办学理念的演变，是一个不断适应时代要求、回应社会需求、深化教育认识、彰显自身特色的过程。最终形成的“菁莪乐育”核心理念，是学校百年办学智慧的结晶，也是引领学校未来发展的灯塔。

（二）“办一所体现孔子教育思想的现代学校”理念的提出

1.理念提出的时代背景

“办一所体现孔子教育思想的现代学校”这一理念的提出，有着深刻的时代背景和现实意义。

从国家层面看，党的十八大以来，以习近平同志为核心的党中央高度重视中华优秀传统文化的传承与发展，多次强调要“深入挖掘中华优秀传统文化蕴含的思想观念、人文精神、道德规范，结合时代要求继承创新，让中华文化展现出永久魅力和时代风采”。2013年11月26日，习近平总书记视察山东期间来到曲阜，在孔子研究院发表了重要讲话：“我就是要透露一个信号，我们要大力传承和弘扬中华优秀传统文化。”这为学校传承和弘扬孔子教育思想提供了重要的政策指引。2017年1月，中共中央办公厅、国务院办公厅印发《关于实施中华优秀传统文化传承发展工程的意见》，文件指出：“中华文化源远流长、灿烂辉煌。在5000多年文明发展中孕育的中华优秀传统文化，积淀着中华民族最深沉的精神追求，代表着中华民族独特的精神标识，是中华民族生生不息、发展壮大的丰厚滋养，是中国特色社会主义植根的文化沃土，是当代中国发展的突出优势，对延续和发展中华文明、促进人类文明进步，发挥着重要作用。”提出“三个迫切”：“迫切需要深化对中华优秀传统文化重要性的认识，进一步增强文化自觉和文化自信；迫切需要深入挖掘中华优秀传统文化价值内涵，进一步激发中华优秀传统文化的生机与活力；迫切需要加强政策支持，着力构建中华优秀传统文化传承发展体系。”在之后的党的十九大、二十大等文件、省市各级文件中也多次强调中华优秀传统文化的重要性，指明要对中华优秀传统文化创新性发展和创造性转化。

从教育层面看，随着教育改革的深入推进，素质教育、创新教育、特色教育等理念日益深入人心。如何在新的历史条件下，传承和发展中华优秀传统文化，培养德智体美劳全面发展的社会主义建设者和接班人，成为教育实践者必须面对和解决的重大课题。

从学校层面看，济宁学院第二附属小学地处孔子故里——曲阜，拥有得天独厚的文化资源优势。如何利用这一优势，打造具有鲜明特色的学校品牌，实现学校的特色发展和可持续发展，是学校必须思考的问题。

正是在这样的背景下，学校提出了“办一所体现孔子教育思想的现代学校”的发展目标，开启了将孔子教育思想融入现代教育实践的探索之路。

2.理念提出的实践基础

“办一所体现孔子教育思想的现代学校”这一理念的提出，不是凭空而来，而是建立在学校长期的教育实践和探索基础之上。首先，学校有着深厚的历史积淀和文化传统。作为一所百年老校，学校在长期的办学实践中，积累了丰富的教育经验和文化传统，为理念的提出奠定了历史基础。其次，学校有着优秀的教师队伍和教育教学成果。复校以来，学校涌现出省特级教师、省齐鲁名校长名师、省优秀教师、省优秀少先队辅导员、省优秀班主任、济宁市杏坛名师、特级教师、济宁市骨干教师、济宁市级教学能手等一大批优秀教师，在国家、省级刊物发表论文100余篇，课题结题50余项，编撰开发校本教材《走近孔子》，教师主编、参编著作30余部。这些教育教学成果，为理念的提出提供了实践支撑。再次，学校有着良好的社会声誉和影响力。学校先后荣获济宁遵纪守法光荣校、济宁市教学示范校、山东省教科研先进单位、省少先队工作规范化学校、省优秀家长学校、省教学示范校、省规范化学校、省安全示范校、省文明校园等、省传统文化体验学校称号，在社会上产生了较大的影响，为理念的提出创造了有利条件。最后，学校有着得天独厚的地域优势和文化资源。学校地处孔子故里——曲阜，除了三孔、尼山圣境、周公庙等名胜古迹，还有曲阜师范大学、济宁学院等高校，毗邻孔子研究院的专门研究院所，拥有丰富的儒家文化资源，为理念的提出提供了独特的地域优势和文化资源。

3.理念提出的过程与意义

“办一所体现孔子教育思想的学校”这一理念的提出，经历了一个从实践探索到理论提炼的过程。2005年，学校规划创立办学框架：“一个核心”：以“仁爱”为核心；“两个阵地”：以“课堂”和“班级”为阵地；“三驾马车”：以“民主管理”“教师队伍建设”“信息化提升”为三驾马车；实施四项改革：德育改革落实“君子行动”，教学改革探索“学思习行教学模式”，校本课程《走近孔子》，环境建设突出“儒雅校园建设”。2008年，学校成功举办了百年校庆，这是学校发展史上的重要里程碑。在庆祝活动中，学校回顾了百年办学历程，总结了办学经验，展望了未来发展，为理念的提出奠定了思想基础。2009年，学校开始探索儒家文化与现代教育的融合之路，通过开设传统文化课程、举办传统文化活动、创设传统文化环境等方式，将儒家文化融入学校教育的各个方面，积累了丰富的实践经验。2010年和2013年，学校成功举办了首届和第二届“孔子教育思想与现代小学教育研讨会”，邀请专家学者和一线教育实践者共同探讨孔子教育思想与现代小学教育的融合之路。在首届研讨会上，学校正式提出了“办一所体现孔子教育思想的学现代校”的发展目标，得到了与会专家学者的高度认可和支持。

这一理念的提出，具有重要的意义。

首先，它明确了学校的发展方向和目标，为学校的特色发展指明了路径，激发了全校师生的积极性和创造性。

其次，它彰显了学校的文化特色和教育品牌，提升了学校的社会影响力和竞争力，为学校的可持续发展创造了有利条件。

再次，它促进了儒家文化与现代教育的融合创新，为传承和弘扬中华优秀传统文化，培养德智体美劳全面发展的社会主义建设者和接班人提供了有益探索。

最后，它为基础教育的改革与发展提供了有益借鉴，为其他学校的特色发展提供了参考和启示。

（三）“菁莪乐育”校训的确立与内涵

1.校训确立的历史契机

“菁莪乐育”作为济宁学院第二附属小学的校训，其确立有着特殊的历史契机和深厚的文化底蕴。作为核心办学理念，其确立经历了一个深入思考、广泛征求意见、反复酝酿、科学论证的过程。

2008年是济宁学院第二附属小学百年校庆。恰值校庆前夕，2007年，旅居台湾的孔德成先生（孔子第七十七代嫡孙、台湾“中研院”院士）为学校题词“菁莪乐育”。这一题词，既是对学校百年办学历程的肯定，也是对学校未来发展的期许，成为学校百年校庆的重要文化标志。为铭记孔德成先生的教诲，学校将“菁莪乐育”镌刻石碑以激励教师。石碑前面，是“孔子行教塑像”，孔子像温文典雅，为谆谆教诲状；弟子恭顺谦卑，为躬身学习状。石碑周围栽种泰山古松、石楠、桂花、紫叶梨、蜡梅、百日红等花木，建起木质长廊，旁边栽种一棵梨树，树下做了个“孔融让梨”情境雕塑。成为一个雅致的小花园，学校给它起名为“菁莪园”，并作对联“沐舞雩清风，浴杏坛朝霞”。每日清晨，很多孩子在长廊里朗读课文、诵读《论语》；每个课间，很多孩子在花丛中嬉戏玩耍、赏花捉虫。这石碑、这花草、这木廊，再加上散布其间的孩子们构成了一幅美丽的图画。读书声、欢笑声交织在一起，石碑在绿树红花的映衬下，“菁莪乐育”四个大字更显鲜红。学园即乐园，正如《窗边的小豆豆》中孩子们无比喜爱的巴豆园，此处也是学生最爱光临的风光独佳处。

2010年前后，学校在总结办学经验、分析发展形势的基础上，认识到凝练一个既能体现学校历史文化底蕴，又能引领未来发展的核心办学理念的重要性。学校组织骨干教师、教育专家、家长代表等多次研讨，深入挖掘儒家文化精髓，特别是《诗经》等经典文献，同时借鉴国内外先进教育理念。经过反复研讨和筛选，“菁莪乐育”这一富有诗意和哲理的表述脱颖而出。

这一理念得到了广泛认同，因为它文化底蕴深厚：与儒家“乐教”思想和《诗经》文化渊源紧密相连，彰显了学校地处孔子故里的文化特色。教育意蕴丰富：“菁莪”象征着充满生命力的学生，“乐育”蕴含着快乐育人、全面发展的教育追求，体现了对学生成长规律的尊重和对教育本质的深刻理解。时代特征鲜明：融合了现代教育“以人为本”“快乐学习”“全面发展”等理念，符合素质教育的要求和时代发展的趋势。独特性与感召力：表述优美，意境深远，具有独特性和较强的文化感召力，易于被师生、家长和社会各界理解和认同。

核心理念确立后，学校并未停止对其内涵的深化和阐释。围绕“菁莪乐育”，学校进一步明确了育人目标：培养具有“仁、义、礼、智、信、和、中、正”君子品格，德智体美劳全面发展的时代新人。办学宗旨：为学生的终身发展奠基，为教师的专业成长铺路，为学校的可持续发展赋能。办学策略：坚持立德树人，深化“君子教育”；坚持五育并举，促进全面发展；坚持改革创新，提升教育质量；坚持开放合作，汇聚优质资源；坚持以人为本，营造和谐生态。核心价值观：快乐、和谐、发展、卓越。

通过不断的内涵深化，“菁莪乐育”不再仅仅是一个口号，而是转化为学校具体的办学目标、发展战略和行动纲领，渗透到教育教学、管理服务、文化建设的方方面面，成为引领学校发展的强大精神动力。

在这样的历史契机下，学校正式确立“菁莪乐育”为校训，将其作为学校教育理念的核心和灵魂，指导学校的教育教学实践。

2023年，济宁学院第二附属小学庆祝115周年之际，孔德成的孙子、孔子第七十八代孙、大成奉祀官孔垂长先生又为学校题写“教学为先”，以示庆祝和勉励。“教学为先”出自《礼记·学记》：“古之王者建国君民，教学为先”，强调了教育在社会发展中的重要地位和作用。学校将两个题词都放在菁莪园，交相辉映，成为学校文化的重要象征。

2.校训的文化渊源与意蕴

“菁莪乐育”这一校训，有着深厚的文化渊源和丰富的意蕴。“菁莪”一词源自《诗经·小雅·菁菁者莪》：“菁菁者莪，在彼中阿。既见君子，乐且有仪。”其中，“菁菁”形容草木茂盛的样子，“莪”是一种香草。“菁菁者莪”比喻茁壮成长的少年儿童，也比喻培育人才的教育事业。孔子在《诗序》中对这首诗的解释是：“菁菁者莪，乐育才也。君子能育才，则天下喜乐之矣。”意思是说，菁菁茂盛的莪草，象征着培育人才的喜悦。君子能够培育人才，天下人就会因此而喜悦。朱熹在《诗集传》中对这首诗的解释是："菁菁，茂盛貌。莪，香草。中阿，山曲之地。既见君子，则喜而有威仪。"意思是说，菁菁茂盛的莪草，生长在那山谷之中。看到了君子，心里喜悦，举止有威仪。

"乐育"一词体现了教育实践的幸福感和成就感，学生的体验感和价值感。寓意教育者以培育人才为乐业，学生因学习成长为乐事。这一理念强调了教育实践的价值和意义，也体现了教育者的职业情怀和精神追求。

"菁莪乐育"作为一个整体，代表了济宁学院第二附属小学师生共同追求的教育理想境界：教育者像培育菁菁芳草一样培养人才，以培育人才为乐事，在培育人才的过程中获得幸福感和成就感。学生在学校生活中体验成长的过程和快乐，养成终身乐学善思笃行的习惯和风尚。

这一校训，既是对中华优秀传统文化的传承，也是对现代教育理念的创新诠释，凝聚了学校对教育本质的深刻理解和对育人使命的坚定担当。

3.校训的现代诠释与实践

"菁莪乐育"这一校训，在济宁学院第二附属小学的教育实践中，得到了现代诠释和创新实践。首先，学校将"菁莪乐育"作为学校文化的核心理念，融入学校的各个方面。学校的校园环境、课程体系、教学策略、活动开展、管理模式等，都体现了"菁莪乐育"的内在理念和文化追求。其次，学校将"菁莪乐育"作为学校形象的重要标识，设计了以"菁莪乐育"为主题的学校标志、校徽、校旗、校歌、菁莪园校刊、菁莪园吉祥物等，增强了学校的文化认同感和归属感。再次，学校将"菁莪乐育"作为学校特色评价的机制载体，构建了以"菁莪乐育"为核心理念的评价体系，应用菁莪园成长虚拟币渗透评价全过程，应用到过程性评价、终结性评价和增值性评价中。评价对象包括学生评价、教师评价、学校评价等多个方面，引导学校的教育教学向着"菁莪乐育"的理想境界迈进。最后，学校将"菁莪乐育"作为学校特色的重要内涵，开展了一系列以"菁莪乐育"为主题的教育实践活动，如"菁莪园"建设、"菁莪书院"创建等，形成了具有鲜明特色的校本教育模式。

在这些实践中，"菁莪乐育"的理念得到了具体化、生活化、现代化的诠释，成为学校教育的生动实践和鲜活经验。

第二节 “菁莪乐育”理念下的育人目标与体系

一、培养目标：塑造新时代的“君子”

在“菁莪乐育”核心理念的指引下，济宁学院第二附属小学明确了其育人目标：培养具有儒家君子品格，适应时代发展要求，德智体美劳全面发展的社会主义建设者和接班人。这一目标可以概括为塑造新时代的“君子”。学校对新时代“君子”的内涵开展具体阐释，认为其应具备以下核心素养和关键能力。

高尚的道德情操（德：仁者不忧）

仁爱之心：孝亲尊师，友爱同学，关爱他人，热爱集体，具有同情心和善良品质。

诚信品质：诚实守信，言行一致，不说谎，不作弊，勇于承担责任。

礼仪规范：知礼懂礼，言谈举止文明得体，尊重他人，遵守公共秩序。

责任担当：具有国家认同感和民族自豪感，关心社会，乐于奉献，勇于担当时代使命。

中和雅正：内心平和，情绪稳定，待人宽和，处事公正，追求和谐。

扎实的学识基础（智：智者不惑）

乐学善思：具有浓厚的学习兴趣和强烈的求知欲，掌握基础知识和基本技能，善于思考，勤于提问，具有批判性思维。

博学广闻：具有广泛的阅读兴趣和知识面，了解中华优秀传统文化和世界多元文化。

创新能力：具有好奇心和想象力，勇于探索，敢于质疑，具备初步的创新意识和实践能力。

信息素养：能够有效获取、分析、利用信息，具备基本的数字化学习与创新能力。

健康的体魄心智（体：勇者不惧）

身心健康：掌握基本的健康知识和运动技能，养成良好的卫生习惯和体育锻炼习惯，体魄强健，精力充沛。

心理阳光：具有积极乐观的心态，能够正确认识自我，调控情绪，应对挫折，具备良好的人际交往能力和适应能力。

意志坚韧：具有克服困难的勇气和毅力，做事专注，持之以恒。

良好的审美素养（美：艺者不俗）

感受美：能够欣赏自然美、艺术美、生活美，具有健康的审美情趣。

表现美：掌握1~2项艺术技能，能够运用艺术形式表达情感、表现创意。

创造美：具有一定的审美创造能力，能够美化生活，创造美的环境。

必备的劳动技能（劳：劳者不惰）

热爱劳动：懂得劳动最光荣、劳动创造价值的道理，尊重劳动人民。

掌握技能：掌握基本的生活自理技能和一定的劳动技能，具备初步的动手实践能力。

勤俭节约：养成勤俭节约、珍惜劳动成果的良好习惯。

服务意识：具有服务他人、服务社会的意识和能力。

这一育人目标，既传承了儒家“君子”理想的人格追求，又融入了时代对人才素质的新要求，体现了德智体美劳全面发展的教育方针，具有鲜明的时代性和校本特色。

二、育人体系：“五育并举”与“十大行动”

为实现“塑造新时代君子”的育人目标，济宁学院第二附属小学构建了系统化、科学化的育人体系。该体系以“五育并举”为基本框架，以“十大行动”为具体抓手，将“菁莪乐育”理念和“君子教育”目标落到实处。

（一）“五育并举”的基本框架

学校全面贯彻党的教育方针，坚持德育为先、能力为重、全面发展，将德育、智育、体育、美育、劳育有机融合，协同推进。

德育铸魂（君子之德）：以“君子教育”为核心，加强理想信念教育、爱国主义教育、社会主义核心价值观教育、中华优秀传统文化教育、公民道德教育、法治教育、心理健康教育等。通过课堂教学、主题班会、德育活动、榜样示范、环境熏陶等多种途径，引导学生明大德、守公德、严私德，培养高尚的道德情操和健全的人格。

智育启慧（君子之智）：严格按照国家课程标准，开齐开足开好各门课程，打好扎实的知识基础。深化教学改革，推行启发式、探究式、参与式教学，注重培养学生的学习兴趣、思维能力、创新意识和实践能力。加强科学教育和信息素养教育，适应时代发展需求。

体育强基（君子之健）：牢固树立“健康第一”的理念，开足上好体育课，保证学生每天两小时校园体育活动时间。广泛开展“阳光体育”运动，普及田径、球类、游泳等运动项目。定期举办体育节和各类体育竞赛。加强健康教育，培养学生良好的卫生习惯和健康的生活方式。

美育润心（君子之雅）：开设音乐、美术、舞蹈、戏剧等艺术课程，提高学生的艺术素养和审美能力。组织丰富多彩的校园文化艺术活动，如艺术节、书画展、合唱比赛、器乐演奏会等，为学生提供展示艺术才华的舞台。加强校园环境的美化和艺术化，营造浓厚的审美氛围。

劳育砺行（君子之劳）：将劳动教育纳入人才培养全过程，开设劳动教育必修课，系统学习劳动知识和技能。组织学生参与校园卫生保洁、绿化养护、种植实践等日常劳动。开展手工制作、烹饪、维修等技能培训。组织学生参加社会实践、志愿服务、研学旅行等校外劳动体验活动。培养学生正确的劳动价值观、良好的劳动品质和必备的劳动能力。

“五育并举”不是简单的五项教育内容的叠加，而是相互渗透、有机融合的整体。学校在实践中注重打破学科壁垒，加强各育之间的联系，如在德育中融入美育元素，在体育中培养意志品质，在劳动中思想教育等，实现协同育人。

（三）“十大行动”的具体抓手

为使“五育并举”落到实处，学校于2018年创新性地提出了“十大行动”育人工程，将育人目标细化为具体的行动计划，使育人工作更加系统化、项目化、常态化。

经典诵读行动：传承国学经典，弘扬传统文化。每日晨读、午读时间安排经典诵读，定期举办经典诵读比赛、展演活动，营造书香校园氛围。

礼仪养成行动：践行儒家礼仪，培养文明素养。制定《小学生日常行为礼仪规范》，通过课堂教学、情景模拟、主题班会、礼仪岗监督等方式，培养学生文明得体的言行举止。

科技创新行动：激发科学兴趣，培养创新能力。开设科技类社团和选修课程，建设创客空间，举办科技节、科技小制作比赛、机器人竞赛等活动，鼓励学生动手实践、大胆探索。

艺术熏陶行动：提升审美情趣，发展艺术特长。开设多样化的艺术课程和社团，举办校园文化艺术节、书画展、音乐会等，为学生提供艺术体验和展示平台。

体育锻炼行动：增强身体素质，锤炼意志品质。落实“阳光体育”不少于2小时，开展菁莪大课间活动，普及体育项目，组织各类体育竞赛和趣味运动会。

劳动实践行动：崇尚劳动光荣，掌握生活技能。开设劳动课程，建立劳动实践基地，组织学生参与校内外劳动实践和志愿服务活动。

社会服务行动：增强社会责任，培养奉献精神。组织学生参与社区服务、环保宣传、关爱弱势群体等公益活动，引导学生服务社会、回报社会。

生态文明行动：树立环保意识，践行绿色生活。开展环保知识教育，组织垃圾分类、节能减排、植树护绿、鱼树共生等活动，建设绿色校园。

国际理解行动：拓宽国际视野，培养包容心态。开设外语课程，开展国际文化交流活动，了解不同国家和地区的文化，培养跨文化沟通能力。

家校协同行动：凝聚育人合力，共促学生成长。建立完善家校沟通机制，举办家长开放日、亲子活动等，引导家长参与学校教育，形成家校共育的良好局面。

“十大行动”涵盖了“五育”的主要方面，并将育人目标转化为具体的、可操作的、可评价的实践活动，使学校的育人体系更加完善、更具实效性。

通过“五育并举”的基本框架和“十大行动”的具体抓手，济宁学院第二附属小学构建了一个目标明确、内容全面、途径多样、协同高效的育人体系，为“菁莪乐育”理念的落地生根提供了坚实的保障。

第三节 办学理念在学校管理与文化中的体现

一、管理理念：以人为本与科学规范的统一

学校的管理理念是办学理念在管理层面的具体体现。济宁学院第二附属小学在“菁莪乐育”核心理念的指引下，形成了“以人为本、民主参与、科学规范、和谐高效”的管理理念。

以人为本，尊重师生主体地位：学校管理坚持以师生的发展为中心，尊重教师的专业自主权和创造性，关心教师的成长和福祉；尊重学生的个体差异和人格尊严，关注学生的全面发展和个性需求。管理决策充分听取师生意见，管理过程注重人文关怀，营造相互尊重、彼此信任、充满活力的组织氛围。

民主参与，激发内在治理活力：学校建立了教职工代表大会、学生代表大会、家长委员会等民主管理和监督机制，保障师生和家长的知情权、参与权、表达权和监督权。鼓励师生参与学校规章制度的制定、重大事项的决策和日常管理工作，形成共建共治共享的治理格局，激发学校发展的内生动力。

科学规范，提升管理效能：学校注重运用现代管理理论和方法，建立健全科学、规范、高效的管理制度和运行机制。明确各部门职责，优化管理流程，加强过程管理和目标考核。运用信息技术手段提升管理效率，如建设智慧校园管理平台，实现数据驱动的精准管理。

和谐高效，营造良好发展生态：学校致力于营造和谐的人际关系和工作氛围，倡导团队合作和沟通协调。追求管理过程的顺畅和管理结果的高效，减少内耗，提高整体运行效率。努力构建学校内部各系统之间、学校与外部环境之间和谐共生的良好教育生态。

这种管理理念，既体现了儒家文化中“和为贵”“民为本”的思想，又吸收了现代管理科学的精髓，为学校的健康、可持续发展提供了有力保障。

二、制度文化：规范性与人文性的融合

制度是学校文化的载体和保障。济宁学院第二附属小学的制度文化建设，力求实现规范性与人文性的有机融合，使制度既能有效规范行为、保障秩序，又能体现人文关怀、促进人的发展。

制度制定的民主性与科学性：学校各项规章制度的制定，都经过充分调研、广泛征求意见、教代会审议等程序，确保制度的科学合理、符合实际，并能得到师生的普遍认同。避免“拍脑袋”决策和“一言堂”。

制度内容的规范性与导向性：制度内容明确清晰，具有可操作性。既对师生的行为提出明确规范，又体现学校的价值导向，如在教师评价制度中突出师德表现和育人实效，在学生评价制度中强调全面发展和过程性评价，引导师生朝着学校期望

的方向发展。

制度执行的严肃性与灵活性：制度面前人人平等，执行过程公平公正，维护制度的严肃性。与此同时，在制度执行中也注重具体情况具体分析，体现人文关怀，避免简单化和“一刀切”，允许在特殊情况下人性化处理。

制度体系的系统性与动态性：学校建立了涵盖教育教学、行政管理、后勤保障、安全卫生等各方面的制度体系，力求系统完整、协调一致。与此同时，根据国家政策、教育形势和学校发展的变化，定期对制度梳理、修订和完善，保持制度的适应性和生命力。

通过构建规范而又充满人文关怀的制度文化，学校营造了既有秩序又有活力、既讲规则又重人情的良好氛围。

三、环境文化：儒雅氛围与现代气息的交织

校园环境是学校文化最直观的体现。济宁学院第二附属小学致力于建设一个既有深厚儒家文化底蕴，又充满现代气息的“儒雅校园”，让环境成为“无声的课堂”。

整体规划的文化意蕴：校园整体布局、建筑风格、道路命名等都融入了儒家文化元素和“菁莪乐育”理念。例如，教学楼区角以“仁、义、礼、智、信”命名，道路以儒家先贤命名，中心广场命名为“孔子广场”等，使校园处处体现文化内涵。

文化景观的精心打造：建设了“菁莪园”（内有孔子塑像、论语碑刻）、“四书五经长廊”、“百家姓文化墙”、“君子养成”主题雕塑等标志性文化景观，营造浓厚的儒家文化氛围。

空间布置的教育功能：教室、走廊、图书馆、功能室等内部空间的布置，也注重体现文化和教育功能。悬挂名人名言、师生书画作品、学科知识图谱等；设置图书角、阅读吧、展示区等，方便学生学习和交流；功能室设备齐全，环境优美，激发学生的探索兴趣。

绿化美化的生态理念：校园绿化覆盖率高，植物种类丰富，四季常青，鸟语花香。建设生态园、植物角等，将生态文明教育融入环境建设，培养学生的环保意识。

现代技术的融合应用：建设智慧教室、数字图书馆、校园电视台、红领巾广播站、电子班牌等现代化设施，将现代科技融入校园环境，为师生提供便捷高效的学习和工作环境，体现学校的现代气息。

通过精心营造儒雅而现代的校园环境文化，学校为师生提供了优美、舒适、富有教育意义的工作学习场所，起到了“润物细无声”的育人效果。

四、行为文化：师生风貌与校园风尚的塑造

行为文化是学校文化中最活跃、最具生命力的部分，体现在师生的日常言行、精神风貌和校园风尚之中。济宁学院第二附属小学注重通过引导、规范、激励等方式，塑造符合“菁莪乐育”理念和“君子教育”要求的师生行为文化。

教师行为文化（儒师风范）：倡导教师争做“四有”好老师，践行“敬业爱生博学致远”的教风。鼓励教师要爱岗敬业，乐于奉献：热爱教育事业，关爱每一位学生，潜心教书育人；学高身正，为人师表：不断学习，提升专业素养；以身作则，注重师德修养，成为学生的榜样；严谨治学，勇于探索：认真备课上课，精益求精；积极参与教学研究和改革创新；善于引导，教学相长：尊重学生，善于启发诱导；与学生平等交流，共同成长。

学生行为文化（君子风范）：引导学生践行“乐学善思明理笃行”的学风，遵守《小学生守则》和学校各项规章制度。培养学生要文明礼貌，言行得体：尊敬师长，友爱同学，使用礼貌用语，遵守公共秩序；勤奋学习，积极向上：热爱学习，主动探究，按时完成作业，追求进步；诚实守信，勇于担当：说实话，做实事，信守承诺，对自己的行为负责；团结友善，乐于助人：关心集体，与同学和睦相处，主动帮助有困难的同学；热爱劳动，勤俭节约：积极参加劳动，珍惜劳动成果，养成勤俭节约的好习惯。

校园风尚的培育：通过榜样示范（评选“儒雅教师”“君子之星”）、主题教育活动、校园舆论宣传、文化活动熏陶等多种途径，积极培育“儒雅和谐勤奋创新”的优良校风，营造积极向上、文明健康的校园文化氛围。

通过对师生行为文化的持续引导和塑造，学校形成了良好的精神风貌和校园风尚，成为学校文化建设的生动体现。

总之，济宁学院第二附属小学的办学理念并非空中楼阁，而是深深扎根于学校的管理实践和文化建设之中，体现在管理理念的更新、制度文化的完善、环境文化的营造和行为文化的塑造等方方面面，形成了理念与实践相互促进、良性循环的生动局面。

第四章 发展规划：学校建设的顶层设计

第一节 学校发展规划的时代背景与理论基础

一、学校发展规划的必要性与重要意义

在教育改革不断深化、社会发展日新月异的时代背景下，学校发展规划已不再是可有可无的选择，而是学校实现科学发展、内涵发展、特色发展和可持续发展的必然要求与重要保障。缺乏清晰规划的学校，如同航行在大海中没有罗盘的船只，容易迷失方向，难以应对挑战，更无法抓住机遇。

学校发展规划的重要意义主要体现在以下几个方面。

明确发展方向，凝聚发展共识：规划能够帮助学校系统思考“未来向何处去”“如何去”等根本性问题，确立清晰的发展目标和愿景。通过规划的制定过程，可以广泛征求意见，统一思想，凝聚全体师生员工、家长乃至社会各界的智慧和力量，形成推动学校发展的强大合力。

优化资源配置，提升办学效益：规划是对学校未来一段时间内各项工作的统筹安排，有助于学校根据发展目标和优先次序，科学、合理地配置人力、物力、财力等有限资源，避免盲目投入和资源浪费，最大限度地提高办学效益。

引领改革创新，激发内生动力：规划往往伴随着对现状的深刻反思和对未来的大胆设想，它为学校的教育教学改革、管理机制创新指明了方向，设定了目标。一个富有前瞻性和挑战性的规划，能够激发师生的改革意识和创新活力，推动学校不断突破瓶颈，实现跨越式发展。

规范办学行为，实现科学管理：规划为学校各项工作的开展提供了蓝图和依据，有助于建立健全科学的管理制度和运行机制，使学校管理更加规范化、精细化、科学化。通过规划的实施、监控和评估，可以及时发现问题，调整策略，确保学校沿着既定轨道健康运行。

塑造学校品牌，提升核心竞争力：一个科学、系统、富有特色的发展规划，是学校办学理念、办学实力和发展潜力的集中体现。通过规划的成功实施，可以不断

提升学校的教育质量和办学水平，形成独特的办学风格和品牌优势，增强学校在区域乃至全国范围内的核心竞争力。

由此可见，对于追求卓越、力求发展的济宁学院第二附属小学而言，制定并实施科学的发展规划，是其实现“菁莪乐育”宏伟蓝图，建设高品质、有特色、现代化一流学校的战略基石。

二、济宁学院第二附属小学发展规划的指导思想与原则

济宁学院第二附属小学的发展规划，始终坚持以习近平新时代中国特色社会主义思想为指导，全面贯彻党的教育方针，落实立德树人根本任务，紧密围绕国家和地方教育发展战略，立足学校百年办学历史和文化底蕴，遵循教育规律和人才成长规律，以“菁莪乐育”核心办学理念为统领。其规划制定的主要指导思想有以下几点。

传承与创新相结合：既要继承学校百余年的优良传统和文化积淀，特别是儒家优秀文化基因，又要勇于改革创新，与时俱进，吸收国内外先进教育理念和实践经验，实现传统与现代的有机融合。

内涵与特色相统一：既要全面提升学校的教育教学质量和综合办学水平，实现内涵式发展，又要突出学校在儒家文化传承、君子人格培养等方面的办学特色，走特色化、品牌化发展之路。

整体与重点相协调：既要着眼于学校发展的全局，统筹规划各方面工作，又要抓住关键环节和重点领域，集中力量，率先突破，以重点带动整体发展。

发展与可持续相兼顾：既要追求学校在一定时期内的快速发展和显著成就，又要着眼长远，注重学校发展的可持续性，为学校未来的持续繁荣奠定坚实基础。

在上述指导思想下，学校发展规划遵循以下基本原则。

方向性原则：坚持社会主义办学方向，坚持立德树人，确保规划符合国家教育方针政策和法律法规的要求。

科学性原则：遵循教育规律、学生身心发展规律和学校管理规律，规划目标设定科学合理，实施路径切实可行，保障措施具体有效。

前瞻性原则：立足当前，面向未来，准确把握教育发展趋势，使规划具有一定的超前性和引领性，能够适应未来社会对人才的需求。

校本性原则：紧密结合学校的实际情况，包括历史传统、文化特色、师资状况、生源特点、地理位置等，使规划具有鲜明的校本特色和可操作性。

人本性原则：坚持以人为本，以促进师生的全面发展和可持续发展为出发点和落脚点，充分调动师生的积极性、主动性和创造性。

整体性原则：统筹规划学校的各项工作，包括德育、智育、体育、美育、劳育，以及课程教学、师资队伍、校园文化、管理服务、对外交流等，实现各要素的协调发展。

民主性原则：规划的制定和实施过程充分发扬民主，广泛听取教职工、学生、家长、校友、社区代表和专家的意见建议，凝聚共识，汇集智慧。

开放性原则：规划应保持一定的开放性和灵活性，能够根据内外环境的变化适时调整和完善，确保规划的适应性和有效性。

这些指导思想和基本原则，为济宁学院第二附属小学制定科学、系统、有效的发展规划提供了根本遵循和行动指南。

三、规划制定的理论依据与方法论

学校发展规划的制定并非凭空想象，而是需要建立在科学的理论基础和严谨的方法论之上。济宁学院第二附属小学在制定发展规划时，主要依据了以下理论，并采用了相应的方法。

（一）理论依据

系统论：将学校视为一个由多个相互联系、相互作用的子系统（如教学系统、管理系统、文化系统、后勤系统等）构成的有机整体。规划需要从整体出发，统筹考虑各子系统之间的协调发展，实现整体优化。

战略管理理论：借鉴企业战略管理的思想和方法，对学校的内外部环境分析（如SWOT分析），明确学校的使命、愿景和核心价值观，制定发展战略和目标，并通过有效的资源配置和过程监控来确保战略的实施。

人本主义理论：强调人的价值和潜能，认为教育的根本目的是促进人的全面发展。规划应以师生的发展为中心，尊重个体差异，激发内在潜能，营造有利于师生成长的环境。

可持续发展理论：关注学校发展的长远性和连续性，要求规划不仅要考虑当前的需要，还要考虑未来的发展，实现资源、环境、社会效益的协调统一，确保学校能够持续健康发展。

儒家管理思想：汲取儒家文化中关于“修身、齐家、治国、平天下”的层级递进思想，“仁政”“德治”的管理理念，“和而不同”的和谐观，“中庸”的平衡思想等，将其融入学校规划的价值取向和管理实践中。

（二）方法论

SWOT分析法：系统分析学校内部的优势（Strengths）、劣势（Weaknesses）以及外部环境的机会（Opportunities）、威胁（Threats），为制定符合学校实际和发展趋势的战略目标提供依据。

专家咨询法：通过匿名方式征求校内外教育专家、骨干教师、管理人员等对学校发展关键问题的意见，经过多轮反馈和修正，逐步达成共识，提高规划的科学性和权威性。

标杆管理法：选择省内外办学水平高、特色鲜明的同类学校作为参照标杆，学习其先进的办学理念、管理模式和成功经验，结合自身实际借鉴和创新，如南京夫子庙小学等。

参与式规划法：强调利益相关者（教师、学生、家长、社区代表等）的广泛参与，通过座谈会、问卷调查、网络平台等多种形式，收集各方意见和建议，使规划更能反映共同意愿，提高规划的可接受度和执行力。

目标管理法：将学校的总体发展目标分解为具体的、可衡量的、可实现的、相关的、有时限的（SMART）子目标，明确责任部门和完成时限，并通过绩效考核等方式跟踪和评估。

通过综合运用上述理论和方法，济宁学院第二附属小学确保了其发展规划既有理论高度，又有实践深度，既符合教育规律，又贴合学校实际，为学校的科学发展奠定了坚实基础。

第二节 学校总体发展目标与战略选择

一、学校发展现状分析（SWOT）

在制定发展规划之前，济宁学院第二附属小学运用SWOT分析法，对学校的内外部环境开展全面、客观、深入的分析，为确立发展目标和战略选择提供了重要依据。

（一）内部优势（Strengths）

悠久的历史底蕴：学校拥有110多年的办学历史，积淀了深厚的文化底蕴和优良的办学传统，社会声誉良好。

鲜明的文化特色：地处孔子故里，儒家文化资源丰富，已初步形成以“菁莪乐育”为核心、以“君子教育”为抓手的特色办学模式，具有独特性和辨识度。

优秀的师资队伍：拥有一支师德高尚、业务精湛、结构相对合理的教师队伍，省市级名师、骨干教师比例较高，教师队伍整体素质较强。

扎实的教育质量：教育教学质量在区域内名列前茅，学生在各级各类竞赛中表现突出，赢得了家长的信赖和社会的认可。

优美的校园环境：校园环境儒雅、整洁、美观，文化氛围浓厚，为师生提供了良好的工作学习环境。

上级单位支持：作为济宁市直属小学，能够获得济宁市教育局在教育资源、师资培训、科研合作等方面的支持；同时作为驻曲市直小学，曲阜市教体局也给予厚爱和支持。

（二）内部劣势（Weaknesses）

办学空间相对不足：随着招生规模的扩大和化解生育高峰就学，现有校园面积和功能场室略显紧张，制约了部分特色课程和活动的开展。

教师队伍结构性问题：青年教师成长速度有待加快，部分学科教师存在结构性短缺，教师的教育科研能力和国际化水平有待提升。

特色课程体系尚需完善：“君子教育”特色课程体系的系统性、科学性和评价机制仍需进一步完善和深化。

信息化建设与应用水平有待提高：智慧校园建设尚处于初级阶段，信息技术与教育教学的深度融合不够，教师数字化素养有待提升。

对外交流合作的广度与深度不足：与国内外基础教育名校的交流合作不够深入，国际化办学水平有待提高。

（三）外部机遇（Opportunities）

国家政策支持：国家高度重视基础教育，强调立德树人、五育并举，大力弘扬中华优秀传统文化，为学校特色发展提供了良好的政策环境。

地方政府重视：济宁、曲阜市委市政府高度重视教育事业，持续加大教育投入，支持学校改善办学条件，提升办学水平。

儒家文化复兴：社会对中华优秀传统文化日益重视，儒家文化研究和传播方兴未艾，为学校深化儒家文化教育特色提供了有利的社会文化氛围。

教育改革深化：新课程改革、评价体系改革等为学校深化教育教学改革、创新育人模式提供了空间和动力。

家长期待提高：随着社会经济发展，家长对优质教育资源的需求日益增长，对学校特色化、高品质发展寄予厚望。

区域协同发展：曲阜市作为鲁西南文化中心和全国有影响力的文化城市，区域协同发展战略的实施为学校拓展合作、共享资源提供了机遇。

（四）外部威胁（Threats）

教育竞争加剧：区域内优质教育资源竞争激烈，民办学校和部分公办学校快速发展，对学校的生源和师资构成一定挑战，发展不再是逆水行舟不进则退，而是行得慢也是退。

社会期望压力：社会和家长对学校教育质量和学生发展有过高期望，应试教育的压力依然存在，可能对学校全面实施素质教育、发展特色带来干扰。

教育评价体系的挑战：现行教育评价体系仍有待完善，如何科学评价学校的特色发展和学生的全面素质是一个挑战。

外部环境的不确定性：社会变革、计划生育政策、技术发展、突发公共事件等外部环境的不确定性因素可能对学校发展带来难以预料的影响。

通过SWOT分析，学校对自身所处的环境和发展态势有了清醒的认识，明确了优势所在、短板为何、机遇何在、挑战何存，为制定科学合理的发展目标和战略奠定了基础。

二、总体发展目标：建设现代化、高品质、有特色的儒雅校园

基于对现状的分析和对未来的展望，济宁学院第二附属小学确立了其总体发展目标：全面贯彻党的教育方针，落实立德树人根本任务，以“菁莪乐育”为核心理念，以“君子教育”为办学特色，深化教育改革，提升内涵品质，努力将学校建设成为一所学生快乐成长、教师幸福工作、家长放心满意、社会高度认可，在省市内发挥示范引领作用，具有儒家文化特质的现代化、高品质、有特色的品牌学校。

这一总体目标可以进一步分解为不同阶段的具体目标：

近期目标（1—3年）：固本强基，特色深化。完善“君子教育”课程体系和评价机制，形成更加系统、科学的特色育人模式。加强师资队伍建设，优化教师结构，提升教师专业素养和教育科研能力。稳步提升教育教学质量，保持区域领先地位。改善办学条件，优化校园环境，启动智慧校园基础建设。健全现代学校管理制度，提升管理效能。

中期目标（4—6年）：内涵提升，品牌彰显。“君子教育”特色品牌在省市内具有较高知名度和影响力，形成可复制、可推广的经验。教师队伍整体素质显著提升，涌现更多名优骨干教师。教育教学质量持续提升，学生综合素质全面发展，培养模式得到社会广泛认可。智慧校园建设取得显著进展，数字化建设与教育教学深度融合。学校治理体系和治理能力现代化水平明显提高。拓展对外交流与合作，初步形成开放办学格局。

远期目标（7—10年）：示范引领，追求卓越。成为全国范围内儒家文化特色教育的示范学校和品牌标杆。拥有一支师德高尚、业务精湛、结构合理、富有创新活力的高水平教师队伍。

教育教学质量达到省内一流水平，培养出一大批具有君子品格的优秀人才。全面建成智慧校园，实现教育教学和管理的智能化。形成完善的现代学校治理体系，办学活力充分激发。建立广泛而深入的国内外交流合作网络，成为具有一定省内外影响力的学校。

这些分阶段的目标层层递进，既有挑战性，又具有可行性，为学校的持续发展描绘了清晰的战略蓝图。

三、发展战略选择：特色引领、内涵驱动、开放融合

为实现上述发展目标，学校选择了以下三大核心发展战略。

（一）特色引领战略

核心内容：坚定不移地走特色发展之路，将“君子教育”作为学校最核心的竞争力来打造。深入挖掘儒家文化的时代价值，不断丰富和完善“君子教育”的内涵、课程体系、实施路径和评价方式。通过特色课程开发、特色活动开展、特色文化营造、特色师资培养等途径，将“君子教育”渗透到学校工作的方方面面，形成鲜明、稳定、高品质的办学特色。

战略意义：特色是学校的生命力所在。通过强化“君子教育”特色，可以提升学校的辨识度和吸引力，避免同质化竞争，形成独特的品牌优势，引领学校实现差异化、高水平发展。

（二）内涵驱动战略

核心内容：将发展的重心放在内涵建设上，以提高教育质量和办学水平为核心任务。重点抓好师资队伍建设、课程教学改革、教育科研创新、管理效能提升等关键环节。通过优化内部管理，激发师生潜能，提升教育教学过程的质量和效益，实现学校从规模发展向质量提升、从外延扩张向内涵发展的转变。

战略意义：内涵是学校可持续发展的根基。只有不断提升教育教学质量、师资水平、管理能力等核心要素，学校才能获得持久的生命力和竞争力，实现真正意义上的高品质发展。

（三）开放融合战略

核心内容：树立开放办学的理念，积极拓展与外部世界的联系与合作。加强与高校（特别是曲阜师范大学、济宁学院、齐鲁理工大学）、科研院所（孔子研究院、孔子博物馆）、兄弟学校、社区、企事业单位等的交流与合作，引进优质教育资源，深化学校发展命运共同体建设，共享发展经验。积极开展国际交流与合作，拓宽师生视野，吸收借鉴国际先进教育理念和实践。推动校家社协同育人，构建开放、多元、联动的教育生态系统。

战略意义：开放带来活力，融合促进发展。在教育日益开放和多元化的今天，

闭门造车难以为继。通过积极的开放与融合，可以有效整合利用外部资源，弥补自身不足，借鉴先进经验，激发创新活力，拓展发展空间，提升学校的整体实力和影响力。

这三大战略相互支撑、相互促进。特色引领为内涵驱动指明方向，内涵驱动为特色引领提供支撑，开放融合则为特色引领和内涵驱动注入新的资源和活力。学校将围绕这三大战略，统筹规划各项具体工作，确保发展目标的顺利实现。

第三节 重点发展领域与实施路径

为确保总体发展目标和核心战略落到实处，济宁学院第二附属小学明确了未来发展的重点领域，并规划了具体的实施路径。

一、深化“君子教育”特色建设

（一）目标

构建完善、科学、高效的“菁莪乐育”体系，打造“君子教育”品牌，形成在全国具有影响力的特色品牌。

（二）实施路径

1.理论深化与体系完善：加强对儒家“君子”思想的现代阐释和“菁莪乐育”理念的研究，完善“君子教育”的理论框架、目标体系、内容体系和评价体系。

2.课程开发与整合：开发系列化的“君子教育”校本课程（如国学经典、儒家礼仪、君子养成、齐鲁文化等），并将其与国家课程、地方课程有机融合，形成一体化的课程结构。

3.教学模式创新：探索符合“君子教育”理念的教学策略和模式，如情境教学、体验教学、项目式学习、合作探究等，注重知行合一，培养学生的实践能力和反思能力。

4.德育活动创新：围绕“君子”品格（仁、义、礼、智、信、和、中、正）设计系列主题教育活动、仪式教育、榜样教育、实践体验活动，丰富德育载体。

5.评价机制改革：建立以过程性评价、发展性评价、综合性评价为主的“君子”素养评价体系，关注学生的品德养成和行为表现，运用成长记录袋、表现性评价等多元评价方式。

6.师资专项培养：实施“儒师培养工程”，通过专题培训、课题研究、名师引领等方式，提升教师对儒家文化的理解和“君子教育”的实施能力。

7.文化环境营造：持续优化校园儒家文化环境，如图书馆设立“儒学专柜”，建设“君子文化”主题教室、走廊，利用校园媒体宣传“君子”事迹等。

8.成果凝练与推广：系统总结“君子教育”的实践经验和理论成果，通过课题研究、成果申报、著书立说、举办研讨会、对外交流等方式，扩大特色品牌影响力。

二、建设高素质专业化教师队伍

（一）目标

打造一支师德高尚、业务精湛、结构合理、充满活力，能够支撑学校特色发展和内涵提升的高素质教师队伍。

（二）实施路径

1.强化师德师风建设：将师德师风作为教师评价的第一标准，传承弘扬教育家精神，深化师德师风建设，开展理想信念教育、职业道德教育和法纪教育，完善师德考核和奖惩机制，选树师德典型，杜绝有偿补课，落实一科一辅，严守师德师风十条禁令，营造风清气正的育人环境。

2.完善教师培养培训体系：构建分层分类的教师专业发展体系（新教师入格、青年教师升格、骨干教师风格、名优教师引领）。实施青蓝工程、名师工程，开展校本研修、外出培训、学历提升、课题研究、教学竞赛等多样化培养活动。

3.优化教师队伍结构：根据学校发展需要，科学制订教师引进计划，重点引进优秀青年教师和学科带头人。关注教师年龄结构、学科结构、职称结构等的优化。

4.搭建教师发展平台：为教师提供展示才华、专业成长的平台，如设立名师工作室、鼓励教师参与各级各类教学研究项目和评优评先、支持教师著书立说等。

5.健全教师评价与激励机制：不把考试成绩作为给教师考评唯一标准，而是全面建立以能力、实绩和贡献为导向的教师综合评价体系，将评价结果与教师聘任、晋升、绩效工资、评优奖励等挂钩，激发教师的工作积极性和创造性。

6.提升教师教育科研能力：鼓励教师围绕教育教学实践中的问题开展研究，提供课题申报、研究指导、成果推广等支持，营造浓厚的教研氛围。

7.关注教师身心健康：改善教师工作条件，减轻不合理负担，组织文体活动，提供心理健康服务，营造关心关爱教师的人文环境。

三、推进课程教学改革创新

（一）目标

构建体现“菁莪乐育”理念、促进学生全面发展的现代化课程体系，深化课堂教学改革，全面提高育人质量。

（二）实施路径

1.优化课程结构：严格执行国家课程方案，开齐开足国家课程。整合优化地方课程和校本课程，特别是“君子教育”系列课程，形成基础扎实、特色鲜明、选择多样的课程结构。

2.深化课堂教学改革：以学生发展为中心，积极探索和推广启发式、互动式、探究式、体验式等教学策略。推进信息技术与课堂教学的深度融合，建设智慧课堂。加强教学研究，推广优秀教学成果。

3.加强作业设计与管理：落实“双减”，优化作业设计，提高作业质量，探索分层作业、弹性作业、实践性作业等形式。严格控制作业总量和时长，实习作业熔断机制，切实减轻学生过重课业负担。

4.推进评价方式改革：改革学生评价方式，注重过程性评价和增值性评价，运用课堂观察、学习档案、项目作品、实践活动表现等多种方式，全面评价学生的综合素质。

5.加强教学质量监控：建立健全教学质量监控体系，加强对备课、上课、作业、辅导、评价等教学环节的管理和指导。定期教学质量分析，及时发现问题，改进教学。

6.开发拓展性课程资源：整合校内外资源，开发丰富多样的社团活动、兴趣小组、研学旅行、社会实践等拓展性课程，满足学生的个性化发展需求。

四、提升学校治理现代化水平

（一）目标

建立完善的现代学校制度体系，优化内部治理结构，提升管理效能，激发办学活力。

（二）实施路径

1. 完善学校章程建设：修订和完善学校章程，明确学校办学宗旨、治理结构、权利义务等，发挥章程在学校治理中的统领作用。

2. 健全民主管理机制：完善教职工代表大会、学生代表大会、家长委员会、家长学生评教等制度，保障利益相关者的参与权和监督权，推进校务公开。

3. 优化内部管理结构：根据学校发展需要，适时调整内部管理机构设置，明确部门职责，优化管理流程，提高运行效率。

4. 推进依法治校：建立健全法律顾问制度，完善各项规章制度，规范办学行为，防范办学风险。

5. 加强精细化管理：将管理重心下移，加强年级组、教研组建设。注重过程管理和细节管理，提升教育教学、后勤服务等各方面工作的精细化水平。

6. 建设智慧校园管理平台：利用信息技术手段，整合校务管理、教学管理、学生指导、家校沟通等功能，推进人工智能校本部署，提升管理的信息化、智能化水平和决策的科学性。

五、优化育人环境与资源保障

（一）目标

持续优化校园物质环境和文化环境，加强资源保障，为学校发展提供有力支撑。

（二）实施路径

1. 改善办学硬件条件：积极争取上级支持和多方投入，逐步扩建校舍，增加功能场室（如图书馆、实验室、艺术教室、体育馆等），更新教学设备，满足发展需要。

2. 深化儒雅校园文化建设：持续优化校园整体布局和文化景观，丰富校园文化内涵，营造更加浓厚的儒家文化氛围和书香校园气息。

3.推进智慧校园建设：完善校园网络基础设施，建设智慧教室、数字图书馆、创客空间等，提升教育信息化硬件水平。

4.加强安全保障体系建设：健全校园安全管理制度和应急预案，完善人防、物防、技防措施，加强安全教育，确保师生安全和校园稳定。

5.拓展经费来源渠道：在争取财政拨款的与此同时，积极吸引社会捐赠，探索多元化经费筹措机制，为学校发展提供充足的经费保障。

6.提升后勤服务水平：加强卫生保健等后勤管理，提高服务质量，为师生提供优质、高效、温馨的后勤保障。

第四节 规划实施的保障措施与评估机制

一、组织保障：明确责任，协同推进

为确保发展规划的顺利实施，学校成立以党支部书记/校长为组长，各分管领导、中层干部、骨干教师、家长代表等共同参与的“学校发展规划领导小组”和“工作小组”。

领导小组职责：负责规划的整体领导、决策部署、统筹协调和监督检查。工作小组职责：负责规划的具体落实、任务分解、过程管理和信息反馈。

学校将规划中的各项目标任务分解到具体部门和责任人，明确时间表和路线图，建立“一级抓一级，层层抓落实、一级带一级，级级保时效”的工作机制。定期召开规划实施推进会，研究解决实施过程中的问题，确保各项工作协同高效推进。

二、制度保障：健全机制，规范运行

建立健全与发展规划相配套的各项规章制度，为规划的实施提供制度保障。完善决策机制：涉及规划实施的重大事项，严格按照民主决策程序进行。

健全执行机制：明确各部门、各岗位在规划实施中的职责和权限，确保政令畅通、执行有力。

强化监督机制：发挥教代会、家长委员会等的监督作用，加强对规划实施过程和效果的监督。

建立激励机制：将规划目标的完成情况纳入部门和个人的绩效考核，对在规划

实施中表现突出、贡献显著的集体和个人予以表彰奖励。

三、资源保障：多元投入，优化配置

积极争取各方面资源，为规划的实施提供充足的物质和经费保障。

争取财政支持：积极向上级主管部门汇报沟通，争取更多的财政拨款和专项经费支持。

吸引社会资源：加强与校友、企业、社会团体等的联系，争取社会捐赠和合作项目。

优化内部资源配置：根据规划的优先次序，科学合理地安排年度预算，确保重点项目和关键环节的投入，提高资源使用效益。

四、文化保障：营造氛围，凝聚力量

加强宣传引导，营造支持规划、参与规划、落实规划的良好文化氛围。

加强宣传解读：通过校园网、宣传栏、教职工大会、家长会等多种途径，广泛宣传发展规划的目标、意义和主要内容，使全体师生、家长和社会各界了解规划、认同规划。

培育共同愿景："每个人都是学校历史的创造者和见证者"，将学校发展愿景与师生个人发展相结合，激发师生的主人翁意识和内生动力，将个人追求融入学校发展的共同事业中。

营造改革创新氛围：鼓励大胆探索、勇于尝试，宽容失败，为规划实施过程中可能出现的改革创新举措提供宽松的环境。

五、评估与调整机制：动态监控，持续改进

建立科学的规划实施评估与调整机制，确保规划的有效性和适应性。

建立监测指标体系：增强工作计划性和实施的可视化成果量化，以始为终，围绕规划的主要目标和重点任务，制定具体的、可衡量的监测指标。

实施过程监控：定期对规划实施进展情况跟踪检查，收集相关数据和信息，及时发现偏差和问题。

开展阶段性评估：在规划实施的关键节点（如年度、中期），组织开展阶段性评估，全面评价规划目标的达成度、实施效果和存在问题。

引入第三方评估：适时邀请校外专家或专业机构对规划实施情况独立评估，提高评估的客观性和专业性。

建立动态调整机制：根据过程监控和阶段性评估结果，以及内外部环境的变化，对规划目标、任务和措施必要的调整和完善，确保规划始终符合学校发展实际和时代要求。

通过以上组织、制度、资源、文化和评估调整等多方面的保障措施，济宁学院第二附属小学将确保其发展规划能够从蓝图变为现实，引领学校不断迈向新的辉煌。

第五章 儒雅校园：环境育人的物质基础

第一节 环境育人的理论基础与实践意义

一、环境育人的理论内涵与历史渊源

环境育人是指通过有目的、有计划地创设和优化教育环境，使其对受教育者产生潜移默化的熏陶和影响，从而促进其身心健康发展的教育方式。它强调环境的教育功能，注重通过环境的物质形态和精神氛围来实现教育目标。

历史渊源：环境育人的思想在中国古代教育中就有深厚的历史渊源。孔子提出“近朱者赤，近墨者黑”，强调环境对人的影响；孟子主张“居仁由义”，认为良好的环境有助于人的道德修养；荀子提出“蓬生麻中，不扶而直；白沙在涅，与之俱黑”，生动地说明了环境对人的熏染作用。古代的私塾、书院等教育场所，往往选址在山水清幽之处，营造“读书明理”的氛围，就是环境育人思想的具体体现。

现代发展：近现代以来，随着教育学、心理学、社会学等学科的发展，环境育人的理论不断丰富和深化。苏联教育家马卡连柯提出“教育即环境的组织”；美国教育家杜威强调“教育即生活，学校即社会”；我国著名教育家陶行知倡导“生活即教育”，都从不同角度阐释了环境与教育的密切关系。

当代环境育人理论主要包括以下几个方面。

生态系统理论：美国心理学家布朗芬布伦纳提出的生态系统理论认为，个体发展受到微系统（学校、家庭等直接环境）、中间系统（微系统之间的联系）、外部系统（间接影响的环境）和宏观系统（文化、意识形态等）多层次环境的影响。学校作为重要的微系统，对学生发展具有直接而深远的影响。

隐性课程理论：美国教育学家杰克逊提出的隐性课程理论认为，除了显性的教学内容外，学校的物质环境、制度环境、人际环境等都构成了一种“无声的语言”，对学生的价值观、行为方式产生潜移默化的影响。

情境学习理论：强调学习是在特定的社会文化情境中进行的，环境不仅是学习的背景，更是学习的重要组成部分。良好的学习环境能够促进知识的建构和能力的

发展。

场域理论：法国社会学家布迪厄提出的场域理论认为，教育场域是一个具有特定规则和结构的社会空间，它通过物质和符号资源的配置，影响着场域中个体的行为和发展。

这些理论从不同角度阐释了环境对人的发展的重要影响，为学校环境育人实践提供了理论支撑。

二、环境育人的基本特征与功能

（一）基本特征。

环境育人作为一种特殊的教育方式，具有以下基本特征。

整体性：环境育人强调环境要素的整体性和系统性，包括物质环境、制度环境、人文环境等多个方面，这些要素相互联系、相互作用，形成一个有机整体。

隐性性：与课堂教学等显性教育方式不同，环境育人往往以一种无声的、潜移默化的方式发挥作用，学生在不知不觉中受到影响。

持久性：环境的影响是长期的、持续的，它通过日复一日的熏陶和感染，逐渐内化为学生的品质和习惯。

广泛性：环境对学生的影响是全方位的，不仅影响知识的获取，更影响价值观、行为方式、思维习惯等多个方面。

创设性：环境育人不是被动接受现有环境，而是强调有目的、有计划地创设和优化教育环境，使其更好地服务于教育目标。

（二）重要功能。

环境育人在学校教育中具有以下重要功能。

价值引领功能：通过环境中的各种符号、标语、图像、行为规范等，传递特定的价值观念和道德规范，引导学生形成正确的价值取向。

知识传递功能：环境中的各种学习资源、信息载体、文化符号等，能够丰富学生的知识视野，促进知识的获取和理解。

行为规范功能：环境中的规章制度、行为准则、公共秩序等，对学生的行为具有规范和约束作用，有助于良好行为习惯的养成。

情感熏陶功能：优美、和谐的环境能够陶冶学生的情操，培养其审美能力和情感体验，促进健康人格的形成。

思维启迪功能：开放、多元、富有创意的环境能够激发学生的好奇心和想象力，促进创新思维的发展。

人际交往功能：环境为师生、生生之间的交往提供了场所和条件，促进良好人际关系的建立和社会交往能力的发展。

三、环境育人在学校教育中的实践意义

在当前教育改革和发展的背景下，加强环境育人具有重要的实践意义。

落实立德树人根本任务的重要途径：环境育人通过创设富有教育意义的环境，对学生全方位、全过程、全员育人，是落实立德树人根本任务的重要途径。

实现“五育并举”的有效载体：优质的教育环境能够为德育、智育、体育、美育、劳育的协同推进提供物质条件和文化氛围，促进学生全面发展。

提升教育质量的重要保障：良好的教育环境能够优化教育教学过程，提高教育效率，是提升教育质量的重要保障。

彰显学校特色的重要标志：学校环境是学校文化的物化形态和直观体现，独特而优质的环境是学校特色的重要标志，有助于提升学校的品牌形象和核心竞争力。

促进学生自主发展的重要条件：丰富多样、充满活力的教育环境能够为学生的自主学习、自主管理、自主发展创造条件，培养学生的自主性和创造性。

增强教育吸引力和感染力的重要手段：美丽、舒适、典雅富有文化气息的学校环境能够增强教育的吸引力和感染力，使学生乐于接受教育，主动参与教育。

由此可见，济宁学院第二附属小学高度重视环境育人工作，将其作为实现“菁莪乐育”教育理念、培养具有君子品格的时代新人的重要抓手，不断探索和创新环境育人的理念、内容和方法，取得了显著成效。

第二节 儒雅校园的规划与建设

一、儒雅校园的内涵与特征

儒雅校园是济宁学院第二附属小学在“菁莪乐育”核心理念指导下，结合学校

地处孔子故里的文化优势，精心打造的具有鲜明儒家文化特色的育人环境。它不仅是一种物质形态的校园建设，更是一种文化精神的彰显和教育理念的实践。

儒雅校园的基本内涵可以概括为：以儒家文化为底蕴，以现代教育理念为指导，通过科学规划和精心建设，营造一个既传承传统文化精髓，又体现现代教育特质，既美观实用，又富有教育意义的校园环境，使之成为培养具有君子品格的时代新人的重要场所。

儒雅校园具有以下鲜明特征：

文化性：深厚的儒家文化底蕴是儒雅校园的灵魂。校园环境中处处体现儒家经典、儒家思想、儒家礼仪等文化元素，如校训、校徽、建筑风格、景观小品、文化长廊等，都蕴含着丰富的儒家文化内涵。

教育性：儒雅校园的每一个环节、每一个细节都具有教育功能，都是为了实现育人目标而精心设计的。无论是物质环境还是文化氛围，都旨在对学生潜移默化的熏陶和引导。

审美性：儒雅校园注重美的创造和体验，追求形式美与内容美、自然美与人文美、传统美与现代美的和谐统一，给师生以美的享受和熏陶。

实用性：儒雅校园在彰显文化特色的与此同时，注重功能的实用性和便利性，满足教育教学和师生生活的实际需要，做到美观与实用的统一。

和谐性：儒雅校园强调整体规划、协调发展，追求校园各要素之间的和谐统一，如建筑与环境、传统与现代、人与自然、硬件与软件等的和谐。

开放性：儒雅校园不是封闭的、静止的，而是开放的、动态的，它与社会、与自然保持着密切联系，不断吸收新的元素，焕发新的活力。

参与性：儒雅校园的建设和维护不仅是学校领导和专业人员的事，更是全体师生共同参与的过程，通过参与增强师生的主人翁意识和文化认同感。

二、儒雅校园的总体规划与布局

济宁学院第二附属小学的儒雅校园建设，遵循“整体规划、分步实施、突出特色、注重实效”的原则，经过多年的努力，形成了科学合理、特色鲜明的总体规划和布局。

（一）总体规划理念

“天人合一”的生态理念：强调人与自然的和谐共生，注重校园的生态环境建设，营造绿色、健康、可持续发展的校园生态系统。

“和而不同”的多元理念：尊重多样性，兼容并蓄，既保持校园环境的整体风格统一，又允许不同区域、不同功能空间展现各自的特色。

“中和之美”的审美理念：追求中庸平和、恰到好处的美学境界，避免过于奢华或简陋，力求典雅大方、庄重而不失活泼。

“经世致用”的实用理念：注重环境的实用功能，使校园环境既能满足教育教学的需要，又能为师生提供舒适、便利的工作学习环境。

“与时俱进”的创新理念：在传承传统的与此同时，积极吸收现代教育理念和建筑设计理念，使校园环境既有历史感，又有时代感。

（二）空间布局结构

济宁学院第二附属小学的校园占地面积约19亩，建筑面积约7500平方米。校园整体布局采用“一轴两区多中心”的结构。

1.“一轴”：以校门为起点，经过中心广场，直达菁莪园的中轴线，是校园的主要交通动线和视觉焦点，体现了儒家“中正”的思想。中轴线上设置了舞雩花坛、诚信石、孔融让梨雕塑、菁莪乐育石刻等标志性景观，彰显学校的文化特色。

2.“两区”：教学生活区：包括教学楼、综合楼、图书馆、孔子广场等，是师生教学、学习、生活的主要场所。运动休闲区：包括操场、篮球、活动场地等，是学生体育锻炼和课外活动的主要场所。

3.“多中心”：在校园内设置多个功能中心和文化景观，如“菁莪园”“四书五经长廊”“君子文化广场”“民族园”“知新阁”“行知园”等，形成点面结合、主次分明的空间格局。

（三）功能分区设计

行政管理区：位于教学楼三楼，包括行政办公室、会议室、接待室等，方便对外联系和内部管理。

教学区：是校园的核心区域，包括教师办公室、教学楼、录播室、舞蹈房、专用教室、实验室等，按照年级和学科合理布局，确保教学活动有序进行。

文化活动区：包括图书馆、报告厅、展览厅、艺术教室、孔庙雅乐厅、孔子学堂、甲骨学堂等，是学生文化学习和艺术活动的场所。

体育运动区：包括标准田径场、篮球场、乒乓球场、运动器材区等，满足学生体育锻炼和体育教学的需要。

生态休闲区：包括校园绿地、花园、葫芦池、校史长廊休息区、心理服务室等，为师生提供休息、交流、亲近自然的场所。

生活服务区：包括保安室、医务室、饮水处等，为师生提供生活服务保障。

（四）交通流线设计

校园交通流线设计遵循“安全、便捷、有序”的原则，主要包括以下部分。

主干道：连接校门与各功能区的主要通道，宽敞平整，两侧设有文化标识，铺设人行道。

次干道：连接各功能区内部的通道，满足日常通行需求。

休闲步道：穿行于绿地、花园之间的小路，供师生休闲散步、欣赏景观。

安全通道：设置明确的疏散通道和安全出口，确保紧急情况下的安全疏散。

校园交通流线设计注重人车分流，设置明确的标识系统，确保校园交通安全、有序、畅通。

三、儒雅校园的建筑风格与景观设计

（一）建筑风格

济宁学院第二附属小学的校园建筑融合了传统与现代、地域与时代的特点，形成了独具特色的“新儒家”建筑风格。

整体风格：建筑整体风格庄重典雅、简洁大方，既有传统建筑的韵味，又有现代建筑的功能性和实用性。色彩以灰白、青砖、原木色等传统色调为主，给人以沉稳、内敛的感觉。

教学楼：学校教学楼层，分别以“仁、义、礼、智、信”命名，体现儒家“五常”思想。建筑外观采用现代简约风格，但在细节处融入传统元素，如飞檐、斗拱、花窗等。每栋楼的入口处都设有与其名称相对应的儒家经典名句和图案，如“仁者爱人”“义以为上”“博学致远”等。

文化景观建筑：校园内的亭台楼阁、长廊、廊桥等小型建筑，多采用传统风格，如八角亭、四合院、回廊等，营造浓郁的中国传统文化氛围。

（二）景观设计

景观设计是儒雅校园建设的重要组成部分，学校通过精心设计的景观小品、文化符号、绿化植被等，营造了富有教育意义的校园景观。

1.标志性景观

校门：校门采用简约现代风格，大气庄重，门楣上方镌刻著名书法家蒋开征题写的“济宁学院第二附属小学”校名，两侧立柱上刻有校风、校训。

孔子广场：位于校园中轴线上的中心广场，铺设花岗岩地面，广场西面矗立香港孔教学院汤恩佳院长赠送的孔子铜像，东面校园正中央为升旗台。广场四周环绕“杏坛舞台”“论语转经筒”“百家姓墙”“新六艺”及课程树文化展示，是学校重要的文化地标和集会场所。

菁莪园：位于学校南端为菁莪园，以孔德成题词“菁莪乐育”为创作灵感，中间为孔子行教雕主题雕塑，辅以长廊、紫藤、石凳、教学为先石碑等，形象生动地诠释了学校的核心教育理念。

2.文化景观

“四书五经长廊”：沿校园主干道设置的文化长廊，展示儒家经典《四书》《五经》的精华内容，配以图文并茂的解说，是学生了解儒家文化的重要场所。

君子六艺体验区：在校园不同区域设置“礼、乐、射、御、书、数”六艺体验区，让学生通过实践活动感受传统文化的魅力。

儒家名人堂：在孔子学堂专区，展示孔子及其弟子、历代儒家代表人物的生平事迹和思想贡献。

3.绿化景观

植物选择：校园绿化注重选择具有文化象征意义的植物，如象征积极向上的银杏、象征坚贞不屈的松柏、象征高洁品格的梅花、象征谦逊品德的兰花、象征桃李芬芳的梨树等。

园林布局：绿化布局采用中国传统园林的造景手法，如“借景”“框景”“对景”等，创造出移步换景、曲径通幽的空间效果。

生态耕种园：在校园一角建设小型生态园，种植各类植物，设置生态解说牌，既美化环境，又是学生自然观察、生态教育和劳动教育的场所。

4.功能景观

户外学习区：在校园适当位置设置户外课堂、阅读角、讨论区等，为学生提供多样化的学习空间。

艺术展示区：设置学生作品展示墙、艺术长廊等，展示学生的绘画、书法、手工等作品，激发创作热情。

体育活动区：除标准运动场外，还在校园各处设置棋盘、跳房子、九宫格等传统游戏场地，丰富学生的课间活动。

通过这些精心设计的建筑和景观，济宁学院第二附属小学营造了一个既有浓郁儒家文化氛围，又充满现代教育气息的儒雅校园，为学生的成长发展提供了良好的物质环境和文化熏陶。

四、儒雅校园的功能空间与设施配置

儒雅校园的功能空间和设施配置，既要满足现代教育教学的需要，又要体现儒家文化特色，为学生的全面发展创造条件。济宁学院第二附属小学在这方面开展精心规划和建设。

（一）教学空间

1.普通教室

每个教室面积约60平方米，标准采光，通风良好，配备多媒体教学设备、班级图书角、作品展示区等。各班级主题不同，教室墙面装饰有儒家经典名句、名人肖像等，营造浓厚的文化氛围。座位排列灵活，可根据教学需要调整，便于开展小组合作学习。

2.专用教室

科学实验室：配备适合小学生使用的实验设备和材料，设计有探究区、展示区、资料区等功能分区。

音乐教室：配备钢琴、电子琴、打击乐器等，墙面装饰有中国传统音乐文化元素。

美术教室：宽敞明亮，配备绘画、雕塑、手工等多种艺术创作材料和工具，展示有中国传统美术作品。

舞蹈教室：铺设专业地板，安装把杆和镜子，为学生提供良好的舞蹈训练环境。

书法教室：设置传统书案和现代书法桌，墙面悬挂名家书法作品，营造浓厚的书法艺术氛围。

孔子学堂：设有及门、登堂、入室三区间，有镇堂三宝——欹器、规矩、慤著石，开展经典诵读和国学交流，修身礼仪等。

3.创新空间：

智慧教室：配备智能黑板、平板电脑、录播系统、数据采集与分析设备等，支持信息化、智能化教学。

创客教室：配备3D打印机、机器人套件、编程设备等现代科技工具，为学生提供创新实践的平台。

STEAM实验室：整合科学、技术、工程、艺术、数学等学科资源，为学生提供跨学科学习和探究的空间。

（二）文化空间

1.图书馆：面积约100平方米，藏书3万余册，设有阅览区、借阅区、讲座区等。特别设置“儒学专区”，收藏孔子研究院等单位捐赠的儒家经典著作和研究文献，为师生提供儒学研究资源。定期举办读书会、经典诵读、作家讲座等活动，营造浓厚的读书氛围。

2.百年附小长廊：展示学校历史沿革、办学成就、特色文化等内容。设置“百年附小”专题展区，介绍济宁学院第二附小的发展历程和核心理念。学生毕业照墙一年一充实新毕业生，复校以来毕业生照片全部都有。

3.仁爱厅：可容纳100人的多功能报告厅，用于举办学术报告、文艺演出、家长会等活动。配备先进的音响、灯光、投影设备，满足各类活动需求。墙面装饰有儒家文化元素，如“温故知新”“学而不厌”等经典名句。定期更换展览主题，如“孔子生平”“儒家礼仪”“君子人格”等。

杏坛舞台。开放式的主席台，三面设置四书五经和历史文化人物头像的木质浮雕，召开全校师生大会时使用，也可以在开笔礼和志学礼时作为主席台，邀请嘉宾观礼。

（三）体育空间

1.室外运动场：200米环形塑胶跑道，设足球场、篮球场、排球场等。设置传统体育活动区，如毽子场、跳绳区、踢毽区等，弘扬中国传统体育文化。运动场周围设置休息区和观赛区，方便师生休息和观看比赛。

2.舞蹈房：面积约100平方米，可舞蹈排练等室内运动。配备体操器材、健身器材等，满足体育教学和训练需求。墙面装饰有艺术名人事迹和美育精神标语。

（四）生活空间

医务室：配备基本医疗设备和药品，有专职医护人员值守。定期开展健康教育活动，普及健康知识。

心理服务室：环境温馨舒适，配备专业的心理咨询设备和材料。由专业心理教师提供个别咨询和团体辅导服务。定期开展心理健康教育活动，促进学生心理健康发展。

（五）智能化设施

1.校园网络：全校覆盖高速无线网络，支持师生随时随地接入互联网。建设校园内部网，提供教学资源共享、信息发布、在线学习等服务。

2.智能管理系统：校园安防系统，包括视频监控、紧急呼叫、消防报警等，保障校园安全。教务管理系统，实现教学计划、课表安排、成绩管理等信息化管理。

3.智慧学习平台：建设数字资源库，收集整理各学科教学资源，方便师生使用。开发在线学习平台，支持学生自主学习、个性化学习。引入虚拟现实、增强现实等技术，丰富学生的学习体验。

通过这些功能空间和设施配置，济宁学院第二附属小学为师生提供了一个功能完善、设施先进、文化浓厚的学习生活环境，有效支持了学校的教育教学活动和特色发展。

第三节 儒雅校园建设的实践与创新

一、儒雅校园建设的组织与实施

儒雅校园建设是一项系统工程，需要科学的组织领导和有序的实施推进。济宁学院第二附属小学在这方面开展积极探索和实践。

（一）组织领导机制

成立领导小组：学校成立了由校长任组长，分管副校长任副组长，各部门负责人为成员的“儒雅校园建设领导小组”，负责整体规划、决策部署、统筹协调和监督检查。

设立专项工作组：根据建设内容，设立了环境规划组、文化建设组、资源保障组、宣传推广组等专项工作组，负责具体工作的实施和推进。

建立专家咨询机制：聘请教育专家、建筑设计师、文化学者、景观设计师等组成专家咨询团，为儒雅校园建设提供专业指导和建议。

发挥师生主体作用：广泛发动全体师生参与儒雅校园建设，通过问卷调查、座谈会、设计比赛等形式，征集意见建议，激发创意灵感，增强参与感和归属感。

（二）分步实施策略

儒雅校园建设采取“整体规划、分步实施、重点突破、持续推进”的策略，大致经历了以下几个阶段。

1.规划设计阶段（2006—2008年）：开展调研论证，明确建设理念和目标。编制《儒雅校园建设总体规划》，确定建设内容、时间表和路线图。组织专家评审，广泛征求意见，完善规划方案。

2.基础建设阶段（2008—2014年）：完成校园基础设施改造，如道路硬化、绿化美化、水电改造等。建设标志性景观，如校门、中心广场、孔子雕像、菁莪园等。改造提升教学空间，如教室、专用教室、图书馆等。

3.特色提升阶段（2015—2017年）：打造文化景观，如“百家姓文化墙”“杏坛舞台”“四书五经长廊”“论语转经筒”等。建设特色功能区，如“君子六艺体验区”、孔子学堂等。完善智能化设施，如校园网络、智慧录播教室等。

4.内涵深化阶段（2018年至今）：加强环境育人的研究与实践，深化儒雅校园的教育功能。优化完善环境细节，改造校园大门，提升环境品质和文化内涵。探索环境育人的新模式、新途径，如数字化环境、互动式环境等。

（三）资源保障措施

1.经费保障：设立儒雅校园建设专项经费，纳入学校年度预算。积极争取上级部门的专项资金支持。吸引社会捐赠和企业赞助，拓宽资金来源渠道。

2.人才保障：培养校内环境育人专业人才，提升教师的环境育人意识和能力。聘请校外专业人士参与环境设计和建设，提供专业支持。建立志愿者队伍，参与环境维护和管理。

3.技术保障：引入先进的环境设计理念和技术，如生态设计、智能化设计等。运用现代信息技术，提升环境的互动性和智能化水平。加强与高校、科研机构的合作，获取技术支持和智力支持。

（四）评估改进机制

建立评估体系：制定儒雅校园建设评估指标体系，包括环境品质、文化内涵、育人效果等方面的指标。

开展定期评估：每学年一次自评，每年邀请专家一次外评，全面评估儒雅校园建设的成效和不足。

实施动态调整：根据评估结果和师生反馈，及时调整完善建设内容和方式，确保儒雅校园建设不断优化提升。

总结推广经验：定期总结儒雅校园建设的经验和成果，通过研讨会、观摩活动、编印画册、出版物等形式推广和分享。

通过这些组织实施措施，济宁学院第二附属小学的儒雅校园建设有序推进，取得了显著成效，为学校的特色发展提供了有力支撑。

二、儒雅校园建设的创新实践

在儒雅校园建设过程中，济宁学院第二附属小学不断探索创新，形成了一系列具有特色的创新实践。

（一）理念创新：从“环境育人”到“环境即课程”

学校突破传统的环境育人观念，提出“环境即课程”的理念，将校园环境视为一种特殊的课程形态，具有明确的教育目标、内容体系和实施路径。这一理念的创新主要体现在以下四方面。

目标导向：环境建设不再是简单的美化装饰，而是围绕育人目标系统设计，每一个环境要素都承载着特定的教育功能。

系统化设计：将环境要素按照课程的方式系统化设计，形成结构化的“环境课程”体系，包括基础环境课程、拓展环境课程和特色环境课程。

教学化利用：教师有计划、有目的地利用环境教育教学活动，如环境观察、环境体验、环境研究等，使环境真正成为教育的载体和资源。

评价与反馈：建立环境课程的评价机制，通过学生反馈、教师评价、专家评估等方式，不断优化环境课程的设计和实施。

（二）内容创新：儒家文化与现代教育的融合

学校在儒雅校园建设中，注重儒家文化与现代教育的有机融合，避免简单的文化符号堆砌，而是通过创新性转化和创造性发展，使儒家文化焕发新的生命力。

经典诵读环境：在校园各处设置“经典诵读角”，配备经典诵读材料，为学生提供随时随地诵读经典的环境，学生在这些金区银角开展志愿服务活动，组织经典诵读展示与评比。

礼仪实践环境：建设“孔子学堂礼仪体验室”，通过场景再现、角色扮演、互动体验等方式，让学生体验中国传统礼仪，如拜师礼、成人礼、敬茶礼等。与此同时，结合现代生活实际，设计现代礼仪情境，如公共场所礼仪、交往礼仪等，使传统礼仪与现代生活有机结合。

君子人格培养环境：围绕“仁、义、礼、智、信、和、中、正”八种君子品格，在校园不同区域设置主题环境，如“仁爱厅”“知新阁”“行知园”“智慧角”等，通过环境布置、故事展示、互动装置等，引导学生理解和践行君子品格。与此同时，结合现代心理学和品德教育理论，设计科学的人格培养活动和评价方式。

创新思维培养环境：在传承儒家“学思结合”“举一反三”等思想的基础上，建设现代化的创新思维培养环境，如创客空间、STEAM实验室、思维导图区等，鼓励学生在传统文化的滋养下，培养创新精神和实践能力。

（三）形式创新：静态展示与动态体验相结合

学校突破传统环境建设以静态展示为主的局限，注重动态体验和互动参与，使环境更具生命力和吸引力。

互动式文化墙：传统文化墙往往是静态的图文展示，学校创新设计了互动式文化墙，如触摸屏互动墙、声光电互动装置等，学生可以通过触摸、语音等方式与墙面互动，获取更丰富的信息和体验。

沉浸式体验空间：利用虚拟现实、增强现实等技术，建设沉浸式的文化体验空间，如“孔子时代”VR体验馆，学生可以“穿越”到孔子时代，感受当时的社会生活和文化氛围。

参与式景观建设：鼓励师生参与校园景观的设计和建设，如举办校园小品设计比赛、植树认养活动、班级文化角创意大赛等，使师生从环境的被动接受者变为主动创造者。

变化式环境设计：设计具有可变性和成长性的环境，如可更换内容的展示墙、可重新组合的空间单元、随季节变化的植物景观等，使环境具有新鲜感和生命力。

（四）技术创新：传统文化与现代技术的结合

学校积极运用现代科技手段，使传统文化在现代技术的支持下焕发新的活力。

数字化展示系统：全部教师安装希沃白板，利用数字多媒体技术，建设数字化展示系统，如电子触摸屏、数字沙盘、全息投影等，生动展示儒家文化内容和学校特色。

智能导览系统：开发校园智能导览App，学生和访客可以通过手机获取校园环境的导览信息，了解各处景观和设施的文化背景和教育意义。

物联网应用：运用物联网技术，实现校园环境的智能化管理和互动，如智能灯光控制、环境监测、智能灌溉等，提升环境的科技感和便利性。

大数据分析：通过数据采集和AI智能分析，了解师生对环境的使用情况和反馈，为环境优化提供数据支持。

（五）管理创新：全员参与的环境共建共享机制

学校创新环境管理模式，建立全员参与的环境共建共享机制，增强师生的主人翁意识和责任感。

“我的校园我做主”活动：开展系列活动，如环境设计征集、校园吉祥物和校徽征集活动、环境问题发现与解决、环境美化行动等，鼓励师生积极参与校园环境建设和管理。

班级环境责任区制度：将校园环境划分为若干责任区，由各班级负责日常维护和管理，培养学生的责任意识和集体荣誉感。

菁莪园志愿者队伍：组建党员教师烛心志愿者队伍和学生校园环保志愿者队伍，定期开展环境检查、垃圾分类、节能减排等活动，推动校园环境的可持续发展。

家长参与机制：邀请家长参与校园环境建设，如提供专业技能支持、捐赠环境设施、参与环境维护等，形成学校、家庭、社会共同参与的格局。

通过这些创新实践，济宁学院第二附属小学的儒雅校园建设不断深化和发展，形成了独具特色的环境育人模式，为学生的全面发展创造了良好条件。

三、儒雅校园建设的成效与反思

（一）主要成效

济宁学院第二附属小学的儒雅校园建设，经过多年的探索和实践，取得了显著成效，主要表现在以下几个方面。

环境品质显著提升：校园环境整洁优美、功能完善、特色鲜明，为师生提供了舒适、便利、富有文化气息的工作学习环境。学校先后获得“山东省文明单位”“济宁市绿色校园”等荣誉称号。

文化特色日益彰显：儒家文化元素与现代教育理念有机融合，形成了独具特色的校园文化，成为学校的重要标识和核心竞争力。学校被评为“山东省传统文化教育示范学校”“济宁市传统文化教育体验校”“济宁市特色学校”“济宁市创新实验校”。

育人效果明显增强：环境育人功能得到充分发挥，学生在耳濡目染、潜移默化中受到熏陶和影响，道德品质、文化素养、审美能力等方面得到提升。学生在各类文化艺术比赛、道德模范评选中表现突出。

师生满意度大幅提高：通过问卷调查和访谈，95%以上的师生对校园环境表示满意，认为环境改善提升了工作学习的幸福感和归属感。

社会影响力不断扩大：儒雅校园建设的经验和成果得到社会广泛认可，成为济宁市儒家文化校园特色校，吸引了众多教育同行和社会各界前来参观学习，提升了学校的社会声誉和影响力。

（二）主要经验

通过儒雅校园建设的实践，学校总结了以下主要经验。

坚持正确方向：始终坚持社会主义办学方向，将立德树人作为根本任务，确保环境建设的正确政治导向和价值取向。“国无德不兴，人无德不立”“为国育才、为党育人”的大字标语、党的教育方针政策、社会主义核心价值观，展示在学校最重要、最醒目的地方，无时无刻不在影响着师生。

突出文化特色：深入挖掘儒家文化资源，将其与现代教育理念有机融合，形成独具特色的校园文化，避免千校一面。虽然曲阜市有“校校孔子像、班班论语章、处处诵经典、园园溢书香”的文化特色要求，但是作为发起学校和坚守学校，已经摆脱了为特色而特色，强调文化特色与育人效能的综合性、有机化、实用性。

注重系统设计：从整体出发，系统规划校园环境，注重各要素之间的协调统一，形成有机整体。

强调育人功能：将育人目标贯穿环境建设全过程，使每一个环境要素都具有明确的教育功能，避免形式主义。

坚持以人为本：尊重师生需求，关注师生体验，为师生创造舒适、便利、富有人文关怀的环境。

推动全员参与：发动全体师生参与环境建设和管理，增强主人翁意识，形成共建共享的良好局面。

加强科学管理：建立健全环境管理制度，明确责任，规范流程，确保环境建设的科学性和可持续性。

（三）存在问题与反思

在取得成效的同时，学校也清醒地认识到儒雅校园建设中存在的问题，并开展深入反思。

空间资源有限：随着学校规模扩大和功能需求增加，现有校园空间明显不足，制约了某些功能区的设置和拓展。反思：需要更加注重空间的高效利用，如多功能复合、立体开发等，同时积极争取扩建条件。

形式与内容的平衡：有时过于注重环境的形式和外观，而忽视了内容的深度和教育的实效。反思：要坚持内容为王，形式服务于内容，避免形式主义和表面化倾向。

传统与现代的融合：在传统文化与现代教育的融合上，有时显得生硬或肤浅，未能真正实现创造性转化和创新性发展。反思：需要更加深入研究儒家文化的当代价值，探索更加自然、深入的融合方式。

静态与动态的结合：环境建设完成后，有时缺乏持续的更新和活化，导致环境的育人功能逐渐弱化。反思：要建立环境的动态更新机制，保持环境的生命力和教育活力。

硬件与软件的协调：有时过于强调硬件建设，而忽视了软件建设，如环境的教育利用、师生的参与体验等。反思：要加强环境的教育利用研究，提升教师的环境育人能力，促进硬件与软件的协调发展。

特色与共性的统一：在追求特色的过程中，有时忽视了教育的共性要求和基本规律。反思：要在坚持教育基本规律的基础上发展特色，避免为特色而特色。

投入与效益的平衡：环境建设需要一定的资金投入，如何在有限的经费条件下实现最大的育人效益，是一个需要不断探索的问题。反思：要科学规划，合理投入，注重投入产出比，避免铺张浪费。

（四）未来展望

基于成效、经验和反思，学校对儒雅校园建设的未来发展提出了以下展望。

1.深化“环境即课程”理念：进一步完善环境课程体系，加强环境课程的实施和评价研究，使环境真正成为育人的重要课程资源。

2.推进环境智能化建设：加强现代信息技术在环境建设中的应用，提升环境的智能化、交互性和适应性，为师生提供更加智能、便捷的环境体验。

3.加强环境育人的实证研究：开展环境育人的实证研究，探索环境要素与育人效果的关系，为环境建设提供科学依据。

4.拓展环境育人的范围：将环境育人的范围从校园拓展到家庭、社区，形成学校、家庭、社会协同育人的环境体系。

5.提升环境育人的国际视野：借鉴国际先进的环境育人理念和经验，在保持中国特色和学校特色的基础上，融入国际化元素，争取资金投入，提升环境的国际视野和现代气息。

6.构建环境育人的长效机制：建立健全环境建设、管理、评价、更新的长效机制，确保环境育人工作的可持续发展。

通过不断总结经验、反思问题、展望未来，济宁学院第二附属小学的儒雅校园建设将不断深化和发展，为学生的全面发展创造更加优质的环境条件。

第六章 文化环境：育人的隐性课程

第一节 文化环境的内涵、特征与育人价值

一、文化环境的内涵界定

文化环境，作为学校环境的重要组成部分，是指在学校教育实践中，由全体师生共同创造和认同的，具有特定价值取向、思维方式、行为规范、精神风貌和物质载体的综合体。它是一种弥散在校园之中，对师生具有无形约束力和引导力的“软环境”，是学校精神、价值观和行为准则的集中体现，常常被称为“隐性课程”。与侧重于物理空间和设施的物质环境不同，文化环境更侧重于精神层面和人文氛围。它包括以下几个核心要素。

精神文化层：这是文化环境的核心，是学校的灵魂所在。它包括学校的办学理念、校训、校风、教风、学风、共同愿景、价值观念、思维方式等。例如，济宁学院第二附属小学的“菁莪乐育”核心理念、“崇真向善尚美”的校训，以及追求“君子品格”的育人目标，共同构成了其精神文化的核心。

制度文化层：这是精神文化的具体化和保障。它包括学校的各项规章制度、管理模式、组织结构、行为规范、评价体系、仪式活动等。这些制度和规范在约束师生行为的与此同时，也传递着学校倡导的价值观念和行为准则。例如，学校的《学生日常行为规范》《教师职业道德规范》、升旗仪式、开学典礼、评优评先制度等，都属于制度文化范畴。

行为文化层：这是精神文化和制度文化在师生行为上的外在表现。它包括师生的言行举止、人际关系、交往方式、学习习惯、工作态度、参与活动的积极性等。良好的行为文化是校园和谐稳定、积极向上的重要体现。例如，师生之间相互尊重、教学相长，学生之间团结友爱、互帮互助，课堂上积极思考、踊跃发言，校园里文明礼貌、秩序井然等，都是行为文化的具体表现。

物质文化层：这是精神文化、制度文化和行为文化的载体和物化形态。它包括校园的建筑风格、景观设计、环境布置、文化符号、校服、校徽、校歌、宣传品等。

这些物质形态不仅具有实用功能，更承载着特定的文化信息和教育意义。例如，儒雅校园的建筑、“四书五经长廊”、孔子雕像、班级文化角等，都是物质文化的重要组成部分。

这四个层面相互联系、相互渗透、相互影响，共同构成了学校独特的文化环境。文化环境不是一成不变的，它是在学校历史发展过程中逐渐积淀形成的，并且随着时代发展和教育实践的深入而不断丰富和发展。

二、文化环境的基本特征

学校文化环境作为一种特殊的教育环境，具有以下基本特征：

弥散性与渗透性：文化环境无处不在，弥散于校园的每一个角落，渗透到教育教学的各个环节。它不像课堂教学那样有明确的边界和时间限制，而是以一种“润物细无声”的方式，时刻影响着师生的思想和行为。

隐蔽性与非预期性：文化环境的影响往往是潜在的、不易察觉的，其教育效果有时并非完全按照预设的目标产生，可能带来一些非预期的积极或消极影响。这就是“隐性课程”的特点。

整体性与系统性：文化环境的各个要素不是孤立存在的，而是相互联系、相互作用，构成一个有机的整体。精神文化是核心，制度文化是保障，行为文化是表现，物质文化是载体，四者协调统一，才能形成良好的文化环境。

独特性与个性化：每所学校都有其独特的历史背景、地理位置、办学理念和师生构成，因此形成的文化环境也各具特色，体现出学校的个性和风格。济宁学院第二附属小学的“儒雅”文化环境就是其独特性的体现。

传承性与时代性：文化环境既是对学校优良传统的继承和发扬，又需要与时俱进，吸收时代精神和现代教育理念，体现时代的要求和特征。

生成性与建构性：文化环境不是一蹴而就的，也不是完全由外部强加的，而是在全体师生共同参与、长期互动、不断建构的过程中逐渐生成的。师生既是文化环境的体验者，也是文化环境的创造者。

导向性与规范性：文化环境蕴含着特定的价值取向和行为规范，对师生的思想观念和行为方式具有引导和规范作用，有助于形成共同的价值认同和行为准则。

三、文化环境的育人价值

良好的文化环境对于学生的成长和学校的发展具有不可替代的重要价值。

塑造品格，涵养德行：文化环境通过其蕴含的价值观念、道德规范、榜样示范等，对学生的思想品德产生深远影响，有助于培养学生正确的世界观、人生观、价值观，涵养高尚的道德情操。例如，儒雅校园的“仁义礼智信”氛围，有助于培养学生的君子品格。

启迪智慧，促进认知：积极向上、富有探索精神的文化环境能够激发学生的求知欲和好奇心，营造浓厚的学习氛围，促进学生知识的获取、能力的提升和智慧的启迪。例如，鼓励质疑、合作探究的学风，有助于培养学生的批判性思维和创新能力。

陶冶情操，提升审美：优美和谐、富有艺术气息的文化环境能够陶冶学生的情操，培养健康的审美情趣和高雅的审美品位，促进学生身心和谐发展。例如，校园里的艺术作品、优美的音乐、整洁的环境，都能给学生带来美的享受。

规范行为，养成习惯：明确的行为规范、有序的校园秩序、文明的交往方式等，有助于规范学生的行为，培养良好的学习习惯、生活习惯和行为习惯。例如，严格的校规校纪、文明礼仪教育，有助于学生养成遵规守纪、文明礼貌的习惯。

凝聚人心，增强认同：共同的价值追求、和谐的人际关系、丰富的校园活动等，能够增强师生的归属感、认同感和凝聚力，形成强大的精神动力，促进学校的和谐发展。例如，积极向上的校风、团结协作的氛围，能让师生感受到集体的温暖和力量。

传承文化，彰显特色：独特的文化环境是学校历史积淀和办学特色的集中体现，它不仅能够传承学校的优良传统，更能彰显学校的独特魅力，提升学校的品牌形象和核心竞争力。

优化管理，提升效能：良好的文化环境能够内化为师生的自觉行动，减少管理的阻力，提高管理的效率和水平，实现从“制度约束”到“文化自觉”的转变。

由此可见，建设积极、健康、富有特色的文化环境，是现代学校教育的重要任务，也是实现立德树人根本目标、促进学生全面发展的重要保障。济宁学院第二附属小学深刻认识到文化环境的育人价值，将其作为“菁莪乐育”实践的重要组成部分，着力营造具有儒家文化底蕴和现代教育气息的校园文化氛围。

第二节 学校文化环境的构成要素与分析

学校文化环境是一个复杂的系统，由多个相互关联的要素构成。深入分析这些构成要素，有助于我们更全面地理解和把握学校文化环境的内涵，并为优化建设提供依据。济宁学院第二附属小学的文化环境建设实践，为我们提供了一个可供分析的范例。

一、精神文化：学校的灵魂与核心

精神文化是学校文化环境中最深层、最核心的部分，是学校的灵魂所在，决定着学校的办学方向和育人品位。

（一）办学理念

这是学校教育思想的集中体现，是统领学校一切工作的指导思想。济宁学院第二附属小学提出的“菁莪乐育”核心理念，强调尊重生命、遵循规律、快乐成长的教育追求。这一理念贯穿于学校教育教学的方方面面，成为学校精神文化的基石。

（二）三风一训

校训：校训是学校办学理念的高度概括和精练表达，是全体师生共同遵循的行为准则和价值追求。学校的校训“崇真向善尚美”，是中华民族的传统美德。这六个字简洁而深刻地体现了学校对知识、实践和品德的重视。

校风：是学校整体的精神风貌和行为风尚。济宁学院第二附属小学倡导“明德、启智、健体、尚美、乐劳”的校风，体现了对“五育并举”的追求和对学生全面发展的关注。

教风：是教师在教育教学活动中表现出来的风格和态度。学校倡导“敬业爱生博学致远”的教风，要求教师既要有仁爱之心，又要有严谨的治学态度和创新的教学策略。

学风：是学生在学习过程中表现出来的风气和习惯。学校倡导“乐学善思明理笃行”的学风，鼓励学生热爱学习、勤于思考、勇于实践、善于合作，学思结合，知行统一。

（三）共同愿景与价值追求

学校致力于培养“基础扎实、特长明显、品格健全、具有儒雅气质和国际视野的时代新人”，特别是强调中国心、文化根、民族魂的“君子品格”的塑造。这种共同的育人目标和价值追求，凝聚了师生的力量，引领着学校的发展方向。

精神文化的建设非一日之功，需要长期的宣传、引导、渗透和实践，使其内化于心、外化于行。

二、制度文化：学校运行的规则与保障

制度文化是精神文化的具体化和制度化体现，是规范学校运行、保障教育教学秩序、实现育人目标的重要手段。

管理制度：包括学校的组织架构、岗位职责、决策机制、沟通机制、评价机制等。济宁学院第二附属小学实行校长负责制，建立了扁平化的管理结构，推行民主管理和科学决策，形成了较为完善的现代学校管理制度体系。

教学制度：包括课程体系、教学计划、课堂规范、作业要求、考试评价、学籍管理等。学校严格执行国家课程标准，积极开发校本课程，推行“学思行”教学模式，改革评价方式，注重过程性评价、发展性评价和增值性评价。

德育制度：包括学生日常行为规范、班级管理规定、团队活动制度、评优评先制度、心理健康教育制度等。学校制定了《小学生日常行为规范（儒雅版）》，开展“君子班级”评选活动，建立“志愿者”监督岗，形成了较为完善的德育工作体系。

师生管理制度：包括教师聘任、考核、培训、奖惩制度，学生入学、注册、奖惩、申诉制度等。学校注重教师专业发展，建立了完善的师德考核和专业评价体系；关心学生成长，建立了学生成长档案和帮扶机制。

校园文化活动制度：包括升旗仪式、主题班会、校园节日（如读书节、艺术节、体育节、科技节）、社团活动、社会综合实践活动等的组织和管理制度。这些制度化的活动，丰富了校园文化生活，成为文化传承和价值引领的重要载体。

制度文化建设的关键在于科学性、规范性和人本性，既要保证学校运行的秩序和效率，又要体现对师生权利的尊重和人文关怀。

三、行为文化：师生素质的外在表现

行为文化是精神文化和制度文化在师生日常行为中的具体体现，是衡量学校文化环境建设成效的重要标尺。

（一）教师行为

职业道德：教师是否热爱教育事业，关爱学生，为人师表，廉洁从教。

教学行为：教师是否备课充分，教学严谨，方法得当，启发引导，关注差异。

人际交往：教师之间是否团结协作，相互学习；师生之间是否民主平等，教学相长。

言行举止：教师是否衣着得体，语言文明，举止儒雅，以身作则。

济宁学院第二附属小学通过弘扬教育家精神、师德培训、教学竞赛、榜样宣传等方式，引导教师践行“敬业爱生博学致远”的教风，形成了良好的教师行为文化。

（二）学生行为

学习行为：学生是否学习主动，课堂专注，勤于思考，善于提问，按时完成作业。

道德行为：学生是否尊敬师长，团结同学，诚实守信，遵守纪律，爱护公物，乐于助人。

交往行为：学生是否文明礼貌，友善待人，善于沟通，合作分享。

生活行为：学生是否讲究卫生，穿着整洁，按时作息，积极参加体育锻炼和劳动。学校通过《小学生日常行为规范（儒雅版）》、“君子班级”评选、“红领巾”监督岗、主题教育活动等，引导学生养成“文明和谐勤奋创新”的学风和良好的行为习惯。

（三）管理者行为

学校管理者是否以身作则，率先垂范，勤政廉洁，民主决策，关爱师生，服务意识强。行为文化的形成需要长期的引导、示范、训练和评价，是学校文化软实力的重要体现。

四、物质文化：精神文化的载体与象征

物质文化是学校精神、制度和行为文化的物化形态和外在载体，是校园文化最

直观的表现形式。

校园建筑与景观：如前一章所述，济宁学院第二附属小学的“新儒家”建筑风格、“一轴两区多中心”的布局、孔子雕像、“四书五经长廊”、“仁义礼智信”教学楼层命名等，都承载着丰富的儒家文化信息，是学校精神文化的重要载体。

环境布置与装饰：教室、办公室、走廊、图书馆等场所的布置和装饰，如名人名言、经典语句、师生书画作品、班级文化角、校园宣传栏等，都营造着特定的文化氛围。

文化符号与标识：校徽、校旗、校歌、校服、标准色、标准字体等视觉识别系统（VIS），是学校独特的文化符号和标识，具有凝聚人心、增强认同的作用。学校的校徽以“1908（建校年）”“书简”和“菁莪”为主要元素，体现了文化传承和育人理念。

仪式场所与设施：升旗广场、仁爱厅、校史长廊、荣誉室、礼仪体验馆等，是举行重要仪式、开展文化活动、展示学校历史和成就的场所，具有重要的象征意义和教育功能。

教学设施与设备：如图书馆的儒学专区、书法教室的传统布置、创客空间的现代设备等，既满足教学需求，也体现了学校的文化取向和教育理念。

物质文化建设需要注重文化性、教育性、审美性和实用性的统一，使其成为传递学校精神、陶冶师生情操、优化育人环境的有效载体。

通过对济宁学院第二附属小学文化环境构成要素的分析，可以看出学校在精神、制度、行为、物质四个层面都开展系统规划和精心建设，形成了以儒家文化为底蕴、以“菁莪乐育”为核心、以培养“君子品格”为目标的独特文化环境。这种文化环境作为一种强大的“隐性课程”，深刻地影响着师生的成长和学校的发展。

第三节 学校文化环境的构建与优化策略

构建和优化积极、健康、富有特色的学校文化环境是一项长期而艰巨的任务，需要科学的策略和持续的努力。结合济宁学院第二附属小学的实践经验，可以总结出以下构建与优化策略。

一、顶层设计，明确文化发展方向

凝聚共识，提炼核心理念：学校文化建设的首要任务是明确学校的文化定位和发展方向。需要通过深入研讨、广泛征求意见，凝聚全体师生的共识，提炼出能够代表学校特色、引领学校发展的核心办学理念和价值追求。济宁学院第二附属小学提炼出“菁莪乐育”的核心理念，并围绕其构建文化体系，就是一个成功的范例。

系统规划，制定发展蓝图：在核心理念的指导下，需要对学校文化建设系统规划，制定明确的发展目标、实施路径、重点任务和保障措施，形成学校文化建设的整体蓝图。规划应涵盖精神、制度、行为、物质等各个层面，并注重各层面之间的协调统一，学校每三年进行几轮规划。

传承创新，彰显学校特色：学校文化建设既要继承学校的历史传统和优良基因，又要与时俱进，吸收时代精神和现代教育理念。要深入挖掘学校自身的文化资源和优势，如地理位置、历史渊源、办学特色等，形成具有独特个性和魅力的学校文化。济宁学院第二附属小学充分利用地处孔子故里的优势，将儒家文化融入现代教育，注重动态发展，与时俱进，形成了鲜明的文化特色。

二、制度保障，规范文化行为养成

完善规章制度，体现文化导向：学校的各项规章制度是制度文化的核心载体。需要系统梳理和完善现有的规章制度，使其更加科学、规范、人本，并充分体现学校的核心理念和价值导向。例如，在学生行为规范中融入“儒雅”要求，在教师评价体系中突出“师德”和“育人”贡献。

强化制度执行，确保落实到位：制度的生命力在于执行。需要建立健全制度执行的监督和反馈机制，确保各项规章制度得到有效落实，使制度要求内化为师生的自觉行为。

创新管理模式，激发内生动力：探索更加民主、开放、参与式的管理模式，激发师生参与学校管理和文化建设的内生动力。例如，推行班级自治、学生自主管理、教师参与决策等，使管理过程成为文化认同和行为养成的过程。

三、活动引领，丰富文化实践体验

精心设计主题活动，深化文化认知：围绕学校的核心理念和育人目标，精心设计和组织系列主题教育活动，如校园节日、主题班会、社会实践、研学旅行等。通过丰富多彩的活动，让师生在实践体验中深化对学校文化的理解和认同。例如，学校的“儒学经典诵读月”“君子风采展示周”等活动。

打造精品社团活动，发展兴趣特长：建设多样化的新六艺菁莪园学生社团，为学生提供发展兴趣、展示才华、交流互动的平台。社团活动本身就是一种重要的校园文化形态，有助于培养学生的综合素质和团队精神。例如，学校的书法社、国学社、合唱团、孔庙雅乐团等特色社团。

规范仪式教育活动，强化价值认同：重视升旗仪式、开学典礼、毕业典礼、入队仪式等重要仪式活动的教育功能。通过规范、庄重的仪式，强化师生的国家认同、集体认同和文化认同，激发爱国情、强国志、报国行。

四、环境熏陶，营造浓厚文化氛围

优化物质环境，承载文化信息：持续优化校园的物质文化环境，使其更好地承载学校的精神文化和价值追求。注重环境的细节设计，让一草一木、一砖一瓦、每面墙壁都能“说话”，发挥“润物细无声”的育人作用。

建设网络文化环境，拓展育人空间：重视校园网站、微信公众号、智慧校园平台等网络文化阵地的建设和管理。利用新媒体技术，传播学校文化，开展在线教育活动，拓展文化育人的时空。

营造和谐人际环境，滋养健康心灵：倡导相互尊重、平等友爱、团结协作、民主和谐的人际关系。通过加强师德师风建设、班级集体建设、心理健康教育等，营造积极、健康、和谐的人际氛围，为师生提供良好的心理支持和情感滋养。

五、榜样示范，发挥引领带动作用

发挥领导干部表率作用：学校领导干部要带头践行学校的核心理念和价值追求，以身作则，率先垂范，成为学校文化的积极倡导者和坚定实践者，党员干部教师要政治领航、态度领航、能力领航、业绩领航。

发挥骨干教师引领作用：骨干教师是学校的中坚力量。要充分发挥他们在教育教学、师德修养、文化传承等方面的示范引领作用，带动全体教师共同进步。

选树先进典型榜样：积极选树和宣传在学习、品德、才艺、志愿服务等方面表现突出的师生典型，用榜样的力量感染人、教育人、鼓舞人，形成崇尚先进、学习先进的良好风气。

六、全员参与，凝聚共建共享合力

强化宣传教育，提高文化自觉：通过多种途径和形式，加强对学校核心理念、价值追求、规章制度、行为规范等宣传教育，提高全体师生对学校文化的认知度和认同感，增强文化建设的自觉性和主动性。

搭建参与平台，激发主人翁意识：为师生搭建参与学校文化建设的平台，如设立“校长信箱”“校长热线”、召开师生座谈会、举办“我为学校文化献计”、“校园金点子大赛”活动等，鼓励师生为学校文化建设贡献智慧和力量，增强主人翁意识。

建立共建共享机制，形成文化合力：建立学校、家庭、社会协同参与的文化建设机制。邀请家长、校友、社区代表等参与学校文化活动和建设，争取社会各界的支持，形成文化育人的强大合力。

七、持续改进，实现文化动态发展

建立评估反馈机制：定期对学校文化环境建设的状况和成效评估，可以通过问卷调查、访谈、观察、数据分析等多种方式，广泛收集师生和家长的反馈意见。

及时诊断反思问题：根据评估和反馈结果，及时诊断学校文化建设中存在的问题和不足，深入分析原因，反思总结。

动态调整优化策略：基于诊断和反思，及时调整和优化文化建设的策略和措施，不断改进工作，使学校文化环境在动态发展中持续优化提升。

通过实施以上策略，学校可以逐步构建起符合自身特点、体现时代精神、具有强大育人功能的文化环境，为学生的健康成长和学校的可持续发展奠定坚实的文化基础。

第四节　济宁学院第二附属小学文化环境建设的实践探索与成效

济宁学院第二附属小学在“菁莪乐育“核心理念的指引下，立足孔子故里的文化沃土，将文化环境建设作为落实立德树人根本任务、提升学校办学品位的重要抓手，开展一系列富有成效的实践探索。

一、以儒家文化为底蕴，构建特色精神文化体系

学校深入挖掘儒家文化的精髓，并结合时代要求创造性转化和创新性发展，构建了特色鲜明的精神文化体系。

确立“菁莪乐育”核心理念：将《诗经》中的育人智慧与现代教育思想相结合，确立了尊重生命、快乐成长的核心理念，为学校文化建设奠定了基调。

凝练“崇真向善尚美”校训：选取儒家经典中的核心要求，凝练出体现真善美这一具有悠久传统精神的美德为校训，成为师生共同的价值追求。

倡导“五育并举”的优良校风：明确提出“明德、启智、健体、尚美、乐劳”的校风，创造性提出“仁者不忧、智者不惑、勇者不惧、艺者不俗、劳者不惰”与德智体美劳五育一一对应的独特表达，将儒家“六艺”思想与现代“五育”要求相结合，引领学校整体风貌。

塑造“君子品格”育人目标：将儒家理想人格“君子”作为学生的培养目标，提炼出“仁、义、礼、智、信、和、中、正”八种核心品格，并将其融入教育教学全过程。

开展丰富的文化主题活动：通过“儒学经典诵读月”“国学知识竞赛”“孔子文化周”“志学礼”“修身礼”“开笔礼”等活动，让师生在体验中感受儒家文化的魅力，内化核心价值观。

二、以制度建设为保障，规范师生文化行为

学校注重将精神文化理念转化为具体的规章制度和行为规范，为文化环境的形成提供制度保障。

制定《小学生日常行为规范（儒雅版）》：结合儒家礼仪要求和现代文明规范，制定了具有学校特色的学生行为准则，引导学生养成儒雅的行为习惯。

实施“君子班级”评选制度：将班级文化建设、学生行为表现、学业成绩等纳入评价体系，每学期评选“君子班级”，激发班级争优创先的积极性。

完善师德师风建设长效机制：将儒家“学高为师，身正为范”的要求融入教师评价体系，定期开展师德培训、评选“师德标兵”，引导教师以身立教。

规范校园仪式活动：对升旗仪式、开学典礼、毕业典礼等重要仪式规范化设计，融入传统文化元素，增强仪式的庄重感和教育意义。

推行民主管理与评价：建立教职工代表大会制度、家长委员会制度，畅通师生意见反馈渠道，在评价中注重过程性、发展性评价，体现人文关怀。

三、以环境营造为载体，发挥隐性课程功能

学校高度重视物质文化环境的建设，将其作为精神文化的载体和隐性课程的重要组成部分。打造“儒雅校园”物理空间：如前所述，通过“新儒家”建筑风格、文化景观小品、“仁义礼智信”教学楼命名等，营造浓厚的儒家文化氛围。

建设主题文化长廊与场馆：建设“四书五经长廊”“二十四孝图”文化墙、“君子六艺”体验区、校史馆、礼仪体验馆等，为师生提供沉浸式的文化学习和体验场所。

精心布置班级文化环境：鼓励各班级根据自身特点，围绕“君子班级”创建目标，精心设计班级名称、班级口号、班级公约，布置富有文化内涵的班级文化角、图书角、荣誉墙等。

开发校园文化符号系统：设计具有儒家文化元素的校徽、校旗、校服等，创作校歌《菁莪之歌》，形成独特的视觉和听觉识别系统。

建设数字化文化平台：利用校园网、微信公众号等平台，发布学校文化信息，展示师生成果，开展在线文化活动，拓展文化传播途径。

四、以全员参与为途径，凝聚文化建设合力

学校注重调动全体师生、家长乃至社区的力量，共同参与文化环境的建设与优化。

开展“我的校园我设计”活动：鼓励师生为校园环境设计、文化活动策划等建言献策，增强主人翁意识。

实施班级环境责任区制度：让学生亲身参与校园环境的维护和管理，培养责任感和爱校情怀，在真实情景中实现劳动教育。

组建文化志愿者队伍：成立学生“国学讲解团”、教师“文化研究社”、家长“护校队”等志愿者组织，参与文化传播、研究和环境维护。

加强校家社协同育人：定期举办家长开放日、家长讲堂、社区服务等活动，邀请家长和社区人士参与学校文化建设，形成育人合力。

五、文化环境建设的主要成效

通过以上实践探索，济宁学院第二附属小学的文化环境建设取得了显著成效：

形成了鲜明的儒家文化特色：学校的文化环境独具特色，“儒雅”成为学校的文化名片，得到了社会各界的广泛认可。

营造了积极向上的育人氛围：校园内形成了尊师爱生、勤学上进、文明礼貌、团结友善的良好风气，为学生的健康成长创造了有利条件。

提升了师生的文化素养和道德品质：师生对儒家文化的了解和认同不断加深，“君子品格”的追求内化为师生的自觉行动，师生的整体素质得到提升。

增强了学校的凝聚力和吸引力：独特的文化魅力增强了师生的归属感和自豪感，吸引了优质生源和优秀教师，提升了学校的核心竞争力。

促进了教育教学质量的提高：良好的文化环境激发了师生的工作和学习热情，优化了教育教学过程，促进了学校教育教学质量的稳步提升。

济宁学院第二附属小学的实践表明，科学规划、系统构建、持续优化学校文化环境，是提升学校办学水平、实现内涵式发展的重要途径。其以儒家文化为根基，融合现代教育理念，构建特色文化环境的探索，为其他学校提供了有益的借鉴。

文化环境是学校的灵魂和根基，是影响学生成长和学校发展的关键因素。建设积极、健康、富有特色的文化环境，需要学校管理者和全体师生付出长期而艰辛的努力，但其所产生的深远育人价值和强大发展动力，将使这种投入获得丰厚的回报。

第七章 管理系统：学校治理的科学架构

第一节 现代学校治理理论与实践发展

一、现代学校治理的内涵与核心理念

现代学校治理（School Governance）是相对于传统的学校管理（School Management）而言的一个概念，它强调在多元主体参与、权力制约与平衡、民主协商与科学决策的基础上，对学校事务有效管理和引导，以实现学校发展目标和提升教育质量的过程。它不仅是行政命令和层级控制，更是一种基于规则、责任、参与和协商的治理模式。

现代学校治理的核心理念主要包括：多元主体参与（Multi-stakeholder Participation）：学校治理不再是校长或少数管理者的专利，而是需要包括教师、学生、家长、社区代表、政府部门、社会组织等在内的多元利益相关者的共同参与。通过建立有效的参与机制，汇聚各方智慧，形成治理合力。

权力制约与平衡（Checks and Balances of Power）：治理结构的设计需要明确各主体的权责边界，建立相互制约、相互监督的机制，防止权力滥用和决策失误。例如，设立校务委员会、教职工代表大会、家长委员会等机构，对学校重大决策审议和监督。

民主协商与科学决策（Democratic Consultation and Scientific Decision-making）：重大事项的决策应建立在广泛征求意见、充分民主协商的基础上，同时要注重决策的科学性和专业性，依据教育规律和实际情况理性判断。

规则治理与依法治校（Rule-based Governance and Law-based School Management）：学校治理需要建立健全各项规章制度，以明确的规则规范各方行为，保障学校运行的秩序和公平。与此同时，学校的一切活动都必须在法律法规的框架内进行，坚持依法治校。

责任担当与绩效问责（Accountability and Performance Evaluation）：治理主体需要明确自身的责任，并对治理效果负责。建立科学的绩效评估和问责机制，对治理

行为和结果评价，并根据评价结果改进。

公开透明与信息共享（Openness, Transparency, and Information Sharing）：学校治理过程和结果应保持公开透明，保障利益相关者的知情权和监督权。建立畅通的信息沟通渠道，促进信息的有效共享。

现代学校治理的目标是构建一个权责明晰、运转协调、充满活力、富有效率的现代学校制度，提升学校的自主办学能力、教育教学质量和社会服务水平。

二、学校治理模式的演变与发展趋势

学校治理模式经历了从传统到现代的演变过程：行政控制模式（Administrative Control Model）：早期学校管理模式，政府或上级主管部门对学校实行高度集权的管理，学校缺乏自主权，校长主要扮演执行者的角色。

校长负责制模式（Principal Responsibility Model）：随着教育改革的深化，学校获得了一定的办学自主权，校长成为学校管理的核心，对学校的教育教学和行政事务负总责。但权力容易过度集中于校长一人。

专业管理模式（Professional Management Model）：强调管理的专业化和科学化，引入企业管理的理念和方法，注重效率和绩效。但可能忽视教育的特殊性和人文关怀。

多元参与治理模式（Multi-stakeholder Governance Model）：当前学校治理改革的主要方向，强调利益相关者的广泛参与、权力的分享与制衡、民主协商与合作。这是现代学校治理理论的核心体现。

未来学校治理的发展趋势将更加突出以下几个方面。

网络化与智能化：利用信息技术构建网络化的治理平台，实现信息共享、协同工作和智能决策。

个性化与差异化：治理模式将更加关注学校的个性化需求和发展特色，允许不同学校探索适合自身的治理路径。

协同化与生态化：学校治理将更加注重与家庭、社区、社会组织的协同合作，构建开放、互动的教育治理生态系统。

法治化与规范化：依法治校将成为学校治理的基本准则，各项治理行为将更加规范化、法治化。

人本化与服务化：治理将更加关注师生的需求和发展，强调服务意识，营造更加人性化的校园环境。

三、科学构建学校管理系统的重要性

科学构建学校管理系统是实现有效学校治理的基础和保障，其重要性体现在以下方面。

明确权责，提升效率：科学的管理系统能够清晰界定各部门、各岗位的职责和权限，避免职责不清、推诿扯皮，形成权责对等的管理机制，提高管理效率。

优化流程，规范运行：通过对管理流程的梳理和优化，建立规范、高效的工作程序，减少不必要的环节和内耗，保障学校各项工作的有序运行。

促进沟通，协同合作：良好的管理系统能够建立畅通的沟通渠道和协作机制，促进部门之间、上下级之间、师生之间的有效沟通与合作，形成管理合力。

科学决策，降低风险：科学的管理系统包含完善的决策程序和信息支持系统，有助于管理者在充分掌握信息、广泛听取意见的基础上做出科学决策，降低决策风险。

激发活力，促进发展：科学的管理系统能够通过合理的激励机制、评价体系和发展平台，激发教职工的积极性和创造性，促进教师专业发展和学校整体发展。

保障公平，维护稳定：规范、透明的管理系统有助于保障管理的公平公正，维护师生的合法权益，化解矛盾冲突，保持校园的和谐稳定。

济宁学院第二附属小学深刻认识到科学构建管理系统的重要性，在“菁莪乐育”理念指导下，结合学校实际，积极探索和构建符合现代学校治理要求的管理体系，为学校的科学发展奠定了坚实基础。

第二节 济宁学院第二附属小学的管理系统架构

济宁学院第二附属小学在多年的办学实践中，逐步探索和构建了一套既符合上级要求，又具有自身特色的学校管理系统架构。该架构体现了现代学校治理的理念，旨在实现管理的科学化、民主化、规范化和高效化。

一、学校治理结构：多元参与权力制衡

学校的治理结构旨在实现决策、执行、监督的相对分离与有效协同，保障多元主体的参与权利。

（一）决策机构

党支部委员会：发挥政治核心作用，保证党的教育方针政策在学校的贯彻落实，参与学校重大问题的决策，加强学校党的建设和思想政治工作。

校务委员会：作为学校重大事项的审议和决策机构，由校长、党支部书记、副校长、中层干部代表、教师代表、家长代表、社区代表等组成。负责审议学校发展规划、年度工作计划、重大改革方案、财务预决算、重要规章制度等。校务委员会的设立体现了多元参与和民主决策的原则。

（二）执行机构

校长：是学校的法定代表人，在校务委员会决策和党支部监督下，全面负责学校的教育教学和行政管理工作，是学校管理系统的总执行者。

行政管理团队：由副校长和各职能部门负责人组成，协助校长分管具体工作，落实学校各项决策部署。

（三）监督机构

教职工代表大会（教代会）：是教职工依法参与学校民主管理和监督的基本形式。负责审议学校章程草案、发展规划、改革方案、财务工作报告、涉及教职工切身利益的重要规章制度等，评议监督学校领导干部。

家长委员会：由家长代表组成，参与学校管理，对学校工作提出意见和建议，沟通家校联系，是学校外部监督的重要力量。

学校纪检小组：负责党风廉政建设和反腐败工作，监督检查学校各项规章制度的执行情况。这种治理结构的设计，力求在校长负责制的基础上，引入多元主体参与决策和监督，形成一定的权力制约与平衡机制，提升治理的民主性和科学性。

二、组织架构：扁平化与矩阵式结合

学校的组织架构采用相对扁平化和矩阵式相结合的模式，以提高管理效率和协同能力。

（一）层级设置

学校管理层级力求简化，主要分为“学校领导层—职能部门—年级组/教研组”三个主要层级，减少中间环节，加快信息传递和决策执行速度。

（二）职能部门设置

根据学校规模和工作需要，设置了若干精简高效的职能部门，主要包括：办公室：负责学校行政事务、文秘档案、宣传协调、人事管理等。

党建部：负责党支部会议、党员培训、党费收缴、党员关系管理等。

教师部：负责课程建设、教师发展、课题管理、校本研修、教学成果推广等。

教务部：负责教学管理、课程安排、学籍管理、招生工作等。

班级部：负责班主任队伍建设、班级管理指导、家委会组织协调等。

少先大队部：负责学生思想品德教育、行为规范管理、少先队活动、心理健康教育等。

总务部：负责后勤保障、财务管理、资产管理、校园安全、基建维修、校园网络建设与维护、信息化设备管理、智慧校园平台建设等。

孔子学堂：负责传统文化课程建设，传统文化活动设计、孔子学堂宣传推广等。各部门职责明确，既分工负责，又注重协作。

（三）横向协调机制

年级组：按年级划分，由年级组长负责协调本年级的教学、德育、家校沟通等工作，是落实学校各项工作的重要单元。

教研组：按学科划分，由教研组长负责组织本学科的教学研究、集体备课、质量分析、教师培养等活动，是提升教学质量和教师专业水平的关键组织。

项目工作组：针对特定的工作任务或改革项目，成立跨部门、跨年级、跨学科的临时性项目工作组，如“儒雅校园”建设项目组、“智慧课堂”试点项目组、“教学模式”构建组、“项目化学习”探索组、“STEANM教育”研发组等。这种矩阵式结构增强了组织的灵活性和协同攻关能力。

这种组织架构既保证了职能管理的专业化，又通过年级组、教研组和项目组加强了横向沟通与协作，适应了现代学校管理的复杂性和动态性要求。

三、运行机制：规范高效与人本关怀

学校管理系统的有效运行依赖规范、高效且富有人文关怀的运行机制。

（一）决策机制

集体决策与校长负责相结合：重大事项由党政联席会议或校务委员会集体讨论决定，校长在集体决策的基础上负责组织实施。

民主协商与专家咨询相结合：决策前广泛征求教职工、家长等各方意见，必要时邀请专家论证咨询，提高决策的民主性和科学性。

决策公开与过程透明：决策过程和结果及时向师生公开，接受监督。

（二）执行机制

目标管理与责任落实：将学校总体目标分解到各部门、各年级组、各教研组，明确责任主体和完成时限，实行目标管理。

流程优化与效率提升：定期梳理和优化各项工作流程，减少不必要的审批环节，提高办事效率。

过程监控与及时反馈：加强对工作执行过程的监控，及时发现问题并予以解决，建立畅通的反馈渠道。

（三）沟通协调机制

定期会议制度：建立校务会、行政会、教代会、年级组长会、教研组长会、班主任会等定期会议制度，加强信息沟通和工作协调。

信息化沟通平台：利用校园网、微信工作群、钉钉工作群、OA系统等信息化平台，实现信息的快速传递和共享。

非正式沟通渠道：鼓励管理者深入教学一线，与师生非正式交流，了解真实情况，增进情感联系。

（四）激励评价机制

多元化评价体系：建立针对部门、教师、学生的多元化评价体系，既注重结果，也注重过程；既有量化指标，也有质性评价；既有统一标准，也关注个性发展。

精神激励与物质激励相结合：通过评优评先、职称评聘、绩效奖励、专业发展支持、干部提拔等多种方式，激发师生的积极性和创造性。

发展性评价导向：评价的目的不仅在于甄别和选拔，更在于诊断问题、促进发展。评价结果与教师专业发展、岗位调整、学生帮扶等相结合。

（四）服务保障机制

后勤服务精细化：总务处提供精细化的后勤服务，保障水电供应、设施维修、环境卫生、服务等，为教育教学提供有力支持。

安全保障常态化：建立完善的校园安全管理制度和应急预案，定期开展安全检查和演练，确保师生安全。

人文关怀制度化：关注师生的身心健康和实际困难，建立困难帮扶、心理疏导、权益维护等机制，营造温馨和谐的校园氛围。

通过这些运行机制的建设，济宁学院第二附属小学的管理系统得以高效、有序、和谐地运转，为学校各项工作的顺利开展提供了有力保障。

第三节 学校管理系统的实践创新与特色

济宁学院第二附属小学在构建和运行管理系统的过程中，并非简单照搬通用模式，而是结合自身文化特色和发展需求，开展一系列实践创新，形成了具有自身特色的管理模式。

一、儒家文化融入管理理念与实践

学校将儒家文化的核心思想，如“仁爱”“和谐”“中庸”“诚信”“责任”等，融入学校管理的各个方面，形成了具有儒家文化底蕴的管理特色。

“仁爱”为本的人本管理：管理中强调对师生的尊重、关爱和信任。例如，在师生评价中注重鼓励和引导，对困难师生给予及时帮助；在制度执行中注重情理结合，体现人文关怀。

“和合”为贵的协同管理：倡导团队合作、和谐共事的工作氛围。通过建立有效的沟通协调机制，促进部门之间、师生之间、家校之间的和谐互动，形成管理合力。强调在多元声音中寻求共识，实现“和而不同”。

“中庸”之道的平衡管理：在处理各种管理关系时，力求把握平衡，避免极端。例如，在集权与分权、统一与灵活、规范与创新、严管与厚爱之间寻求最佳平衡点。

“诚信”为基的规范管理：强调管理者和师生都要讲诚信、守规则。学校各项管理制度公开透明，决策过程民主规范，营造诚实守信的校园文化氛围。

“责任”为先的担当管理：强化各级管理人员和全体教职工的责任意识和担当精神。倡导在其位谋其政，履其职尽其责，鼓励主动作为、勇于担当。

二、扁平化与网格化结合的精细管理

学校在推行扁平化管理，减少管理层级的与此同时，积极探索网格化管理模式，实现管理的精细化和全覆盖。

校园安全网格化管理：将校园划分为若干安全责任网格，明确每个网格的安全责任人（由行政领导、中层干部、班主任、保安等担任），负责本网格内的安全隐患排查、日常巡查、应急处置等，确保安全管理无死角。

德育工作网格化管理：建立“学校—年级—班级—小组—个人”的德育工作网络，明确各层级的德育职责。与此同时，建立“任课教师—班主任—德育处—心理教师—家长”的协同育人网络，形成全员、全程、全方位的德育工作格局。

教学质量网格化监控：通过教研组、备课组、年级组等组织，对教学计划执行、课堂教学效果、作业批改、考试质量等常态化监控和分析，及时发现问题并针对性指导。

这种网格化管理模式，将管理责任细化到人，管理触角延伸到校园的每个角落和教育教学的每个环节，提升了管理的精细化水平。

三、数据驱动与智慧赋能的智能管理

学校积极拥抱信息技术，探索数据驱动的智能管理新模式，提升管理决策的科学性和管理服务的便捷性。

建设“智慧校园”管理平台：整合校务管理、教务管理、德育管理、后勤管理、家校沟通等多个系统，构建一体化的“智慧校园”管理平台，实现数据的互联互通和业务的协同办理。利用大数据管理分析：收集和分析学生的学习数据、行为数据、体质健康数据等，教师的教学数据、考勤数据、科研数据等，为学生个性化发展指导、教师专业发展评价、学校管理决策优化提供数据支持。

移动终端管理应用（App）：面向教师、学生、家长的移动应用，提供课表查询、成绩发布、通知公告、在线请假、家校互动、校园缴费等便捷服务，提升管理服务的效率和用户体验。

探索人工智能辅助管理：尝试引入人工智能技术辅助排课、学情分析、资源推荐、安全预警等工作，减轻管理人员负担，提升管理智能化水平。

智慧赋能的管理创新，使学校管理更加精准、高效、便捷，适应了信息化时代对学校管理提出的新要求。

四、校家社协同共治的开放管理

学校突破封闭办学的局限，积极构建校家社协同共治的开放式管理格局。

健全家长委员会运行机制：不仅让家长委员会有组织、有章程，更赋予其实质性的参与权、审议权和监督权。定期召开家长委员会会议，听取家长对学校工作的意见建议，邀请家长参与学校重大活动和决策。

创新家校沟通与合作模式：除了传统的家长会、家访外，还通过家长学校、家长志愿者、家长讲堂、线上沟通平台等多种形式，加强家校之间的理解、信任与合作，共同促进学生成长。

拓展社区资源共享与联动：主动与周边社区、企事业单位、科研院所、博物馆、科技馆等建立联系，开发利用社区教育资源，组织学生参与社区服务和社会实践活动。与此同时，学校的场地、设施等资源在条件允许的情况下向社区开放，实现资源共享、互利共赢。

开放式的协同共治管理，汇聚了更广泛的智慧和力量，拓展了育人途径，优化了学校发展的外部环境。

这些实践创新与特色，使得济宁学院第二附属小学的管理系统不仅规范高效，而且充满了活力和温度，体现了学校在现代学校治理道路上的积极探索和独特贡献。

第四节 学校管理系统的运行成效与持续优化

科学的管理系统架构和创新的管理实践，为济宁学院第二附属小学的稳健运行和持续发展提供了有力保障，取得了显著的运行成效。与此同时，学校也注重在实践中不断反思，持续优化管理系统。

一、管理系统运行的主要成效

管理效率显著提升：扁平化的组织架构、优化的工作流程、信息化的管理平台，大大减少了沟通成本和行政内耗，提高了决策执行效率和整体管理效能。各项工作能够得到快速响应和有效落实。

教育教学秩序井然：规范的教学管理制度、精细化的德育管理网络、常态化的安全管理机制，保障了学校教育教学秩序的稳定和校园环境的安全和谐。课堂纪律良好，学生活动有序，校园氛围安定。

师生积极性有效激发：人本化的管理理念、多元化的激励评价机制、畅通的参与渠道，有效激发了广大师生的工作和学习热情，增强了主人翁意识和归属感。教师乐于从教，学生乐于学习，形成了积极向上的良好局面。

办学特色更加彰显：将儒家文化融入管理实践，形成了独特的管理风格和文化氛围，进一步彰显了学校的办学特色，提升了学校的品牌形象和文化软实力。

决策科学性不断增强：多元主体参与的治理结构、民主协商的决策程序、数据驱动的管理分析，使得学校各项决策更加符合实际、贴近民意、顺应规律，降低了决策风险，提高了决策的科学性和有效性。

校家社协同育人格局初步形成：开放式的管理理念和创新的合作模式，有效促进了学校、家庭、社会的沟通与协作，形成了协同育人的良好格局，为学生的全面发展营造了更优越的环境。

学校声誉与影响力持续扩大：科学高效的管理带来了良好的办学绩效，学校的教育教学质量、特色发展水平、师生满意度不断提升，赢得了学生、家长和社会的广泛赞誉，学校的社会声誉和影响力持续扩大。

二、管理系统运行中的挑战与反思

在肯定成效的同时，学校管理层也清醒地认识到管理系统运行中面临的挑战和需要反思的问题，有如下几个方面。

管理精细化与教师负担的平衡：网格化等精细管理模式在提升管理效能的与此同时，也可能增加教师的非教学性事务负担。如何在保证管理精细化的前提下，切实为教师减负，让教师更专注于教育教学，是一个需要持续关注和解决的问题。

制度规范性与个体需求的协调：统一的规章制度难以完全适应所有师生的个体

差异和特殊需求。如何在坚持制度刚性的同时，保留一定的灵活性和人文关怀，更好地满足师生的个性化需求，考验着管理者的智慧。

数据应用深度与隐私保护的权衡：智慧校园建设带来了数据驱动管理的便利，但如何更深入地挖掘数据价值，真正实现数据赋能，同时又严格保护师生的个人隐私和数据安全，是学校面临的重要课题。

多元主体参与的深度与广度：虽然建立了多元参与的治理结构，但如何进一步提升各主体参与的深度和实质性效果，避免参与流于形式，仍须不断探索和完善参与机制。

管理队伍专业化水平有待提升：随着学校治理复杂性的增加，对各级管理人员的专业素养和管理能力提出了更高要求。部分管理人员的管理理念、知识结构、领导能力等有待进一步提升。

文化理念的内化与固化：将儒家文化等核心理念真正内化为全体师生的自觉行动，并形成稳定持久的文化习惯，需要持续不断的努力，防止文化建设表面化、口号化。

三、持续优化管理系统的方向与举措

基于运行成效和挑战反思，学校将继续致力于管理系统的持续优化，主要方向和举措包括以下方面。

深化人本管理，激发内生动力：进一步将“以人为本”的理念落到实处，更加关注师生的需求和发展，完善激励机制和发展平台，营造更加宽松、民主、和谐的工作学习氛围，充分激发师生的内生动力和创造活力。

优化管理流程，提升服务效能：持续对各项管理流程梳理和优化，利用信息技术简化办事程序，提高服务效率和质量，切实为师生减负增效。

加强数据治理，赋能精准管理：建立健全数据管理制度，规范数据采集、存储、使用和共享，在保障数据安全和隐私的前提下，深化数据分析应用，为教育教学改进、学生个性化发展、学校科学决策提供更精准的支持。

完善协同机制，深化开放办学：进一步完善校家社协同共治机制，拓展合作领域，创新合作模式，汇聚更广泛的社会资源，构建更加开放、互动的教育生态。

加强队伍建设，提升专业能力：实施管理干部专业能力提升计划，通过培训、研修、挂职锻炼等多种方式，提升管理队伍的理论素养、领导能力和创新意识，建设一支高素质、专业化的管理团队。

推进文化融合，促进知行合一：持续加强学校核心文化的宣传、渗透和实践，创新文化活动载体，丰富文化体验，推动文化理念从认知认同走向自觉践行，实现知行合一。

健全评估反馈，实现持续改进：完善管理系统运行效果的评估反馈机制，定期自我诊断和外部评估，根据评估结果和发展需求，动态调整和优化管理策略，形成持续改进的良性循环。通过持续不断的优化和完善，济宁学院第二附属小学的管理系统将更加科学、高效、充满活力，为学校实现更高质量、更具特色的发展提供坚强的组织保障。

第八章 发展动力：学校前进的内在机制

学校作为一个动态发展的有机体，其持续前进和不断超越离不开内在动力的支撑与驱动。济宁学院第二附属小学在“菁莪乐育”理念的指引下，深刻认识到激发和培育内生发展动力的重要性，着力构建以教师专业发展为核心、学生全面成长为目标、学校整体提升为追求的多元协同、持续强劲的发展动力机制，为学校实现高质量、可持续发展注入了源源不断的活力。

第一节 教师专业发展：学校发展的核心引擎

教师是立教之本、兴教之源，教师队伍的专业素养和持续发展是学校发展的核心引擎和不竭动力。济宁学院第二附属小学始终将教师专业发展摆在优先位置，通过系统规划、多元途径和精准支持，全力打造一支师德高尚、业务精湛、结构合理、充满活力的高素质专业化教师队伍。

一、教师专业发展的内涵与时代要求

教师专业发展是一个持续的、终身的过程，指教师在整个职业生涯中，不断学习、反思、实践，逐步提升教育理念、专业知识、教学能力、科研能力以及职业道德素养，从而实现个体专业化水平不断提高的过程。它不仅是教师个人成长的需要，更是教育质量提升和社会发展的必然要求。

进入新时代，对教师专业发展提出了新的更高要求。

立德树人是根本任务：教师不仅要传授知识，更要承担起立德树人的神圣使命，做学生锤炼品格、学习知识、创新思维、奉献祖国的引路人。师德师风建设成为教师专业发展的首要内容。

核心素养导向是关键：教育从知识本位转向素养本位，要求教师具备引导学生发展核心素养的能力，包括课程整合能力、项目式学习设计能力、跨学科教学能力、评价改革能力等。

信息技术融合是趋势：人工智能、大数据等信息技术深刻改变教育生态，要求教师具备良好的信息素养，能够熟练运用现代教育技术优化教学过程、创新教学模

式、开展个性化指导。

终身学习与反思实践是保障：知识更新速度加快，教育改革不断深化，要求教师树立终身学习的理念，保持学习的热情和能力，并在实践中不断反思、总结、改进，实现专业上的持续成长。

协同合作与专业引领是助力：教师专业发展不再是孤立的个体行为，需要建立学习共同体，通过同伴互助、专家引领、团队协作，共同解决教育教学中的问题，实现共同成长。

二、济宁学院第二附属小学教师专业发展体系构建

学校围绕"菁莪乐育"理念和新时代教师发展要求，构建了"目标引领、平台支撑、机制保障、文化涵育"四位一体的教师专业发展体系。

（一）目标引领：分层分类的专业成长规划

新教师培养计划（"菁苗计划"）：针对入职三年内的新教师，实施以"师德养成、规范教学、融入团队"为重点的培养计划。通过师徒结对、入格课、汇报课、基本功大赛、岗前培训等方式，帮助新教师尽快站稳讲台，适应角色。

骨干教师培育计划（"菁干计划"）：针对有一定教学经验和发展潜力的中青年教师，实施以"提升教学艺术、参与课题研究、形成教学风格"为重点的培育计划。通过名师工作室、骨干教师论坛、教学能手评选、课题研究支持、外出研修学习等途径，培养一批教学骨干和学科带头人。

名优教师引领计划（"菁英计划"）：针对省市区级名师、学科带头人等优秀教师，实施以"深化教育思想、引领专业发展、扩大辐射影响"为重点的引领计划。鼓励名优教师承担更高层次的课题研究、开设示范课和专题讲座、指导青年教师成长、参与区域教育教学改革，发挥示范引领作用。

全员专业发展规划：鼓励每位教师结合自身实际和学校发展需要，制定个性化的专业发展规划，明确发展目标、路径和措施。学校通过教师发展档案、定期评估反馈等方式，对教师的专业发展跟踪和支持。

（二）平台支撑：多元化的专业成长路径

校本研修平台：以教研组、备课组为基础，常态化开展集体备课、听课评课、

主题研讨、教学反思、案例分析等校本研修活动。定期邀请校内外专家专题讲座、工作坊、教学诊断等，提升研修的针对性和实效性。

课题研究平台：鼓励教师结合教育教学实际问题开展课题研究，将研究过程作为专业成长的过程。学校设立校级课题，积极组织申报上级课题，为教师提供研究经费、专家指导、成果推广等支持。

“青蓝工程”师徒结对平台：为新教师配备经验丰富的骨干教师作为指导教师，签订师徒协议，抱团取暖，明确双方职责，通过听课、指导、交流、示范等方式，促进青年教师快速成长。

名师工作室平台：成立若干个以省市区级名师、学科带头人命名的名师工作室，吸纳有潜力的骨干教师加入，通过团队研修、项目研究、示范引领等方式，打造高水平的专业发展共同体。

线上学习平台：利用国家中小学智慧教育平台、山东省教师教育网、市级教育资源平台以及学校自建的在线学习系统，为教师提供丰富的在线学习资源和便捷的学习途径，支持教师开展自主学习和混合式研修。

展示交流平台：定期举办教学开放周、教学能手大赛、班主任基本功大赛、教育教学成果展、学术年会等活动，为教师提供展示才华、交流经验、相互学习的平台。

（三）机制保障：系统化的专业发展支持

组织保障：成立由校长负责、教科室牵头、各部门协同的教师发展工作领导小组，统筹规划、组织实施、协调管理全校教师专业发展工作。

制度保障：制定和完善《教师专业发展规划与管理办法》《校本研修管理制度》《课题研究管理办法》《师徒结对管理办法》《名师工作室管理办法》《教师外出学习培训管理规定》《教师评优评先与考核激励办法》等一系列规章制度，为教师专业发展提供制度保障。

经费保障：将教师专业发展和专业发展经费纳入学校年度预算，保证不低于办公经费的5%并逐年动态增加投入，确保各项专业发展活动有充足的经费支持。

时间保障：合理安排教学工作，保障教师参加校本研修、课题研究、外出学习等专业发展活动的时间。

评价激励保障：建立以发展性评价为主的教师评价体系，将教师参与专业发展活动的情况、取得的成果等纳入教师考核、评优评先、职称评聘的重要依据，形成正向激励。

（四）文化涵育：积极向上的专业成长氛围

营造尊师重教的文化氛围：大力宣传优秀教师的先进事迹和教育情怀，提升教师的职业认同感和幸福感，营造全社会尊师重教的良好风尚。

倡导终身学习的文化理念：通过校长讲坛、读书分享会、学习型组织创建等活动，引导教师树立终身学习的理念，养成自觉学习、主动发展的习惯。

培育合作共享的团队文化：鼓励教师打破学科壁垒和年级界限，加强跨学科交流合作，分享经验智慧，以项目化工作促进形成互帮互助、共同进步的团队文化。

弘扬勇于探索的创新文化：鼓励教师大胆教育教学改革和创新实践，宽容失败，支持探索，营造敢于尝试、勇于创新的文化氛围。

三、教师专业发展的实践成效

通过系统构建和持续推进教师专业发展体系，济宁学院第二附属小学的教师队伍建设取得了显著成效。

师德师风持续向好：教师立德树人的责任感和使命感不断增强，爱岗敬业、关爱学生、为人师表成为普遍共识和自觉行动，涌现出一大批“最美教师”“师德师风先进个人”等师德高尚的优秀教师典型，学校获得济宁市师德师风先进集体。

专业能力显著提升：教师的教育理念不断更新，教学设计能力、课堂驾驭能力、信息技术应用能力、教育科研能力等得到普遍提升，课堂教学质量和育人水平稳步提高，多年来曲阜教育质量监测中始终名列前茅。

骨干队伍不断壮大：培养和造就了一批在省、市、区具有一定影响力的名师、学科带头人、教学能手和骨干班主任，形成了结构合理、梯次发展的骨干教师队伍。

教研氛围日益浓厚：教师参与校本研修和课题研究的积极性高涨，研究意识和能力不断增强，教育教学研究成果丰硕，形成了浓厚的教研氛围。

团队活力充分彰显：教师之间的合作更加紧密，学习共同体建设富有成效，团队凝聚力和战斗力不断增强，学校呈现出积极向上、充满活力的发展态势。

教师是教育教学第一生产力，强师才能强教。教师专业发展的蓬勃生机，为学校教育质量的提升和可持续发展注入了最强劲的动力。

第二节 学生全面发展：学校发展的根本目标

学生是学校教育的主体，促进学生的全面发展是学校一切工作的出发点和落脚点，也是学校发展的根本目标和核心动力源泉。济宁学院第二附属小学坚持“五育并举”，遵循学生身心发展规律，创设适宜的成长环境，搭建多元的发展平台，激发学生的内在潜能，努力培养德智体美劳全面发展的社会主义建设者和接班人。

一、学生全面发展的内涵与培养路径

学生全面发展是指学生在德、智、体、美、劳等方面都得到充分、和谐、自由的发展，实现个体潜能的最大化和社会价值的最优化。它强调发展的整体性、协调性和个性化。

培养学生全面发展的路径主要包括：

德育为先，铸魂育人：将立德树人融入教育教学全过程，加强理想信念教育、社会主义核心价值观教育、中华优秀传统文化教育、革命传统教育、国家安全教育、法治教育等，引导学生树立正确的世界观、人生观、价值观。

智育为重，启智增慧：遵循认知规律，优化课程教学，激发学习兴趣，培养探究精神和创新思维，提升学生的核心素养和学业水平，为终身学习和未来发展奠定坚实基础。

体育为基，强健体魄：开足开齐体育课程，广泛开展阳光体育活动，保障学生每天体育锻炼时间，培养运动兴趣和技能，增强学生体质，磨炼意志品质。

美育为要，浸润心灵：开设丰富多样的艺术课程，组织开展形式多样的美育实践活动，提升学生的审美素养和人文底蕴，陶冶高尚情操，塑造美好心灵。

劳育为本，实践砺能：将劳动教育纳入人才培养全过程，组织学生参与日常生活劳动、生产劳动和服务性劳动，培养劳动习惯，磨炼意志品质，树立正确的劳动观。

二、济宁学院第二附属小学促进学生全面发展的实践探索

学校围绕“五育并举”，结合“菁莪乐育”理念，开展了丰富多彩的实践探索，为学生全面发展搭建广阔舞台。

（一）构建“菁莪德育”体系，涵养君子品格

课程育德：充分发挥课堂主渠道作用，挖掘各学科蕴含的德育元素，开设《道德与法治》、儒家文化、心理健康等专门德育课程。

活动育德：开展主题班队会、升旗仪式、入队入团仪式、传统节日庆典、研学旅行、志愿服务、“小君子”评选等丰富多彩的德育活动。

文化育德：营造儒雅和谐的校园文化氛围，建设“君子文化”长廊，传唱校歌，规范师生言行，发挥环境育人的熏陶作用。

榜样育德：宣传优秀学生、美德少年、时代楷模的先进事迹，发挥榜样的示范引领作用。

协同育德：加强校家社协同，形成德育合力。

（二）深化“菁莪智育”改革，提升核心素养

优化课程结构：严格执行国家课程标准，开足开齐各类课程。积极开发具有儒家文化特色和地方特点的校本课程，如“孔子文化”“黄河文化”“孔庙雅乐非遗传承”等，满足学生个性化学习需求。

创新教学模式：推进“智慧课堂”建设，探索项目式学习、跨学科学习、合作学习、探究式学习等新型教学模式，倡导启发式、互动式、参与式教学，激发学生学习主动性。

改革评价方式：实施基于核心素养的过程性评价和增值性评价，关注学生的学习过程、思维方式和能力提升，淡化分数的简单比较。

拓展学习空间：建设图书馆、阅览室、实验室、创客空间等，利用博物馆、科技馆、研学基地等校外资源，拓展学生的学习空间和视野。

（三）实施“菁莪体育”行动，保障身心健康

保证运动时间：严格落实“每天至少锻炼两小时”要求，保证体育课时，开展大课间体育活动和课外体育锻炼。

丰富活动内容：开设足球、篮球、排球、乒乓球、武术、健美操等多样化的体育课程和社团活动，每年举办春季田径运动会和冬秋季校园吉尼斯趣味运动会。

加强健康教育：开设健康教育课程，普及健康知识，培养健康生活习惯，关注学生视力保护和心理健康。

完善场地设施：不断改善体育场地和设施条件，为学生体育锻炼提供保障。

（四）开设艺术课程

开齐开好音乐、美术等艺术课程，提高艺术课程的教学质量组建艺术社团：成立合唱团、舞蹈队、器乐队、书画社、手工坊等多个学生艺术社团，定期开展活动和展演。

举办艺术活动：每年举办菁莪园文化艺术节，组织学生参加各类艺术比赛和展演活动，营造浓厚的校园艺术氛围。

美化校园环境：加强校园绿化美化，布置艺术长廊，展示师生优秀艺术作品，发挥环境的美育功能。

（五）加强“菁莪劳育”实践，培育奋斗精神和劳动品质

融入日常劳动：要求学生参与班级卫生打扫、公区保洁、绿植养护等日常劳动。

开展服务性劳动：组织学生参与校内外的志愿服务、社区服务等公益性劳动。

体验生产劳动：利用校内劳动实践基地或校外农场、工厂等，组织学生体验种植、养殖、手工制作等生产劳动。

开设劳动课程：开设劳动技术课程，传授基本劳动技能，培养劳动兴趣。

三、学生全面发展的成效体现

通过不懈努力，济宁学院第二附属小学在促进学生全面发展方面取得了丰硕成果。

思想品德持续提升：学生普遍具有良好的道德品质和行为习惯，爱国爱党、遵纪守法、尊敬师长、团结同学、乐于助人成为校园新风尚，“文质彬彬少年君子”形象深入人心。

学业水平稳步提高：学生学习兴趣浓厚，探究精神和创新能力不断增强，学业成绩在区域内名列前茅，为后续学习和发展奠定了良好基础。

身心素质更加健康：学生体质健康水平达标率逐年提升，运动技能和健康意识明显增强，心理健康状况良好，展现出阳光自信、积极向上的精神风貌。

审美素养不断涵养：学生感受美、表现美、鉴赏美、创造美的能力得到提升，艺术特长得到发展，人文底蕴更加深厚。

劳动品质初步养成：学生初步树立了正确的劳动观念，掌握了一定的劳动技能，养成了热爱劳动、珍惜成果的良好品质，动手实践能力得到锻炼。

学生的全面发展和健康成长，是学校办学水平和核心竞争力的最直接体现，也是学校持续发展的最根本动力。

近五年来，有300多人荣获省市级三好学生、新时代好少年、优秀少先队员、国学小名士、学科小达人。

第三节 学校整体发展：动力协同与持续提升

学校发展是一个整体性概念，教师专业发展和学生全面发展是学校发展的核心要素和内在动力，二者相互促进、相辅相成，共同推动学校整体水平的持续提升。济宁学院第二附属小学注重发展动力的协同与整合，通过科学规划、机制创新和文化引领，实现了学校整体的螺旋式上升和跨越式发展。

一、发展动力的协同机制

学校认识到，教师发展与学生发展并非孤立存在，而是相互依存、相互促进的统一体。优秀的教师能够更好地引导学生发展，而学生的成长进步也能反过来激发教师的职业成就感和发展动力。由此可见，学校着力构建二者之间的协同机制。

教学相长机制：鼓励教师在教育教学实践中研究学生、了解学生，根据学生的需求和特点改进教学策略，实现教学相长。学生的点滴进步和对老师的认可，是教师专业成长的最好催化剂。

师生共研机制：鼓励教师带领学生共同参与课题研究、项目式学习、社团活动等，在共同探究、共同实践的过程中，实现师生能力的同步提升。

评价联动机制：在评价教师时，将学生的成长进步和满意度作为重要参考指标；在评价学生时，也关注教师的指导和影响。通过评价联动，引导师生形成发展共同体。

文化融合机制：将“教学相长”“尊师爱生”“共同成长”的理念融入校园文化建设，营造师生相互尊重、相互学习、相互促进的和谐氛围。

二、学校整体发展的驱动策略

在教师发展和学生发展两大核心动力的驱动下，学校采取了一系列策略，推动学校整体水平的持续提升：

规划引领，明确方向：制定科学、前瞻的学校发展规划，明确发展目标、重点任务和实施路径，为学校发展提供清晰的蓝图和行动指南。

改革创新，激发活力：勇于突破传统束缚，积极推进教育理念、管理体制、育人模式、课程教学、评价方式等方面的改革创新，不断激发学校发展的内生动力和活力。

特色发展，打造品牌：立足学校历史文化底蕴和现实基础，凝练办学特色，打造“菁莪乐育”“儒雅校园”“君子教育”等教育品牌，提升学校的核心竞争力和社会影响力。

开放合作，汇聚合力：加强与高校、科研院所、兄弟学校、社区、企业等的交流与合作，引进优质资源，借鉴先进经验，拓展发展空间，形成开放办学、协同发展的格局。

文化建设，凝聚人心：加强以儒家文化为底蕴的学校文化建设，形成共同的价值追求和精神家园，凝聚师生员工的智慧和力量，为学校发展提供强大的精神支撑。

三、学校整体发展的成效与展望

在多元动力的协同驱动下，济宁学院第二附属小学实现了整体的跨越式发展。

办学水平全面提升：学校在教育教学质量、师资队伍建设、特色品牌创建、管理服务水平等方面均取得了显著进步，成为区域内享有较高声誉的优质学校。

社会影响力不断扩大：学校的办学成果和特色经验得到了上级主管部门、教育同行、新闻媒体和社会的广泛认可，吸引了众多学校前来参观交流，发挥了良好的示范辐射作用。

可持续发展能力增强：学校形成了较为完善的发展动力机制和持续改进机制，

具备了较强的自我发展、自我完善的能力，为未来的可持续发展奠定了坚实基础。

展望未来，学校将继续坚持以教师专业发展为引擎，以学生全面发展为目标，不断优化发展动力机制，深化教育教学改革，强化办学特色，提升治理水平，努力将学校建设成为一所特色鲜明、质量一流、人民满意、在全国具有一定影响力的现代化名校，为培养更多担当民族复兴大任的时代新人做出更大贡献。

第九章 五育并举：全面发展的教育实践

立德树人是教育的根本任务，促进学生全面发展是教育的最终目标。党的教育方针明确提出要“培养德智体美劳全面发展的社会主义建设者和接班人”。“五育并举”（德育、智育、体育、美育、劳育）是落实立德树人根本任务、促进学生全面发展的核心路径和系统工程。济宁学院第二附属小学深刻把握“五育”的内涵及其相互关系，在“菁莪乐育”理念的统领下，将“五育并举”融入教育教学全过程、各环节，构建了相互渗透、协同促进的育人体系，致力于培养基础扎实、素质全面、个性鲜明、具有君子品格的时代新人。

第一节 德育为先：铸魂育人的根本保障

德育在“五育”中居于首位，是方向性、灵魂性的工作，决定着人才培养的根本性质。学校坚持德育为先，将思想政治教育和品德教育摆在突出位置，以理想信念教育为核心，以社会主义核心价值观为引领，以中华优秀传统文化为根基，以学生日常行为规范养成为基础，构建了全员、全程、全方位的德育工作体系，努力为学生的健康成长打好精神底色，实现仁者不忧成其魂。

一、新时代德育的内涵与目标

新时代的德育，是在继承我国优秀德育传统的基础上，根据时代发展和社会主义现代化建设的需要，对青少年系统的思想、政治、道德、法治和心理健康教育，旨在引导学生树立正确的世界观、人生观、价值观，坚定中国特色社会主义理想信念，传承中华优秀传统文化，遵守社会公德和法律法规，养成良好的道德品质和行为习惯，成为有理想、有道德、有文化、有纪律的社会主义公民。

其核心目标包括：

政治认同：引导学生了解党史、新中国史、改革开放史、社会主义发展史，坚信中国共产党的领导和社会主义制度，增强“四个自信”。

国家意识：培养学生的爱国主义情感、民族自豪感和社会责任感，自觉维护国家统一和民族团结。

文化自信：传承和弘扬中华优秀传统文化、革命文化和社会主义先进文化，增强民族文化认同感和自信心。

道德修养：践行社会主义核心价值观，遵守社会公德、职业道德、家庭美德、个人品德，养成诚实守信、友善宽容、勤俭自强、敬业奉献的良好品质。

法治观念：增强法治意识，学习法律知识，自觉遵纪守法，学会运用法律武器维护自身权益。

健全人格：培养学生积极乐观、健康向上的心理品质，提高抗挫折能力、情绪调控能力和人际交往能力。

二、济宁学院第二附属小学“菁莪德育”体系构建

学校立足“菁莪乐育”理念和儒家文化底蕴，构建了具有自身特色的“菁莪德育”体系，旨在“润物无声”地涵养学生的君子品格。

（一）课程育德：主渠道与多学科渗透

开好思政主课：高度重视《道德与法治》课程首课地位，严格按照国家要求开齐开好《道德与法治》课程，全部安排党员教师担任学科专任教师，并高频次开展课程学习，让教师素质和能力强起来，发挥其在立德树人中的关键作用。与此同时，结合学校特色，开设“孔子文化与君子品格”“儒家文化与家国情怀”等校本德育课程。

挖掘学科德育元素：深入挖掘语文、历史、地理、艺术、体育等各学科蕴含的德育资源，将价值引导有机融入知识传授和能力培养之中，实现“知识育人”与“价值育人”的统一。

开发德育微课程：针对学生成长中的热点问题和关键节点（如入学适应、青春期教育、网络安全、生命教育等），开发系列化的德育微课程，利用班会、团队活动等时间针对性教育。

（二）活动育德：体验感悟与实践养成

仪式教育：规范开展升国旗仪式、入队仪式、入学典礼、毕业典礼等，利用庄严的仪式感增强学生的国家认同感、组织归属感和身份责任感。

主题教育活动：结合重大节日、纪念日、时事政治等，开展主题班队会、演讲

比赛、征文活动、知识竞赛、文艺会演等，如“学雷锋”志愿服务月、“清明祭英烈”、“国庆颂祖国”、“传统文化我传承”、毛主席等伟人诞辰日纪念活动等。

研学实践活动：组织学生走出校园，参观爱国主义教育基地、博物馆、科技馆，走进社区、工厂、农村，开展研学旅行和社会实践，在实践体验中增长见闻、砥砺品格。

榜样引领活动：开展“美德少年”“儒雅学星”“优秀少先队员”“少年君子”“美德宣讲达人”等评选活动，宣传身边榜样，发挥示范引领作用。

志愿服务活动：组织学生参与校园环境维护、图书管理、敬老助残、社区服务等志愿活动，培养奉献精神和社会责任感。

（三）文化育德：环境熏陶与氛围营造

优化校园物质文化：精心设计校园布局，建设儒雅书吧、文化长廊、校史馆等文化场所，悬挂名人名言、校训校风，营造处处皆教育的文化环境。

丰富校园精神文化：凝练“菁莪乐育，向阳生长”的德育口号，倡导“崇真向善尚美”的校风，培育“敬业爱生博学致远”的教风和“乐学善思明理笃行”的学风，形成积极向上的校园精神。

规范校园制度文化：制定完善《学生日常行为规范》《班级管理规定》《学生评价方案》等，以规范的制度引导和约束学生行为。

繁荣校园活动文化：举办读书节、艺术节、体育节、创客节等校园“十大节”活动，丰富学生校园文化生活，在活动中陶冶情操。

（四）管理育德：全员参与与精细落实

落实全员育人责任：明确书记/校长是德育工作第一责任人，班主任是直接责任人，任课教师“一岗双责”，后勤管理服务人员也有育人职责，形成人人关心、全员参与的德育工作格局。

加强班主任队伍建设：通过专题培训、经验交流、基本功大赛、名班主任工作室等途径，提升班主任的育人能力和专业水平。

实施精细化管理：将德育目标细化到年级、班级、学生个人，加强对学生日常行为规范的检查、督促和评价，抓细抓实。

健全评价激励机制：建立科学的德育评价体系，将学生品德表现纳入综合素质评价，对德育工作先进集体和个人表彰奖励。

（五）协同育德：校家社联动与合力形成

强化家校沟通合作：通过家长会、家访、家长开放日、家长学校、线上平台等多种途径，加强与家长的沟通联系，指导家长科学育儿，争取家长对学校德育工作的理解和支持。

发挥家长委员会作用：邀请家长委员参与学校德育活动的策划、组织和评价，听取家长对德育工作的意见建议，邀请有德育宣讲特长的家长代表给学生宣讲。

整合社区德育资源：聘请社区民警、“五老”人员、优秀校友等担任校外辅导员，利用社区活动中心、爱国主义教育基地等资源开展德育活动。

三、“菁莪德育”的实践成效

通过“菁莪德育”体系的深入实施，学校德育工作取得了显著成效：学生思想主流积极向上，对党和国家的热爱、对社会主义核心价值观的认同不断增强。学生道德品质和文明素养普遍提高，诚实守信、友爱互助、遵规守纪、勤俭节约成为自觉行动。“君子文化”深入人心，学生言行举止更加儒雅得体，台湾友人收到附小学子行鞠躬礼专门到校访问，校园风气清朗和谐。校家社协同育人机制不断完善，同频联动，形成了强大的育人合力。学校德育工作的特色和品牌效应日益凸显，得到了社会各界的广泛好评。

第二节 智育为重：启智增慧的核心环节

智育是“五育”的基础和核心环节，承担着传授科学文化知识、发展学生思维能力、培养创新精神和实践能力的重要任务。学校坚持以学生发展为本，遵循认知规律和教育规律，深化课程教学改革，优化育人方式，努力提升学生的学习能力、思维品质和核心素养，为他们适应未来社会发展奠定坚实的智力基础，实现智者不惑成其聪。

一、新时代智育的价值取向与目标

新时代的智育，不再仅仅是知识的传授和应试能力的培养，而是更加注重下以几方面。

核心素养导向：以培养学生的学科核心素养（如语言运用、逻辑推理、科学探究、人文底蕴、审美判断等）为目标，将知识、能力、态度价值观融为一体。

思维能力发展：强调培养学生的批判性思维、创造性思维、逻辑思维、形象思维等高阶思维能力，提升学生分析问题和解决问题的能力。

学习能力培养：注重培养学生的学习兴趣、学习习惯、学习策略和自主学习能力，使其具备终身学习的能力。

创新精神与实践能力：鼓励学生质疑、探究、创新，培养动手实践能力和运用知识解决实际问题的能力。

知识结构的优化：不仅要传授基础知识，还要帮助学生构建合理的知识结构，理解知识的内在联系和应用价值。

二、济宁学院第二附属小学“菁莪智育”的改革实践

学校围绕提升学生核心素养和关键能力，在课程、教学、评价等方面开展一系列改革实践。

（一）构建“基础 + 拓展 + 特色”的课程体系

夯实国家基础课程：严格执行国家课程方案和课程标准，开足开齐国家规定课程，确保学生掌握必备的基础知识和基本技能。

开发多元拓展课程：根据学生兴趣和发展需求，开设学科拓展、兴趣培养、科技创新、艺术体育等方面的拓展性选修课程，如“趣味数学”“英语戏剧”“编程启蒙”“国画入门”“快乐足球”“篮球宝贝”“益智器具”“楚汉相争”等，50多个社团选修课充分满足学生个性化发展需要。

打造儒韵特色课程：立足学校文化特色，系统开发“儒家文化”系列校本课程，包括“《论语》诵读”“孔子故事”“儒家礼仪”“书法篆刻”等，将优秀传统文化融入课程体系。

推进课程整合与跨学科学习：课程安排每个学科拿出10%的学时用于开展课程整合和跨学科教学，鼓励教师打破学科界限，探索主题式、项目式等跨学科学习方式，培养学生综合运用知识解决复杂问题的能力。

（二）深化“智慧·生动”的课堂教学改革

推进“智慧课堂”建设：利用平板电脑、交互式白板、在线学习平台等信息技术手段，创设互动、高效、智能的课堂环境，支持个性化学习和精准教学。

倡导“生动课堂”理念：强调以学生为主体，创设生动有趣的学习情境，采用启发式、探究式、讨论式、参与式等教学策略，激发学生学习兴趣和主动性。

实施“小组合作学习”：在课堂教学中广泛推行小组合作学习模式，培养学生的沟通协作能力和团队精神。

加强“深度学习”引导：引导学生深度思考、关联建构、迁移运用，避免浅层化的知识记忆，促进知识的内化和能力的提升。

推行“差异化教学”：关注学生个体差异，根据不同学生的学习基础和特点，实施分层教学、个别辅导等差异化教学策略，满足不同层次学生的发展需求。

（三）改革“发展·多元”的学生评价方式

强化过程性评价：注重对学生学习过程的评价，将课堂参与、作业完成、实验操作、项目报告、合作表现等纳入评价范围，全面反映学生的学习态度和能力发展。

实施增值性评价：关注学生在原有基础上的进步程度，与自己比，看发展，激发学生的学习自信心和持续努力的动力。

推行表现性评价：通过作品展示、项目答辩、实验报告、才艺表演等方式，评价学生综合运用知识解决问题的能力和创新实践能力。

引入综合素质评价：建立学生综合素质评价档案，全面记录学生在思想品德、学业水平、身心健康、艺术素养、劳动实践等方面的表现，促进学生全面发展。

探索档案袋评价：建立学生成长档案袋，每名学生学期档案盒，每学期由学生收集整理各方面的学习成果和成长记录，实现评价的动态化、个性化和便捷化，培养孩子的自主选择能力。

三、“菁莪智育”的实践成效

通过智育改革的深入推进，学校在提升学生智力水平和核心素养方面取得了显著成效：学生学习兴趣浓厚，主动学习、乐于探究的氛围日益形成；学生基础知识扎实，学科核心素养和关键能力得到有效提升；学生思维活跃，创新意识和实践能力不断增强，在各级各类科技创新、学科竞赛中屡获佳绩；学生学业负担相对减轻，学习效率和学习质量稳步提高；学校教学质量持续提升，赢得了家长和社会的广泛认可。

第三节 体育为基：强健体魄的坚实支撑

身体是革命的本钱，健康的体魄是学生成长成才和幸福生活的基础。学校高度重视体育工作，将其作为实现立德树人根本任务、提升学生综合素质的基础性工程，坚持“健康第一”的教育理念，广泛开展阳光体育运动，确保学生每天至少锻炼两小时，帮助学生在体育锻炼中享受乐趣、增强体质、健全人格、锤炼意志，实现勇者不惧成其体。

一、新时代学校体育的目标与功能

新时代的学校体育，其目标和功能更加多元和深化。

增强学生体质：通过科学的体育锻炼，提高学生的心肺功能、力量、速度、柔韧性、协调性等身体素质，促进身体正常发育，有效防控近视、肥胖等健康问题。学校安排体育教师根据标准拟定各年级运动能力标准，发给家长和班主任用作参考，通过多种途径激励锻炼。

掌握运动技能：让学生掌握1~2项终身受益的运动技能，培养运动兴趣和爱好，养成自觉锻炼的习惯。

健全人格发展：在体育活动中培养学生遵守规则、尊重对手、团结协作、顽强拼搏、超越自我的意志品质和健全人格。

促进心理健康：体育锻炼有助于缓解学习压力，调节情绪，培养乐观开朗的性格，提高适应社会的能力。

传承体育文化：了解体育历史和文化，弘扬中华体育精神和奥林匹克精神。

二、济宁学院第二附属小学“菁莪体育”的实践路径

学校多措并举，扎实推进体育工作，让每个学生都能享受运动的快乐，拥有健康的体魄。

开足开齐体育课程：严格按照国家要求开足体育课时，保质保量上好每一节体育课。根据学生年龄特点和兴趣，开设多样化的体育教学内容，注重运动技能的传

授和体能的训练。

保障每天锻炼不少于两小时：通过体育课、两次有组织的大课间活动、课外体育活动、体育社团等多种形式，确保学生每天在校体育锻炼时间不少于两小时。精心设计大课间活动内容，分跳绳操和广播体操，集体晨跑/课后跑，使其既有锻炼效果，又富有趣味性。

广泛开展阳光体育活动：每年定期举办春季田径运动会和秋季趣味运动会，让人人参与，班班有项目。积极组织开展班级联赛、年级挑战赛等形式多样的体育竞赛活动。

大力发展体育社团：成立足球、篮球、排球、乒乓球、羽毛球、武术、健美操、轮滑等多个体育社团，聘请专业教练指导，满足学生多样化的运动需求，培养体育特长生。

加强健康教育与监测：开设健康教育课程，普及健康知识和科学锻炼方法。建立学生体质健康档案，每年体质健康测试，并及时向家长反馈结果，针对性地提出改进建议。

改善体育场地设施：持续投入资金，改善运动场地条件，更新体育器材，为学生体育锻炼提供良好的物质保障。

营造校园体育文化：宣传体育明星和体育精神，报道学校体育活动和成果，组织观看重要体育赛事，营造热爱运动、崇尚健康的校园体育文化氛围。

三、“菁莪体育”的实践成效

学校体育工作的扎实开展，促进了学生身心健康的全面发展：学生参与体育锻炼的积极性显著提高，运动兴趣和习惯初步养成。学生体质健康水平逐年提升，在国家学生体质健康标准测试中成绩优良。学生掌握了基本的运动技能，部分学生在体育项目上展现出特长。学生在体育活动中展现出更加自信、开朗、顽强的精神面貌。校园体育文化氛围日益浓厚，获得全国足球校园，济宁市跳绳操集体组织奖，曲阜市橄榄球、乒乓球等优胜学校，“文明其精神，野蛮其体魄”，学生的精气神愈加饱满激昂，体育成为校园生活的重要组成部分。

第四节 美育为要：浸润心灵的有效途径

美育是审美教育、情操教育、心灵教育，也是丰富想象力和培养创新意识的教育。学校高度重视美育工作，坚持以美育人、以文化人，将美育贯穿于学校教育的全过程，通过丰富多彩的艺术课程和美育实践活动，提高学生的审美和人文素养，陶冶高尚情操，塑造美好心灵，实现艺者不俗成其美。

一、新时代美育的核心素养与目标

新时代的美育旨在培养学生的核心素养，主要包括以下方面。

审美感知：引导学生感受自然美、生活美、艺术美，具备基本的审美感知能力。

艺术表现：让学生掌握1~2项艺术特长或爱好，能够运用一定的艺术形式表达情感、表现美。

创意实践：激发学生的想象力和创造力，鼓励学生艺术创意和实践活动。

文化理解：了解中外优秀艺术文化，理解艺术作品的文化内涵，增强文化自信和人文底蕴。

二、济宁学院第二附属小学“菁莪美育”的实施策略

学校整合校内外资源，创新美育途径，努力让每个学生都能发现美、感受美、创造美。

上好艺术基础课程：开齐开好音乐、美术等国家规定的艺术课程，注重基础知识和基本技能的传授，同时强调审美体验和兴趣培养。

开发特色美育课程：结合儒家文化和地方特色，开设“儒家经典诵读与吟唱”“传统书画”“民间剪纸”“泥人捏塑”、“陶艺制作”等校本美育课程。

组建多元艺术社团：成立合唱团、民乐队、舞蹈队、戏剧社、书画社、手工坊等多个学生艺术社团，为学生发展艺术特长提供平台。

举办校园文化艺术节：每年定期举办校园文化艺术节，设置文艺会演、书画展览、手工作品展、器乐比赛、课本剧表演等多个板块，为学生提供展示艺术才华的舞台。

开展美育实践活动：组织学生参观博物馆、艺术展，参与“孔子春会”“开学第一课”等优秀文艺演出，开展“艺术进校园”活动等实践活动。

营造校园审美环境：精心校园环境设计和文化布置，建设艺术长廊、手工角、美术室等，展示师生优秀艺术作品，让校园处处充满美的气息。

推进艺术教育评价改革：将学生参与艺术活动、艺术技能掌握、审美素养提升等情况纳入学生综合素质评价，激发学生参与美育的积极性。

三、“菁莪美育”的实践成效

通过美育的浸润，学生的审美素养和人文底蕴得到有效提升：学生感受美、欣赏美的能力普遍提高，对艺术的兴趣更加浓厚；学生的艺术技能和表现力得到发展，一批具有艺术特长的学生脱颖而出，在各级艺术比赛中取得优异成绩；学生的想象力和创造力得到激发，审美情趣和人文素养不断提升；校园文化艺术氛围浓厚，艺者不俗审其美，美育成为促进学生全面发展和学校内涵提升的重要力量。

第五节 劳育为本：实践砺能的重要载体

劳动教育是中国特色社会主义教育制度的重要内容，直接决定社会主义建设者和接班人的精神面貌、劳动价值取向和劳动技能水平。学校高度重视劳动教育，将其纳入人才培养全过程，与其他“四育”有机融合，组织学生参与力所能及的劳动，在实践中出力流汗，接受锻炼、磨炼意志，培养学生正确的劳动价值观和良好的劳动品质，实现劳者不惰成其身。

一、新时代劳动教育的意义与目标

新时代的劳动教育具有重要的育人价值。

树立正确劳动观：引导学生懂得劳动最光荣、劳动最崇高、劳动最伟大、劳动最美丽的道理，崇尚劳动、尊重劳动者。

培养劳动情感：珍惜劳动成果，热爱劳动人民，养成勤俭、奋斗、创新、奉献的劳动精神。

掌握劳动技能：掌握基本的生活劳动技能、生产劳动技能和服务性劳动技能，提高动手实践能力。

养成劳动习惯：养成自觉劳动、坚持劳动的良好习惯，形成热爱劳动的品质。

二、济宁学院第二附属小学“菁莪劳育”的探索实践

学校结合实际，多渠道、多形式地开展劳动教育，让学生在劳动中成长。

融入日常生活劳动：将劳动教育融入学生日常学习和生活，要求学生做好个人内务整理、参与班级卫生值日、保持校园环境整洁、垃圾分类等。

开展校内服务性劳动：组织学生参与图书管理、绿植养护、校园小导游、大型活动服务等校内服务性劳动岗位，培养服务意识和奉献精神。

拓展校外劳动实践：利用校内劳动实践基地（如“几分薄田”菜园、“国防在我”小农场）或与校外基地，如亦乐田园、洙泗书院农场、工厂、社区服务中心等建立联系，组织学生参与种植、养殖、手工制作、社区服务、职业体验等劳动实践活动。

开设劳动教育课程：开设专门的劳动与技术教育课程，传授必要的劳动知识和技能，如烹饪、缝纫、简单维修、信息技术应用等。

弘扬劳模工匠精神：邀请劳动模范、大国工匠、优秀技术工人等进校园，讲述奋斗故事，弘扬劳模精神、劳动精神、工匠精神。

加强家校协同劳育：鼓励和指导家长安排子女承担力所能及的家务劳动，培养学生的家庭责任感和生活自理能力。

完善劳动教育评价：将学生参与劳动教育的态度、过程表现、技能掌握、成果成效等纳入综合素质评价体系。

三、“菁莪劳育”的实践成效

劳动教育的加强，促进了学生知行合一、全面发展：学生初步树立了正确的劳动观念，对劳动的价值有了更深的认识；学生掌握了一定的劳动技能，动手实践能力和解决实际问题的能力得到提高；学生养成了较好的劳动习惯，勤俭节约、热爱劳动的品质初步形成；劳者不惰勤其身，学生在劳动中磨炼了意志，培养了责任感和合作精神。

第六节 五育融合：协同育人的整体构建

“五育”并非相互割裂，而是相互联系、相互渗透、相互促进的有机整体。济宁学院第二附属小学注重“五育”之间的融合，打破壁垒，协同发力，实现育人效果的最大化。

一、五育融合的理念与机制

学校树立“大教育观”，认识到德智体美劳是学生全面发展的五个维度，缺一不可，必须统筹兼顾，协同推进。

德育的引领作用：德育为其他“四育”指明方向，确保其沿着正确的价值导向发展。

智育的基础作用：智育为其他“四育”提供认知基础和智力支持。

体育的保障作用：体育为其他“四育”提供健康的身体基础和意志品质保障。

美育的浸润作用：美育为其他“四育”增添人文内涵和审美意蕴。

劳育的实践作用：劳育为其他“四育”提供实践平台和检验标准。

学校通过以下机制促进“五育”融合。

课程整合机制：在课程设计中注重学科间的联系和渗透，开发跨学科主题课程，将德智体美劳元素有机融入。

活动协同机制：在组织各项教育活动时，注重多育并举，如在体育节中融入中华优秀传统文化元素，在艺术节中体现德育要求，在研学实践中兼顾智育和劳育。

评价一体化机制：在学生综合素质评价中，全面考量学生在德智体美劳各方面的表现，促进“五育”均衡发展。

师资融通机制：鼓励教师一专多能，具备跨学科教学和指导能力，促进不同领域教师之间的交流与合作。

二、“五育”融合的实践案例

学校在实践中探索了多种“五育”融合的有效形式。

项目式学习（PBL）：围绕一个真实世界的复杂问题或主题（如“校园节水行动”“社区文化地图绘制”），引导学生综合运用各学科知识（智育），通过团队合作（德育），动手实践（劳育），设计制作成果（美育），并展示交流（体育精神的体现），实现多育融合。

主题研学旅行：结合特定主题（如“寻访红色足迹”“探秘尼山文化”“感受农耕文明”），组织学生实地考察、探究学习（智育），体验生活、参与劳动（劳育），接受革命传统教育或文化熏陶（德育、美育），并在过程中锻炼身体（体育）。

校园“十大节”活动：读书节、艺术节、体育节、创客节、数学节、礼仪节、劳动节、英语节、美术节、跳蚤节活动，在突出各自主题的与此同时，都融入了德育要求（如规则意识、团队精神）、智育元素（如知识竞赛、科技制作）、美育熏陶（如环境布置、节目表演）和劳育实践（如场地布置、志愿服务、成果创作）。

三、“五育”融合的育人成效

通过五育融合的实践，学校育人效果得到整体提升：学生的综合素质更加全面，个性特长得到更充分的发展；育人途径更加多样，育人效果更加显著；学校教育与社会实践、学生生活联系更加紧密。“五育并举”真正落到了实处，立德树人的根本任务得到有效落实。

第十章 君子教育：立德树人的核心工程

君子教育是济宁学院第二附属小学立德树人的核心工程，是学校基于儒家文化传统和现代教育理念，创新构建的特色育人模式。学校立足孔子故里的文化优势，深入挖掘儒家“君子人格”的当代价值，将“君子教育”作为学校德育的主线和特色，通过系统化的课程体系、多元化的实践活动和全方位的文化熏陶，引导学生涵养君子品格，培养具有中国灵魂和世界眼光的新时代好少年。本章将系统阐述学校君子教育的理论基础、实践路径、特色创新和育人成效。

第一节 君子教育的理论基础与价值意蕴

一、君子人格的内涵与特质

“君子”是儒家思想中理想人格的代表，是中华优秀传统文化中的重要概念。在孔子的思想体系中，君子是与“小人”相对的概念，不是指社会地位的高低，而是道德修养的境界。君子人格具有丰富的内涵和鲜明的特质。

仁爱之心：仁是儒家思想的核心，“仁者爱人”，君子应具有博爱之心，关爱他人，推己及人。孔子说：“仁者，人也。”（《论语·颜渊》）强调人与人之间的相互关爱。君子应当“己欲立而立人，己欲达而达人”（《论语·雍也》），在自己成长的同时，也帮助他人成长。

义理之行：君子重视道义，行事有原则，能够明辨是非，坚持正道。孔子说：“君子喻于义，小人喻于利。”（《论语·里仁》）君子做事以义为先，不为利益所动，能够“见利思义”，“见得思义”，在利益与道义发生冲突时，能够坚守道义。

礼仪之范：君子注重礼仪规范，言行举止合乎礼节。孔子说：“不学礼，无以立。”（《论语·季氏》）礼不仅是外在的行为规范，更是内在道德的外化表现。君子通过学礼、知礼、守礼，展现出文明有礼的形象。

诚信之本：君子以诚为本，言行一致，诚实守信。孔子说：“人而无信，不知其可也。”（《论语·为政》）诚信是为人处世的基本准则，君子应当言必信，行必果，说到做到，不欺骗他人，不虚伪做作。

中庸之道：君子遵循中庸之道，处事不偏不倚，恰到好处。《中庸》云："中庸之为德也，其至矣乎！民鲜久矣。"中庸不是平庸，而是在各种对立面中找到平衡点，既不过度，也不不及，保持适度。

自强不息：君子具有坚韧不拔的意志和持续进取的精神。孔子说："君子求诸己，小人求诸人。"（《论语·卫灵公》）君子遇到困难时，首先反省自己，不断完善自我，具有强烈的责任感和进取精神。

宽容大度：君子胸怀宽广，能够包容他人的不足和差异。孔子说："君子周而不比，小人比而不周。"（《论语·为政》）君子能够广泛团结他人，而不是结党营私；能够宽容他人的过失，而不是斤斤计较。

和而不同：君子尊重差异，和谐共处，但不盲从附和。孔子说："君子和而不同，小人同而不和。"（《论语·子路》）君子能够在保持和谐的同时，坚持自己的原则和个性，不随波逐流。

这些特质构成了君子人格的基本内涵，体现了中华民族的优秀品格和道德理想，对于当代青少年的品德培养具有重要的借鉴价值。

二、君子教育与社会主义核心价值观的契合

君子教育与社会主义核心价值观在本质上是高度契合的，二者在价值取向和育人目标上具有内在的一致性。

（一）价值层面的契合

1.社会主义核心价值观倡导的"富强、民主、文明、和谐"等国家层面的价值目标，与儒家"大同"社会理想和"和而不同"的价值追求相通。

2.社会主义核心价值观强调的"自由、平等、公正、法治"等社会层面的价值取向，与儒家"义"的价值理念和"礼治"思想有着内在联系。

3.社会主义核心价值观提倡的"爱国、敬业、诚信、友善"等个人层面的价值准则，与君子人格中的"仁爱之心""义理之行""诚信之本""宽容大度"等特质高度一致。

（二）育人目标的契合

1.社会主义核心价值观旨在培养德智体美劳全面发展的社会主义建设者和接

班人，这与君子教育追求的全面发展的人格理想相吻合。

2.社会主义核心价值观强调爱国主义情怀和社会责任感，这与君子教育倡导的“修身齐家治国平天下”的责任担当一脉相承。

3.社会主义核心价值观注重个人道德修养和社会公德培养，这与君子教育重视个人品德修养和社会关怀的理念相契合。

（三）实践路径的契合

1.社会主义核心价值观强调知行合一，注重在实践中培养和践行价值观，这与君子教育“躬行实践”“知行合一”的方法论相一致。

2.社会主义核心价值观倡导在日常生活中点滴养成，这与君子教育“日用而不知”、润物无声的教育理念相通。

3.由此可见，君子教育可以视为在中华优秀传统文化基础上对社会主义核心价值观的创造性转化和创新性发展，是传统文化与现代价值的有机融合。通过君子教育，可以使社会主义核心价值观更加具体化、生动化、形象化，更容易被青少年学生理解和接受。

三、君子教育的现代价值与意义

在当代教育背景下，君子教育具有重要的现代价值和时代意义。

（一）文化传承与创新的价值

1.君子教育是对中华优秀传统文化的传承和弘扬，有助于增强青少年的文化自信和民族认同感。

2.君子教育通过现代教育理念和方法对传统文化创造性转化和创新性发展，使传统文化焕发新的生机和活力。

3.君子教育为构建中国特色的德育体系提供了文化资源和思想基础，有助于形成具有中国特色的教育理论和实践模式。

（二）人格塑造与全面发展的价值

1.君子教育注重学生内在品格的培养和完善，有助于塑造健全人格，促进学生的自我认知和自我完善。

2.君子教育强调德智体美劳全面发展，符合素质教育的要求，有助于培养全面发展的人才。

3.君子教育重视学生的主体性和自主发展，尊重学生的个性差异，有助于促进学生的个性化成长。

（三）社会适应与国际理解的价值

1.君子教育培养学生的社会责任感和公民意识，有助于学生更好地适应社会生活，履行社会责任。

2.君子教育倡导的“和而不同”、宽容包容等理念，有助于学生在多元文化背景下跨文化交流和理解。

3.君子教育蕴含的普世价值和人文关怀，有助于培养学生的全球视野和人类命运共同体意识。

（四）心理健康与生命质量的价值

1.君子教育强调内心和谐与自我调适，有助于学生保持良好的心理状态，提高心理健康水平。

2.君子教育倡导的中庸之道和乐观态度，有助于学生应对挫折和压力，增强心理韧性。

3.君子教育注重生命的意义和价值追求，有助于提升学生的生命质量和幸福感。

（五）学校特色与品牌建设的价值

1.君子教育为学校提供了鲜明的办学特色和文化标识，有助于学校形成独特的教育品牌。

2.君子教育为学校的课程建设、教师发展、校园文化等提供了系统的理论指导和实践框架。

3.君子教育的实践成果和经验模式，可以为其他学校提供借鉴和参考，产生示范辐射效应。综上所述，君子教育既根植于中华优秀传统文化，又回应了时代发展的需求，具有重要的现代价值和时代意义。通过君子教育，可以培养既有中国灵魂又有世界眼光的新时代好少年，为实现中华民族伟大复兴的中国梦培养合格的建设者和接班人。

第二节 君子教育的目标体系与内容框架

一、君子教育的总体目标

济宁学院第二附属小学君子教育的总体目标是：以儒家君子人格为理想，以社会主义核心价值观为引领，通过系统的教育实践，培养学生具备仁爱之心、义理之行、礼仪之范、诚信之本、中庸之道、自强不息、宽容大度、和而不同等君子品格，成长为德智体美劳全面发展的社会主义建设者和接班人。

具体而言，君子教育的目标体系包括以下几个层面。

知识目标：了解儒家文化的基本内涵和核心思想，掌握君子人格的基本特质和行为规范，理解社会主义核心价值观的深刻内涵，形成正确的世界观、人生观、价值观。

能力目标：培养自我认知和自我管理能力，发展人际交往和社会适应能力，提升道德判断和道德实践能力，增强文化传承和创新能力，形成终身学习和持续发展的能力。

情感目标：培养对中华优秀传统文化的热爱和认同，形成对社会主义祖国的深厚感情，建立对他人、对社会的关爱和责任意识，养成积极乐观、自信自强的心理品质。

行为目标：养成良好的道德行为习惯和文明礼仪，形成自律自省的生活方式，建立健康向上的人际关系，培养积极参与社会实践和公益活动的行动力。

二、君子教育的分层目标

根据学生的年龄特点和认知水平，学校将君子教育的目标开展分层设计。

（一）低年级（1—2 年级）——“知礼明德”阶段

1.知道基本的礼仪规范，能够在日常生活中表现出有礼貌的行为。

2.初步了解什么是对的，什么是错的，能够分辨简单的是非善恶。

3.能够遵守班级和学校的基本规则，养成良好的行为习惯。

4.学会关心和帮助他人，体验助人为乐的快乐。

5.通过故事和活动，初步感受中华传统文化的魅力。

（二）中年级（3—4 年级）——“修身立志”阶段

1.理解并践行更复杂的礼仪规范，在各种场合表现得体。

2.能够简单的道德判断，明辨是非，坚持正义。

3.学会自我管理和自我约束，培养自律精神。

4.能够与他人和谐相处，学会合作与分享。

5.了解中华优秀传统文化的基本内容，感受其中的智慧。

6.初步树立远大志向，确立积极的人生目标。

（三）高年级（5—6 年级）——“明理笃行”阶段

1.深入理解礼仪的内涵，将礼仪内化为自觉行动。

2.能够较为复杂的道德思考和判断，形成初步的价值观。

3.具备较强的自我反思能力，能够不断完善自我。

4.建立良好的人际关系，具有团队合作精神和领导能力。

5.深入了解中华优秀传统文化，能够运用其中的智慧解决实际问题。

6.树立远大理想和坚定信念，具有社会责任感和使命感。

三、君子教育的内容框架

学校构建了“六德修身，六艺润心”的君子教育内容框架，涵盖了德育、智育、体育、美育、劳育等方面，形成了全面而系统的育人体系。

（一）“六德修身”——品德培养体系

孝德：培养学生孝敬父母、尊敬长辈、感恩师长的品质，引导学生理解“百善孝为先”的道理，在家庭生活和学校生活中践行孝道。

仁德：培养学生关爱他人、乐于助人、推己及人的品质，引导学生理解“仁者爱人”的道理，在人际交往中表现出友善和关怀。

义德：培养学生明辨是非、坚持正义、勇于担当的品质，引导学生理解“见义勇为”的道理，在面对困难和挑战时能够挺身而出。

礼德：培养学生尊重他人、遵守规则、举止得体的品质，引导学生理解“不学礼，无以立”的道理，在各种场合表现出文明礼貌。

智德：培养学生好学上进、思辨创新、明理笃行的品质，引导学生理解“学而不思则罔，思而不学则殆”的道理，在学习中保持求知欲和思考力。

信德：培养学生诚实守信、言行一致、恪守承诺的品质，引导学生理解“人而无信，不知其可也”的道理，在日常生活中做到诚信为本。

（二）“六艺润心”——综合素养体系

1.礼艺：通过礼仪教育和实践活动，培养学生的礼仪素养和文明习惯，包括日常礼仪、校园礼仪、社交礼仪、公共礼仪等。

2.乐艺：通过音乐欣赏、演唱、器乐演奏等活动，培养学生的音乐素养和审美能力，陶冶情操，培养和谐人格。

3.射艺：通过体育活动和竞技比赛，培养学生的专注力、毅力和团队合作精神，锻炼身体，增强体质。

4.御艺：通过社会实践和研学旅行，培养学生的社会适应能力和实践能力，拓宽视野，增长见识。

5.书艺：通过阅读指导和写作训练，培养学生的语言表达能力和文学素养，提高人文修养，培养文化自信。

6.数艺：通过数学思维训练和科学探究活动，培养学生的逻辑思维能力和科学素养，提高解决问题的能力。

这一内容框架既传承了儒家“六艺”（礼、乐、射、御、书、数）的教育传统，又结合了现代教育的要求，形成了既有文化底蕴又符合时代特征的君子教育内容体系。

四、君子教育的实施原则

在君子教育的实施过程中，学校遵循以下原则。

整体性原则：将君子教育融入学校教育的各个方面，贯穿于教育教学的全过程，形成整体育人合力。

层次性原则：根据学生的年龄特点和认知水平，设计不同层次的教育内容和方法，循序渐进，由浅入深。

实践性原则：注重知行合一，通过丰富多彩的实践活动，让学生在实践中体验、感悟和内化君子品格。

生活化原则：将君子教育与学生的日常生活紧密结合，使其成为学生生活的自然组成部分，实现润物无声的教育效果。

个性化原则：尊重学生的个体差异，因材施教，为不同学生提供适合的发展路径，促进每个学生的个性化成长。

协同性原则：加强校家社协同，形成教育合力，共同促进学生君子品格的养成。

通过这些原则的指导，学校的君子教育得以系统、科学、有效地实施，为学生的全面发展奠定了坚实基础。

第三节 君子教育的课程体系与实施路径

一、君子教育课程体系的构建

课程是实施君子教育的核心载体。济宁学院第二附属小学构建了多层次、多维度的君子教育课程体系，形成了“三类课程、四大模块、五种形态”的课程结构。

（一）三类课程

国家课程校本化：在语文、道德与法治、历史、音乐、美术等国家课程中，挖掘与君子教育相关的内容，校本化整合和实施。例如，在语文课程中，加强古诗文的教学，特别是《论语》等儒家经典的学习；在道德与法治课程中，结合君子品格价值观教育。

地方课程特色化：结合地方课程资源，开发具有地方特色的君子教育课程。例如，利用济宁作为孔子故里的文化资源，开发“孔子文化与家乡”“沂河文化与君子品格”等地方课程。

校本课程系统化：自主开发系列君子教育校本课程，形成系统的课程体系。包括《小小君子修身课》《君子之道》《儒家经典导读》《君子礼仪》等校本必修课程，以及书法、国画、古琴、棋艺等校本选修课程。

（二）四大模块

1.经典诵读模块：通过诵读《论语》《大学》《中庸》《孟子》等儒家经典，以及《弟子规》《三字经》等蒙学读物，让学生感受传统文化的魅力，理解君子之道的内涵。

2.礼仪养成模块：通过系统的礼仪教育，培养学生的礼仪素养和文明习惯，包括日常礼仪、校园礼仪、社交礼仪、公共礼仪等内容。

3.品格培育模块：通过主题教育活动、道德实践、榜样引领等方式，培养学生的君子品格和道德素养，包括孝德、仁德、义德、礼德、智德、信德等内容。

4.文化体验模块：通过传统文化体验活动、研学旅行、社会实践等方式，让学生深入了解中华优秀传统文化，增强文化认同感和自信心。

（三）五种形态

1.课堂教学形态：在正式课堂上系统传授君子教育的相关知识和理念，通过教师讲解、学生讨论、案例分析等方式，帮助学生理解和掌握君子之道。

2.活动体验形态：通过丰富多彩的活动，如“君子文化节”“经典诵读比赛”“礼仪风采展示”等，让学生在活动中体验和感悟君子文化。

3.环境熏陶形态：通过校园文化环境的营造，如君子文化长廊、名言警句展示、传统文化角等，让学生在潜移默化中受到熏陶。

4.实践养成形态：通过日常行为规范的养成、志愿服务、社会实践等，让学生在实践中培养君子品格。

5.自主探究形态：鼓励学生自主阅读、研究和探索与君子文化相关的内容，培养学生的自主学习能力和创新精神。

6.这一课程体系既有系统性和整体性，又有层次性和多样性，为君子教育的全面实施提供了坚实的课程支撑。

二、君子教育的实施路径

学校采取多种路径实施君子教育，形成了全方位、多层次的育人格局。

（一）课程教学路径

1.开设专门课程：每周安排1—2课时的君子教育专门课程，由专职教师或班主任担任，系统传授君子教育的相关内容。

2.学科渗透整合：在各学科教学中有机渗透君子教育内容，实现跨学科整合。例如，在语文课中学习儒家经典，在历史课中了解儒家文化的发展，在音乐课中学唱儒家礼乐。

3.主题教育活动：定期开展君子教育主题班会、专题讲座、研讨会等，深化学生对君子文化的理解。

（二）文化活动路径

1.经典诵读活动：每天安排一定时间经典诵读，如晨诵、午读、暮省等，让学生在诵读中感受经典的魅力。

2.传统节日活动：结合传统节日，如清明节、端午节、中秋节等，开展相关的文化活动，体验传统文化的内涵。

3.君子文化节：每年举办为期一周的君子文化节，包括经典诵读比赛、礼仪展示、书法比赛、国学知识竞赛等活动，营造浓厚的文化氛围。

（三）实践体验路径

1.礼仪实践：在日常生活中严格要求学生遵守礼仪规范，如入学礼、成长礼、毕业礼等仪式教育，以及日常的问候礼、感恩礼等。

2.志愿服务：组织学生参与校内外的志愿服务活动，如敬老院慰问、社区服务、环保行动等，培养学生的社会责任感和奉献精神。

3.研学旅行：组织学生参观孔府、孔庙、孔林等儒家文化场所，以及其他历史文化遗址，深入了解中华优秀传统文化。

（四）环境营造路径

1.物质环境：精心设计校园环境，如建设君子文化长廊、儒家经典阅览室、传统文化体验区等，营造浓厚的文化氛围。

2.制度环境：制定《君子学生行为规范》《君子班级评价标准》等制度，规范学生行为，引导学生养成良好习惯。

3.人文环境：培养教师的君子品格和文化素养，发挥教师的示范引领作用，形成良好的人文环境。

（五）家校协同路径

1.家长学校：定期举办家长学校，开设君子教育专题讲座，指导家长在家庭中配合学校开展君子教育。

2.家庭实践：设计家庭实践活动，如“家庭礼仪实践”“亲子共读经典”等，让家庭成为君子教育的重要场所。

3.家校互动：通过家长会、家访、家长开放日等形式，加强家校沟通，形成教育合力。通过这些多元化的实施路径，学校的君子教育得以全面、深入、有效地开展，为学生的全面发展创造了良好条件。

三、君子教育的评价体系

为了科学评价君子教育的效果，学校构建了多元、发展、过程性的评价体系。

（一）评价主体多元化

1.自我评价：引导学生自我反思和评价，增强自我认知和自我教育能力。

2.同伴评价：组织学生之间的互评互助，培养学生的观察力和评价能力。

3.教师评价：教师通过观察、谈话、作业等方式，对学生的表现评价和指导。

4.家长评价：邀请家长参与评价，了解学生在家庭中的表现。

5.社会评价：收集社会各界对学生表现的反馈，全面了解学生的成长情况。

（二）评价内容全面化

1.知识理解：评价学生对君子文化知识的掌握和理解程度。

2.能力发展：评价学生在自我管理、人际交往、道德判断等方面的能力发展。

3.情感态度：评价学生对传统文化的情感认同和价值认同。

4.行为习惯：评价学生在日常生活中的行为表现和习惯养成。

5.综合素养：评价学生的整体素质和君子品格的形成情况。

（三）评价方式多样化

1.观察记录：教师通过日常观察，记录学生的表现和变化。

2.成长档案：建立学生成长档案，收集学生在君子教育方面的成长轨迹。

3.作品展示：通过学生的作品（如书法、绘画、作文等）展示学生的成长。

4.情境测评：设计特定情境，观察学生在情境中的表现和反应。

5.问卷调查：定期问卷调查，了解学生的思想状况和行为习惯。

（四）评价结果应用化

1.诊断改进：根据评价结果，诊断存在的问题，改进教育方法和内容。

2.激励引导：通过评价结果，激励学生进步，引导学生发展。

3.个性指导：针对不同学生的评价结果，提供个性化的指导和帮助。

4.总结推广：总结评价中发现的成功经验和有效做法，加以推广和应用。

通过这一科学、全面的评价体系，学校能够及时了解君子教育的实施效果，不断改进和完善教育方法，促进学生的全面发展。

第四节 君子教育的特色创新与实践案例

一、君子教育的特色创新

济宁学院第二附属小学在实施君子教育的过程中，形成了一系列特色创新，使君子教育更加生动、有效、富有时代气息。

（一）“六德修身”德育体系的创新

1.理念创新：将传统的“五常”（仁、义、礼、智、信）拓展为“六德”（孝、仁、义、礼、智、信），突出“孝”在儒家文化和现代社会中的基础性地位。

2.内容创新：针对每一德目，设计了与现代社会生活相结合的具体内容和要求，使传统德目具有现代意义。

3.实施创新：采用“月月有主题，周周有活动，天天有实践”的方式，将六德教育融入学生的日常生活。

（二）“君子课堂”教学模式的创新

1.教学理念创新：提出“和而不同，学思并重”的教学理念，强调尊重差异，鼓励思考，培养学生的独立人格和批判精神。

2.教学策略创新：采用“诵读—感悟—思辨—践行”的教学策略，将传统的诵读与现代的思辨教学相结合。

3.教学评价创新：建立“知行合一”的评价标准，不仅关注学生的知识掌握，更注重学生的实践应用和行为表现。

（三）“君子文化节”活动模式的创新

1.主题创新：每年设定不同的主题，如“仁爱之心”“义理之行”“礼仪之范”等，使活动更加聚焦和深入。

2.形式创新：融合传统文化形式与现代表现手法，如将经典诵读与多媒体展示相结合，将传统礼仪与现代情景剧相结合。

3.参与创新：扩大参与面，邀请家长、社区居民、兄弟学校共同参与，形成广泛的文化影响。

（四）“君子之家”家校协同模式的创新

1.组织创新：成立“君子之家”家长委员会和“长者学苑”关工委，“君子之家”家长委员会由热心家长组成，协助学校开展君子教育。“长者学苑”关工委由退休老干部老艺术家老匠人组成，他们无私奉献自己的智慧，发挥余热，彰显乡贤风采。

2.活动创新：设计“亲子共读经典”“家庭礼仪实践”等家庭活动，将君子教育延伸到家庭。

3.评价创新：建立“君子家庭”评选制度，鼓励家庭共同参与君子教育。

（五）“数字君子”信息技术应用的创新

资源创新：开发“数字君子”教育资源库，包括电子教材、微课视频、互动游戏等，丰富君子教育的资源。

平台创新：建设“君子云课堂”在线学习平台，实现线上线下相结合的混合式学习。

方法创新：利用VR/AR/MR技术，创设沉浸式的传统文化体验环境，增强学生的学习兴趣和效果。

这些特色创新使君子教育更加适应现代教育的需要，更加符合学生的认知特点和学习习惯，取得了显著的教育效果。

二、君子教育的典型案例

学校在实施君子教育的过程中，形成了一系列典型案例，展示了君子教育的实践成果和育人效果。

案例一：《论语》导读课程的实践

背景与目标：《论语》是儒家经典，蕴含丰富的君子教育思想。学校针对高年级学生开设《论语》导读课程，旨在引导学生理解《论语》中的君子之道，培养学生的人文素养和道德品质。

实施过程：

课程设计：每周一课时，全学年共36课时，分为“学而篇”“为政篇”“八佾篇”

等单元，每单元选取若干章节学习。

教学策略：采用“诵读—解析—讨论—应用”的教学策略，引导学生从诵读入手，理解原文含义，讨论现代意义，应用于实际生活。

活动拓展：组织“论语故事会”“论语情景剧”“论语智慧应用”等活动，深化学生对《论语》的理解和应用。

评价方式：通过学生自评、互评、教师评价等多种方式，全面评价学生的学习效果和实践应用情况。

成效与反思：成效在于学生对《论语》产生浓厚兴趣，能够理解和运用其中的智慧，在日常行为中表现出更多的君子品格。反思在于在教学中需要更加注重与现代生活的联系，避免简单的知识传授，增强学生的实践应用能力。

案例二：“君子之星”评选活动的实践背景与目标

为了激励学生践行君子品格，学校开展“君子之星”评选活动，旨在树立榜样，引导学生向榜样学习，培养君子品格。

评选标准：根据“六德”（孝、仁、义、礼、智、信）设定评选标准，每个德目下设具体的评价指标。

评选程序：采用“自荐—班级推荐—年级评议—学校表彰”的程序，确保评选的公平公正。

表彰方式：每月评选一次，分低、中、高年级各评选一名“君子之星”，在全校大会上表彰，并在“君子长廊”展示其事迹。

榜样引领：组织“君子之星”事迹分享，开展“向君子之星学习”的主题班会，发挥榜样的引领作用。

成效与反思：成效在于通过榜样引领，激发了学生践行君子品格的积极性，形成了良好的校风和学风。反思在于需要避免评选的功利化和形式化，更加注重过程性评价和长效机制的建立。

案例三：“家校共育君子”项目的实践背景与目标

家庭是学生成长的重要环境，学校启动“家校共育君子”项目，旨在形成家校合力，共同培养学生的君子品格。

家长培训：定期举办家长培训讲座，介绍君子教育的理念和方法，提高家长的教育能力。

家庭活动：设计“亲子共读经典”“家庭礼仪实践”“孝亲敬长行动”等家庭活动，指导家长在家庭中实施君子教育。

家校互动：建立“君子教育家长微信群”，定期分享教育资源和经验，解答家长的疑问，促进家校沟通。

成效评估：通过问卷调查、家访、学生表现反馈等方式，评估家校共育的效果，不断改进工作方法。

成效与反思：成效：家长的教育理念和方法得到提升，家校形成了育人合力，学生在家庭和学校表现出更加一致的良好行为。反思：需要更加关注家庭教育的个体差异，提供更加个性化的指导和支持。

案例四：“君子文化进社区”活动的实践背景与目标：

为了扩大君子教育的影响，学校开展“君子文化进社区”活动，旨在将君子文化传播到社区，形成更广泛的社会影响。

文化展示：在社区文化中心设立“君子文化展”，展示学校君子教育的成果和学生作品。

文艺演出：组织学生到社区文艺演出，表演与君子文化相关的节目，如《弟子规》诵读、《论语》情景剧等。

志愿服务：组织“小小君子志愿队”，到社区开展清洁环境、关爱老人、文明宣传等志愿服务活动。

互动交流：邀请社区居民参与学校的君子文化活动，如“君子文化节”“传统文化体验日”等。

成效与反思：成效：扩大了君子教育的社会影响，获得了社区居民的认可和支持，形成了良好的社会声誉。反思：需要更加注重活动的持续性和深入性，避免流于形式，真正发挥社会教育的作用。

这些典型案例展示了学校君子教育的丰富实践和显著成效，为其他学校开展类似教育提供了有益的借鉴和参考。

三、君子教育的实践反思与优化

在君子教育的实践过程中，学校不断反思和优化，以提高教育的针对性和有效性。

（一）理念层面的反思与优化

1.反思：在实践中发现，有时过于强调传统文化的继承，而忽视了与现代社会的接轨和创新。

2.优化：强调“古为今用，推陈出新”，将传统君子理念与现代社会需求相结合，使君子教育更具时代性和实用性。

（二）内容层面的反思与优化

1.反思：部分内容过于抽象和理论化，学生难以理解和接受，实践性和操作性不强。

2.优化：增加生活化、具体化的内容，设计更多的实践活动和体验环节，使君子教育更加贴近学生的生活实际。

（三）方法层面的反思与优化

1.反思：有些教育方法过于传统和单一，如过度依赖诵读和讲解，缺乏互动性和参与性。

2.优化：采用更加多元化、互动化的教育方法，如情境教学、项目学习、体验活动等，增强学生的参与度和获得感。

（四）评价层面的反思与优化

1.反思：评价标准有时过于统一和固定，忽视了学生的个体差异和发展过程。

2.优化：建立更加多元、发展、个性化的评价体系，关注学生的进步和成长，而不仅是结果和表现。

（五）协同层面的反思与优化

1.反思：校家社协同有时流于形式，缺乏实质性的合作和互动。

2.优化：建立更加紧密和有效的协同机制，明确各方责任，加强沟通交流，形成真正的育人合力。

通过不断的反思和优化，学校的君子教育更加科学、有效、富有生命力，为学生的全面发展提供了更加有力的支持。

第五节 君子教育的育人成效与推广价值

一、君子教育的育人成效

经过多年的实践探索，济宁学院第二附属小学的君子教育取得了显著的育人成效，主要表现在以下几个方面。

（一）学生品德素养的提升

1.学生的道德认知、道德情感和道德行为得到全面发展，形成了较为完善的道德品质。

2.学生表现出更多的仁爱之心、义理之行、礼仪之范、诚信之本等君子品格。

3.学生的自律意识和责任感明显增强，能够自觉遵守规则，履行责任。

（二）学生学习能力的提高

1.学生的学习兴趣和主动性显著提升，形成了良好的学习习惯和方法。

2.学生的思维能力和创新精神得到发展，能够独立思考和批判性思维。

3.学生的学业成绩稳步提高，在各类学科竞赛中取得优异成绩。

（三）学生身心健康的促进

1.学生的心理健康水平明显提高，表现出更加积极乐观、自信自强的心理品质。

2.学生的人际关系更加和谐，能够与同学、教师、家长建立良好的互动关系。

3.学生的抗挫折能力和适应能力增强，能够更好地应对学习和生活中的挑战。

（四）学生文化素养的提升

1.学生对中华优秀传统文化的了解和认同感显著增强，形成了文化自信。

2.学生的人文素养和审美能力得到提升，表现出更高的文化品位和审美情趣。

3.学生的跨文化理解能力增强，能够以开放包容的态度看待不同文化。

（五）学校文化氛围的优化

1.学校形成了浓厚的君子文化氛围，师生关系和谐，校风学风良好。

2.学校的特色品牌效应日益凸显，社会声誉和影响力不断提升。

3.学校的教育教学质量全面提高，成为区域内的示范学校。

（六）校家社协同的加强

1.家长对学校教育理念的认同度提高，积极配合学校开展教育活动。

2.家庭教育的质量得到提升，家长的教育观念和方法更加科学。

3.社区和社会对学校的支持力度增强，形成了良好的教育生态。

这些成效表明，君子教育不仅促进了学生的全面发展，也推动了学校的内涵发展和特色发展，是一种富有成效的育人模式。

二、君子教育的推广价值

济宁学院第二附属小学的君子教育实践，具有重要的推广价值和借鉴意义。

（一）理论价值

1.为中华优秀传统文化在现代教育中的创造性转化和创新性发展提供了理论参考。

2.为构建中国特色的德育体系和育人模式提供了理论支撑。

3.为传统文化与现代教育的融合发展提供了理论思路。

（二）实践价值

1.为学校开展特色教育和品牌建设提供了实践范例。

2.为德育工作的系统化、科学化、特色化提供了实践路径。

3.为学校、家庭、社会协同育人提供了实践模式。

（三）方法价值

1.为传统文化教育的课程开发和教学实施提供了方法借鉴。

2.为学生品德培养和人格塑造提供了方法指导。

3.为学校文化建设和环境营造提供了方法参考。

（四）创新价值

1.在传统与现代的融合上实现了创新，为传统文化的现代转化提供了创新思路。

2.在理论与实践的结合上实现了创新，为教育理念的落地实施提供了创新方法。

3.在学校与社会的互动上实现了创新，为开放办学提供了创新模式。

（五）区域价值

1.为曲阜市、济宁地区乃至山东省的教育发展和文化传承提供了特色路径。教改经验《汲取孔子教育思想精华构建少年君子教育体系》获得济宁市教学成果奖一等奖，山东省基础教育教学成果一等奖，国家级基础教育教学成果二等奖，被内蒙古个传统文化十千百万工程采用。

2.为发挥孔子故里的文化优势，建设文化强市提供了教育支撑。作为发起校缔结孔子教育思想联盟校，成员多达济宁市200余所学校。

3.为区域教育的特色发展和品牌建设提供了示范引领。济宁市教育局召开传统文化建设校长现场会，时任局长要求与会校长不用东奔西走找对标学习，就在济宁学院第二附属小学学习经验。在此影响下，曲阜市乃至济宁市各中小学形成“校校孔子像，班班论语章，处处诵经典，园园溢书香，人人做君子，日日新成长”的区域特色。

（六）时代价值

1.为培养德智体美劳全面发展的社会主义建设者和接班人提供了有效途径。

2.为增强文化自信，传承发展中华优秀传统文化提供了教育支持。

3.为构建中国特色的教育体系和教育理论提供了实践探索。

这些推广价值表明，君子教育不仅对学校自身发展具有重要意义，也对区域教育乃至全国教育的发展具有重要的借鉴和启示作用。

三、君子教育的推广策略

为了更好地发挥君子教育的推广价值，学校采取了一系列推广策略。

（一）资源共享策略

1.整理和出版君子教育的课程资源、教学案例、活动方案等，供其他学校参考使用。

2.建设“君子教育资源库”，通过网络平台向社会开放，实现资源共享。

3.开发君子教育的数字化资源，如微课、App、在线课程等，扩大资源的覆盖面和影响力。

（二）示范引领策略

1.打造君子教育示范校，接受参观考察，展示教育成果。

2.选树君子教育典型案例和优秀教师，发挥示范引领作用。

3.组织开放日活动，邀请兄弟学校、教育同行、社会各界参观交流。

（三）培训指导策略

1.举办君子教育培训班，为其他学校的教师提供专业培训。

2.组建君子教育专家团队，为其他学校提供咨询指导。

3.开展“送教下乡”活动，为农村学校和薄弱学校提供支持。

（四）交流合作策略

1.组织君子教育研讨会、论坛、沙龙等活动，促进经验交流和思想碰撞。

2.建立君子教育联盟，与其他学校结成合作伙伴关系，共同推进君子教育。

3.开展国际交流，向国外介绍中国传统文化教育的成果，促进文化交流。

（五）研究提升策略

1.加强君子教育的理论研究，提升其学术价值和理论高度。

2.开展君子教育的实证研究，验证其教育效果和推广价值。

3.探索君子教育的创新发展，不断丰富和完善其内涵和形式。

（六）媒体宣传策略

1.利用报刊、广播、电视等传统媒体，宣传君子教育的理念和成果。

2.运用微信、微博、抖音等新媒体平台，扩大君子教育的社会影响。

3.制作宣传片、纪录片等视听作品，生动展示君子教育的实践过程和成效。

通过这些推广策略，学校的君子教育经验得到了广泛传播和应用，产生了良好的社会影响和教育效果。

第十一章 十大行动：育人工作的系统推进

为了将“菁莪乐育”的办学理念和“五育并举”“君子教育”等育人模式落到实处，济宁学院第二附属小学系统规划并实施了“十大行动”，形成了全方位、立体化、系统化的育人工作推进体系。这十大行动既是学校育人理念的具体化，也是育人实践的抓手，更是学校特色发展的集中体现。本章将详细阐述十大行动的背景、内涵、实施策略和实践成效，展现学校在系统推进育人工作方面的创新探索。

第一节 十大行动的提出背景与整体框架

一、十大行动的提出背景

济宁学院第二附属小学在长期的办学实践中，深刻认识到立德树人是一项系统工程，需要顶层设计和整体推进。随着学校“菁莪乐育”办学理念的深入人心和“五育并举”“君子教育”等育人模式的逐步成熟，学校面临着如何将这些理念和模式转化为具体行动，如何系统化、常态化地推进育人工作的问题。基于此，学校领导班子经过深入调研和反复研讨，结合学校实际和发展需要，提出了“十大行动”计划。

提出十大行动主要基于以下几方面的考虑。

落实立德树人根本任务的需要：党的教育方针明确要求落实立德树人根本任务。十大行动旨在将这一根本任务具体化、行动化，确保学校各项工作都围绕育人目标展开。

深化“菁莪乐育”办学理念的需要：“菁莪乐育”是学校的核心办学理念。十大行动是这一理念在实践层面的具体体现和深化，旨在通过一系列行动，让“菁莪乐育”的理念真正落地生根。

系统推进“五育并举”的需要：“五育并举”是全面发展的教育要求。十大行动涵盖了德育、智育、体育、美育、劳育等各个方面，旨在通过系统化的行动，促进学生的全面发展。

彰显“君子教育”特色的需要：“君子教育”是学校的特色育人模式。十大行动中有多个行动直接服务于君子教育的实施，旨在通过具体行动，彰显学校的办学特色。

提升学校内涵发展的需要：学校发展进入新阶段，需要通过系统化的行动提升内涵，实现高质量发展。十大行动是学校提升管理水平、优化育人环境、促进教师发展、提高教育质量的重要抓手。

二、十大行动的整体框架

十大行动是一个相互关联、相互支撑的有机整体，共同构成了学校系统推进育人工作的行动框架。其整体框架可以概括为“一体两翼，五育融合，特色彰显”。

“一体”：指以“立德树人”为核心主体，所有行动都围绕培养德智体美劳全面发展的社会主义建设者和接班人这一根本目标展开。

“两翼”：指以“菁莪乐育”办学理念和“君子教育”特色模式为两翼，引领和贯穿十大行动的始终。

“五育融合”：指十大行动全面覆盖德育、智育、体育、美育、劳育，注重五育之间的相互渗透和融合，促进学生的全面发展。

特色彰显：指十大行动充分体现学校的办学特色和文化底蕴，特别是儒家文化和君子教育的特色。

十大行动具体包括：

党建领航行动：强化党组织在学校工作中的政治核心作用，引领学校发展方向。

君子修身行动：以君子教育为核心，系统培养学生的道德品质和行为习惯。

书香润泽行动：营造浓郁的读书氛围，提升学生的阅读素养和人文底蕴。

智慧启迪行动：深化课堂教学改革，培养学生的创新精神和实践能力。

健体强魄行动：加强体育锻炼，促进学生身心健康发展。

雅韵涵养行动：开展丰富多彩的艺术活动，提升学生的审美情趣和艺术素养。

劳动砺行行动：加强劳动教育，培养学生的劳动观念和实践能力。

家校共育行动：密切家校联系，形成育人合力。

名师锻造行动：加强教师队伍建设，提升教师专业素养和育人能力。

文化铸魂行动：深化校园文化建设，营造良好的育人环境。

这十大行动相互联系、相互促进，共同服务于立德树人的根本任务，构成了学校育人工作的完整体系。

三、十大行动的实施原则

在实施十大行动的过程中，学校遵循以下五个原则。

系统性原则：将十大行动作为一个整体规划和推进，注重各行动之间的协调配合。

常态化原则：将十大行动融入学校的日常工作，建立长效机制，避免形式主义。

全员性原则：动员全体师生员工共同参与十大行动，形成全员育人的良好局面。

创新性原则：鼓励在实施过程中不断探索和创新，丰富行动内涵，提升行动效果。

实效性原则：以育人成效为导向，注重行动的实际效果，及时总结经验，改进不足。

第二节 十大行动的具体内容与实施策略

一、党建领航行动

内涵：坚持和加强党对学校工作的全面领导，充分发挥党组织的战斗堡垒作用和党员的先锋模范作用，确保学校社会主义办学方向，引领学校各项事业健康发展。

实施策略：

强化理论武装：组织党员教师深入学习习近平新时代中国特色社会主义思想和党的教育方针，提高政治站位。

健全组织体系：完善党组织架构，规范“三会一课”制度，加强党员教育管理。

发挥先锋作用：设立党员示范岗、党员责任区，开展党员志愿服务活动，激励党员在教育教学、管理服务中发挥模范带头作用。

加强师德建设：将师德师风建设作为党建工作的重要内容，引导教师争做“四有”好老师。

引领群团组织：加强对工会、少先队等群团组织的领导，凝聚育人合力。

推进党建与业务融合：将党建工作与学校中心工作紧密结合，以高质量党建引领学校高质量发展。

二、君子修身行动

内涵：以“君子教育”为核心，系统实施“六德修身”（孝、仁、义、礼、智、信）教育，培养学生良好的道德品质、行为习惯和君子人格。

实施策略：

开设君子课程：开设《小小君子修身课》《君子之道》等校本课程，系统传授君子文化知识。

开展主题教育：围绕“六德”，每月确定一个德育主题，开展主题班会、国旗下讲话、专题讲座等活动。

强化礼仪养成：实施《君子学生行为规范》，开展入学礼、成长礼、毕业礼等仪式教育，加强日常行为规范训练。

组织实践活动：开展志愿服务、社会调查、研学旅行等实践活动，让学生在实践中体验和感悟君子品格。

树立榜样引领：开展“君子之星”评选活动，宣传优秀学生事迹，发挥榜样示范作用。

营造文化氛围：建设君子文化长廊，张贴名言警句，利用校园广播、电视台等宣传君子文化。

三、书香润泽行动

内涵：营造浓郁的校园读书氛围，激发学生的阅读兴趣，培养良好的阅读习惯，提升阅读能力和人文素养，让书香浸润学生心灵。

实施策略：

建设书香环境：优化图书馆、阅览室环境，设立班级图书角、走廊书吧，让书籍随处可见、随手可取。

丰富阅读资源：根据学生年龄特点和阅读需求，配备丰富的图书资源，包括经典名著、科普读物、绘本等。

开设阅读课程：开设阅读指导课，教授阅读方法，引导学生学会阅读、爱上阅读。

开展读书活动：举办读书节、经典诵读比赛、读书分享会、“作家进校园”等活动，激发阅读热情。

保障阅读时间：规定每天固定的阅读时间，如晨诵、午读、暮省等，确保学生有充足的阅读时间。

推动亲子阅读：倡导家长陪伴孩子阅读，开展“书香家庭”评选活动，促进家庭阅读氛围的形成。

四、智慧启迪行动

内涵：深化课堂教学改革，优化教学方式，激发学生的学习兴趣和潜能，培养学生的创新精神、批判性思维和实践能力，启迪学生智慧。

实施策略：

推进课堂改革：探索“自主、合作、探究”的学习方式，倡导启发式、互动式、参与式教学，提高课堂效率。

加强课程建设：开发拓展性、探究性课程，如STEAM课程、项目式学习课程等，满足学生多样化的学习需求。

开展科技活动：举办科技节、创客比赛、机器人竞赛等活动，培养学生的科学素养和动手能力。

利用信息技术：建设智慧校园，利用信息技术优化教学过程，提供个性化学习支持。

强化思维训练：在各学科教学中注重思维方法的训练，培养学生的逻辑思维、形象思维和创造性思维能力。

搭建展示平台：为学生提供展示学习成果和创新能力的平台，如学生论坛、成果展览等。

五、健体强魄行动

内涵：坚持“健康第一”的理念，开足开齐体育课程，广泛开展阳光体育活动，保障学生每天锻炼两小时，增强学生体质，培养运动兴趣和技能，促进学生身心健康发展。

实施策略：

保证体育课时：严格执行国家课程标准，确保体育课时和质量。

开展大课间活动：精心设计大课间活动内容，确保学生每天有充足的活动时间。

组织阳光体育：广泛开展跑步、跳绳、球类等阳光体育活动，确保学生每天锻炼两小时。

举办体育竞赛：定期举办校运会、班级联赛、趣味运动会、校园吉尼斯等，激发学生的运动热情。

发展体育社团：成立足球、篮球、乒乓球、武术等体育社团，培养学生的运动特长。

加强健康教育：开设健康教育课，普及健康知识，培养学生良好的卫生习惯和健康的生活方式。

六、雅韵涵养行动

内涵：加强美育工作，开设丰富多彩的艺术课程，组织形式多样的艺术活动，提升学生的审美情趣、艺术素养和人文内涵，用艺术涵养学生心灵。

实施策略：

开好艺术课程：开足开齐音乐、美术等艺术课程，提高艺术教学质量。

开发艺术社团：成立合唱、舞蹈、器乐、书法、绘画、戏剧等艺术社团，培养学生的艺术特长。

举办艺术活动：举办校园艺术节、班级艺术展演、“高雅艺术进校园”等活动，为学生提供展示才华的舞台。

营造艺术氛围：建设艺术长廊，展示学生艺术作品，利用校园广播播放经典音乐，营造浓厚的艺术氛围。

拓展艺术视野：组织学生参观美术馆、博物馆，观看艺术演出，拓展学生的艺术视野。

融合学科美育：在各学科教学中渗透美育内容，发现和欣赏不同学科中的美。

七、劳动砺行行动

内涵：将劳动教育纳入人才培养全过程，开设劳动教育课程，组织校内外劳动实践活动，培养学生的劳动观念、劳动技能和劳动习惯，弘扬劳动精神。

实施策略：

开设劳动课程：根据不同学段特点，开设日常生活劳动、生产劳动、服务性劳动等内容的劳动课程。

开展校内劳动：组织学生参与校园清洁、绿化养护、图书整理等校内劳动。

建立劳动基地：建设校内劳动实践基地（如小菜园、手工坊），或与校外单位合作建立劳动实践基地。

组织校外实践：组织学生到工厂、农村、社区等劳动体验和服务性劳动。

弘扬劳动精神：宣传劳动模范事迹，开展“劳动最光荣”主题教育活动，培养学生尊重劳动、热爱劳动的品质。

评价劳动素养：将劳动素养纳入学生综合素质评价体系，记录学生参与劳动实践的情况和表现。

八、家校共育行动

内涵：建立健全家校沟通合作机制，密切家校联系，整合家庭教育资源，引导家长树立正确的教育观念，形成家校育人合力，共同促进学生健康成长。

实施策略：

健全家委会组织：完善校、年级、班级三级家长委员会，充分发挥家委会在学校管理和家校沟通中的作用。

办好家长学校：定期举办家长学校，邀请专家或优秀家长分享育儿经验，提升家长的教育能力。

畅通沟通渠道：通过家长会、家访、电话、微信群、校园开放日等多种形式，加强家校之间的日常沟通。

开展亲子活动：组织亲子运动会、亲子阅读、亲子实践等活动，增进亲子关系，促进家校互动。

提供家庭教育指导：针对家长在教育中遇到的困惑，提供专业的咨询和指导服务。

发挥家长资源：邀请有特长的家长参与学校课程建设和社团活动，丰富学校教育资源。

九、名师锻造行动

内涵：加强教师队伍建设，优化教师结构，提升教师专业素养、教学能力和育人水平，培养一支师德高尚、业务精湛、结构合理、富有活力的高素质专业化教师队伍。

实施策略：

加强师德建设：健全师德考核机制，开展师德标兵评选活动，引导教师以德立身、以德施教。

促进专业发展：鼓励教师参加学历提升和专业培训，支持教师开展教育教学研究。

搭建成长平台：实施青蓝工程、名师工程，建立教师发展工作室，促进教师专业成长。

优化教研活动：开展集体备课、听课评课、教学竞赛、课题研究等教研活动，提升教师教学能力。

完善评价激励：建立科学的教师评价体系，完善绩效工资和职称评聘制度，激发教师工作积极性。

关心教师生活：改善教师工作和生活条件，关心教师身心健康，增强教师的归属感和幸福感。

十、文化铸魂行动

内涵：深化校园文化建设，传承和弘扬中华优秀传统文化，特别是儒家文化，凝练学校精神，优化育人环境，发挥文化育人功能，用先进文化铸造师生灵魂。

实施策略：

凝练学校精神：总结提炼体现学校历史传统和办学特色的学校精神、校训、校风、教风、学风。

优化物质文化：精心规划和建设校园环境，如图书馆、文化长廊、雕塑、绿化等，使其具有教育意义和文化内涵。

丰富精神文化：开展丰富多彩的校园文化活动，如艺术节、体育节、科技节、读书节等，营造积极向上的文化氛围。

规范制度文化：建立健全各项规章制度，规范师生行为，形成良好的秩序和风气。

传承儒家文化：深入挖掘和利用孔子故里的文化资源，将儒家文化融入校园文化建设的各个方面。

加强宣传推广：利用校园网站、微信公众号、校报校刊等平台，宣传学校文化，扩大学校影响力。

第三节 十大行动的实践成效与特色亮点

一、十大行动的实践成效

经过几年的系统实施，十大行动取得了显著的实践成效，有力地推动了学校各项工作的全面发展和育人质量的整体提升。

育人体系更加完善：十大行动覆盖了育人的各个方面，形成了目标明确、内容丰富、路径清晰、评价科学的系统化育人体系，使立德树人工作更加扎实有效。

学生发展更加全面：学生的道德品质、学习能力、身心素质、审美素养、劳动观念等都得到了显著提升，“五育并举”得到有效落实，学生的个性和特长得到充分发展。

办学特色更加鲜明：君子教育、儒家文化传承等办学特色通过十大行动得到进一步彰显和深化，学校的文化底蕴更加深厚，品牌形象更加突出。

教师队伍更加优化：教师的师德水平、专业能力和育人本领得到提升，一支高素质、专业化的教师队伍正在形成，为学校发展提供了有力的人才支撑。

管理效能更加提升：十大行动的实施促进了学校管理的科学化、规范化和精细化，各项工作运行更加顺畅高效。

校园文化更加繁荣：校园文化氛围更加浓厚，师生精神面貌焕然一新，学校的凝聚力和向心力显著增强。

社会声誉更加卓著：学校的办学成果得到了家长和社会的广泛认可，美誉度和影响力不断提升，成为区域内享有盛誉的优质学校。

二、十大行动的特色亮点

在实施十大行动的过程中，学校形成了一些特色亮点，体现了学校的创新精神和实践智慧。

系统性与整体性：十大行动不是孤立的、零散的举措，而是相互关联、相互支撑的有机整体，体现了系统思维和整体推进的特点。

传承性与创新性：十大行动既注重传承中华优秀传统文化，特别是儒家文化，又紧密结合时代要求和学生特点创新，实现了传统与现代的有机融合。

普适性与特色性：十大行动既遵循了教育教学的普遍规律，又充分彰显了学校的君子教育特色和地域文化特色，具有鲜明的个性。

常态化与长效化：十大行动不是阶段性的活动，而是融入日常工作的常态化举措，并建立了相应的长效机制，确保了行动的可持续性。

全员参与与协同育人：十大行动强调全体师生员工的共同参与，并积极整合家庭、社会资源，形成了全员育人、协同育人的良好格局。

第四节 十大行动的经验总结与未来展望

一、十大行动的经验总结

济宁学院第二附属小学实施十大行动的成功实践，积累了宝贵的经验。

顶层设计是前提。必须加强对育人工作的顶层设计和系统规划，明确目标，理清思路，制订科学的行动方案。

理念引领是关键。必须坚持正确的办学理念，用先进的教育思想引领育人实践，确保行动的方向性。

文化浸润是基础。必须加强校园文化建设，营造良好的育人环境，发挥文化的熏陶和滋养作用。

教师发展是保障。必须建设一支高素质的教师队伍，提升教师的育人能力和专业水平，为行动的实施提供人才保障。

机制创新是动力。必须建立健全各项工作机制，特别是评价激励机制，激发师生的内生动力和创造活力。

协同育人是支撑。必须加强校家社的沟通与合作，整合各方资源，形成强大的育人合力。

二、十大行动的未来展望

面向未来，学校将继续深化和完善十大行动，不断提升育人工作的水平和质量。

深化内涵，提升品质：进一步挖掘十大行动的内涵，丰富行动内容，创新实施方式，提升行动的品质和实效。

融合创新，彰显特色：加强各行动之间的融合渗透，促进“五育”更加有机地结合，进一步彰显君子教育特色。

智慧赋能，优化路径：充分利用信息技术和人工智能，优化行动实施路径，提高育人工作的智能化水平。

拓展资源，开放共享：积极拓展校内外教育资源，加强与高校、科研院所、社会机构的合作，实现资源共享和优势互补。

加强研究，引领发展：加强对十大行动的理论研究和实践总结，形成可复制、可推广的经验模式，为区域乃至全国的育人工作提供借鉴。

第十二章 课程体系：育人的核心载体

课程是学校育人的核心载体，是实现立德树人根本任务的重要途径。济宁学院第二附属小学秉持“菁莪乐育”的办学理念，围绕“五育并举”和“君子教育”的育人目标，构建了系统完整、特色鲜明的课程体系，为学生的全面发展和个性成长提供了丰富多彩的学习机会和成长平台。本章将系统阐述学校课程体系的理论基础、结构框架、实施策略和创新特色，展现学校在课程建设方面的探索与实践。

第一节 课程体系的理论基础与价值取向

一、课程体系的理论基础

济宁学院第二附属小学课程体系的构建，立足于深厚的理论基础，既吸收了国内外先进的课程理论，又结合了中华优秀传统文化的教育智慧，形成了具有时代特征和学校特色的课程理论支撑。

（一）课程发展的基本理论

课程作为一个专业领域，有其发展脉络和理论体系。学校在构建课程体系时，充分借鉴了以下课程理论：

1.泰勒原理：拉尔夫·泰勒(Ralph Tyler)提出的课程开发四原则——确定教育目标、选择教育经验、组织教育经验、评价教育效果，为学校课程开发提供了基本框架。学校在课程开发过程中，始终遵循这一科学路径，确保课程开发的系统性和有效性。

2.布鲁纳的结构主义课程论：杰罗姆·布鲁纳(Jerome Bruner)强调学科知识结构的重要性，主张通过发现学习掌握学科的基本结构。学校在学科课程建设中，注重梳理和呈现学科的核心概念和基本结构，帮助学生形成系统的知识体系。

3.杜威的经验课程论：约翰·杜威(JohnDewey)强调教育即生长，课程应源于学生的生活经验并服务于生活。学校在课程设计中，重视学生的生活经验，将学习与生活实际紧密结合，使课程更具生活化和实践性。

4.布鲁姆的教育目标分类学：本杰明·布鲁姆(Benjamin Bloom)将教育目标分

为认知、情感和动作技能三个领域，为课程目标的制定提供了科学依据。学校在设定课程目标时，注重这三个领域的均衡发展，促进学生的全面成长。

5.建构主义学习理论：强调学习是学生主动建构知识意义的过程，教师应创设情境，引导学生通过探究和合作建构知识。学校在课程实施中，注重创设真实的学习情境，鼓励学生主动探究和合作学习。

（二）中国传统教育思想

作为位于孔子故里的学校，济宁学院第二附属小学在课程建设中，深入挖掘中华优秀传统文化特别是儒家教育思想的智慧。

1.“六艺”教育思想：儒家传统的“六艺”教育，强调德智体美劳全面发展。学校在课程体系构建中，借鉴“六艺”的整体育人思想，形成了“六德修身，六艺润心”的课程框架。

2.“因材施教”思想：孔子主张“有教无类”“因材施教”，尊重学生的个体差异，采用不同的教育方法。学校在课程体系上，注重多样化和选择性，满足不同学生的发展需求。

3.“知行合一”思想：王阳明提出“知行合一”，强调知识与行动的统一。学校在课程实施中，注重理论与实践的结合，引导学生将所学知识应用于实际生活。

4.“经世致用”思想：中国传统教育强调学以致用，学习的目的在于应用。学校在课程设计中，注重培养学生解决实际问题的能力，使学习具有实用价值。

5.“和而不同”思想：儒家强调“和而不同”，尊重差异，追求和谐。学校在课程实施中，尊重学生的个性差异，鼓励多元发展，培养学生的包容精神。

（三）现代教育政策与理念

学校课程体系的构建，严格遵循国家教育政策和现代教育理念。

1.核心素养理念：落实立德树人根本任务，以培养学生的核心素养为目标，注重人文底蕴、科学精神、学会学习、健康生活、责任担当、实践创新等方面的发展。

2.“五育并举”要求：全面贯彻党的教育方针，落实德智体美劳全面发展的要求，构建德育为先、智育为重、体美劳有机融合的育人体系。

3.课程改革精神：遵循《基础教育课程改革纲要》的精神，转变课程观念，更新课程内容，优化课程结构，创新课程实施方式。

4.学生发展为本：坚持以学生发展为本的教育理念，关注学生的全面发展、个性发展和终身发展，使每个学生都能获得适合的教育。

5.终身学习理念：培养学生的学习兴趣和能力，为学生的终身学习和可持续发展奠定基础。

二、课程体系的价值取向

济宁学院第二附属小学课程体系的构建，体现了鲜明的价值取向，这些价值取向引领着课程的设计、实施和评价，确保课程体系的方向性和育人效果。

（一）立德树人的根本取向

课程体系始终坚持立德树人的根本任务，将培养德智体美劳全面发展的社会主义建设者和接班人作为最高目标。具体表现为：

1.德育为先：将德育放在首位，贯穿于各类课程之中，培养学生的爱国情怀、社会责任感、法治意识和道德品质。

2.价值引领：通过课程引导学生形成正确的世界观、人生观、价值观，认同和践行社会主义核心价值观。

3.人格塑造：注重学生健全人格的培养，引导学生形成积极向上的人生态度和健康的心理品质。

（二）全面发展的基本取向

课程体系坚持促进学生全面发展的基本要求，在德智体美劳各方面均衡用力，协调推进。具体表现为以下三方面。

1.五育并举：构建德育、智育、体育、美育、劳育相互融合的课程体系，避免单一发展和偏科现象。

2.均衡发展：合理安排各类课程的比例和时间，确保学生在各个领域都有足够的学习和发展机会。

3.整体育人：注重各类课程之间的相互渗透和融合，形成整体育人合力，避免碎片化和孤立化。

（三）个性发展的特色取向

课程体系注重尊重和发展学生的个性，为学生提供多样化的选择和发展路径。

具体表现为以下三方面。

1.多样选择：提供丰富多样的课程选择，满足学生的不同兴趣、爱好和发展需求。

2.特长培养：通过社团活动、特色课程等，发现和培养学生的特长和潜能。

3.个性化指导：根据学生的个体差异，提供个性化的学习指导和发展支持。

（四）文化传承的特殊取向

作为位于孔子故里的学校，课程体系特别注重中华优秀传统文化的传承和弘扬。具体表现为以下三方面。

1.儒家文化传承：将儒家文化作为课程的重要内容，通过经典诵读、礼仪教育等形式，传承儒家文化精髓。

2.君子人格培养：将君子教育融入课程体系，培养学生的君子品格和人文素养。

3.文化自信培育：通过传统文化教育，增强学生的文化认同感和自信心，培养文化自觉和文化担当。

（五）创新发展的时代取向

课程体系注重培养学生的创新精神和实践能力，适应时代发展和未来社会的需要。具体表现为以下三方面。

1.创新思维培养：通过探究性、开放性的课程设计，培养学生的创新思维和创造能力。

2.实践能力提升：强调实践体验和动手操作，提升学生的实践能力和问题解决能力。

3.信息素养发展：重视信息技术教育，培养学生的信息素养和数字化学习能力。

（六）终身发展的长远取向

课程体系着眼于学生的长远发展和终身学习，为学生的可持续发展奠定基础。具体表现为以下三方面。

1.学习能力培养：注重培养学生的自主学习能力、合作学习能力和终身学习能力。

2.可持续发展意识：培养学生的可持续发展意识和生态文明观念，为未来社会的可持续发展做准备。

3.生涯规划指导：通过生涯教育课程，帮助学生认识自我，规划未来，为终身发展做好准备。

这些价值取向相互关联、相互支撑，共同构成了学校课程体系的价值体系，引领着课程的设计、实施和评价，确保课程体系的方向性和育人效果。

第二节 课程体系的结构框架与内容体系

一、课程体系的结构框架

济宁学院第二附属小学构建了“三类课程、四大领域、五种形态”的课程结构框架，形成了系统完整、特色鲜明的课程体系。

（一）三类课程

根据课程的性质和来源，学校将课程分为国家课程、地方课程和校本课程三类，形成了多层次、多维度的课程结构。

1.国家课程校本化

国家课程是课程体系的基础和主体，学校严格执行国家课程方案和课程标准，同时结合学校特点和学生需求，对国家课程校本化实施。

课程内容：道德与法治、语文、数学、英语、科学、音乐、美术、体育与健康等学科课程。

实施策略：严格执行课程标准，确保教学质量和教学进度；结合学校特色和学生实际，优化教学内容和教学策略；挖掘学科中的传统文化和君子教育元素，实现课程的校本化；注重学科间的整合和联系，促进学科融合和知识迁移。

特色做法：道德与法治学科：结合君子教育，强化道德实践和价值引领。

语文学科：加强古诗文教学，开展经典诵读活动，传承中华优秀传统文化。

体育与健康学科：开展传统体育项目，如武术、毽子等，传承民族体育文化。

音乐、美术学科：融入传统艺术元素，如国画、书法、民乐等，培养学生的艺术素养。

2.地方课程特色化

地方课程是国家课程的有益补充，学校根据地方课程方案，结合济宁地方特色，对地方课程特色化实施。

课程内容：济宁地方历史与文化、孔子文化与家乡、沂河文化与发展等。

实施策略：充分利用济宁作为孔子故里的地域优势，开发特色课程资源；地方文化专家和非物质文化遗产传承人参与课程教学；组织学生走出校园，实地考察和体验地方文化。

特色做法：开设“走进孔子”课程，带领学生参观孔府、孔庙、孔林，感受儒家文化的魅力。开展“儒家文化探秘”活动，了解儒家历史，体验儒家文化。

组织“非遗进校园”活动，邀请鲁锦、鲁绣、尼山砚、如意雕刻等非物质文化遗产传承人展示和教学。

3.校本课程系统化

校本课程是学校课程体系的特色和亮点，学校根据自身特点和学生需求，自主开发了一系列校本课程，形成了系统的校本课程体系。

课程内容：君子教育课程、经典诵读课程、特色艺术课程、科技创新课程、生活技能课程等。

实施策略：成立校本课程开发团队，由学科带头人和骨干教师组成，负责课程的开发和实施；建立校本课程资源库，收集和整理各类课程资源，为课程实施提供支持；制定校本课程评价标准，定期评估课程效果，不断优化和完善课程。

特色做法：开发《小小君子修身课》系列校本教材，分低、中、高年级三个版本，系统实施君子教育。建设“经典诵读”课程体系，包括《论语》导读、《大学》《中庸》选读、《弟子规》诵读等内容。

开设特色艺术课程，如书法、国画、古琴、棋艺等，传承传统艺术。

开发科技创新课程，如机器人、3D打印、编程、STEAM课程等，培养学生的创新能力。设置生活技能课程，如烹饪、手工、园艺等，培养学生的生活能力。

（二）四大领域

根据课程的功能和目标，学校将课程分为基础性课程、拓展性课程、研究性课程和实践性课程四大领域，形成了功能互补、目标明确的课程结构。

1.基础性课程

基础性课程是学生必须掌握的基础知识和基本技能的课程，是其他课程的基础和前提。

课程内容：主要包括国家规定的各学科必修课程，如语文、数学、英语等。

课程目标：夯实学生的基础知识，培养基本技能，为学生的进一步学习和发展奠定基础。

实施策略：严格执行课程标准，确保教学质量；采用多样化的教学策略，提高学生的学习兴趣和效果；关注学生的个体差异，实施分层教学，确保每个学生都能掌握基础知识和技能。

2.拓展性课程

拓展性课程是在基础性课程的基础上，为满足学生多样化学习需求和个性发展而设置的课程。

课程内容：包括各类选修课程、兴趣小组、社团活动等，如科学探究、艺术欣赏、体育竞技等。

课程目标：拓宽学生的知识视野，发展学生的兴趣特长，满足学生的个性化发展需求。

实施策略：提供丰富多样的课程选择，让学生根据自己的兴趣和需求选择。鼓励教师根据自己的专长和学生的需求开设特色课程。

邀请校外专家和家长资源参与课程教学，丰富课程内容。

3.研究性课程

研究性课程是引导学生通过自主探究和合作研究，解决实际问题，培养创新精神和实践能力的课程。

课程内容：包括各类研究性学习项目、科技创新活动、学科竞赛等。

课程目标：培养学生的探究精神、创新思维和研究能力，提高学生发现问题、分析问题和解决问题的能力。

实施策略：设计开放性、探究性的学习任务，引导学生自主探究；组织学生开展小组合作研究，培养团队协作能力；举办科技节、创新大赛等活动，为学生提供展示研究成果的平台。

4.实践性课程

实践性课程是通过各种实践活动，培养学生的动手能力、社会责任感和生活技能的课程。

课程内容：包括劳动教育、社会实践、志愿服务、研学旅行等。

课程目标：培养学生的实践能力、社会责任感和生活技能，促进知行合一。

实施策略：开设劳动课程，组织学生参与校园劳动和家务劳动；组织社会实践和志愿服务活动，培养学生的社会责任感。开展研学旅行，让学生在实地考察中学习和成长。

（三）五种形态

根据课程的呈现方式和实施形式，学校将课程分为课堂教学、活动体验、环境熏陶、实践养成和自主探究五种形态，形成了多元化、立体化的课程实施形式。

1.课堂教学形态

课堂教学是课程实施的基本形态，是系统传授知识和培养能力的主要途径。

实施方式：通过常规课堂教学，系统传授知识，培养基本能力。

特色做法：推行“君子课堂”教学模式，强调“和而不同，学思并重”的教学理念。采用“诵读—感悟—思辨—践行”的教学策略，促进学生的深度学习。

运用现代教育技术，创设生动有趣的教学情境，提高课堂教学效果。

2.活动体验形态

活动体验是通过各种活动，让学生在体验中学习和成长的课程形态。

实施方式：通过各类主题活动、节日庆祝、比赛竞赛等，让学生在活动中体验和学习。

特色做法：举办“君子文化节”，通过经典诵读比赛、礼仪展示、书法比赛等活动，让学生体验传统文化的魅力。

组织“科技创新节”，通过科学实验、创客比赛、机器人竞赛等活动，培养学生的创新精神和实践能力。

开展“艺术节”，通过音乐会、舞蹈表演、美术展览等活动，提升学生的艺术素养。

3.环境熏陶形态

环境熏陶是通过精心设计的校园环境，对学生潜移默化的教育的课程形态。

实施方式：通过校园文化环境的设计和营造，对学生潜移默化的教育。

特色做法：建设“君子文化长廊”，展示儒家经典名句和君子品格的具体表现。设置“经典诵读角”，提供经典诵读的场所和资源。

打造“科技创新实验室”，为学生的科学探究提供场所和设备。创建“艺术体验中心”，为学生的艺术学习和表演提供平台。

4.实践养成形态

实践养成是通过各种实践活动，培养学生良好习惯和实践能力的课程形态。

实施方式：通过日常行为规范的养成、劳动实践、社会服务等，培养学生的良好习惯和实践能力。

特色做法：实施《君子学生行为规范》，引导学生养成良好的行为习惯。开展“劳动周”活动，让学生参与校园清洁、绿化养护等劳动。组织“志愿服务队”，定期到敬老院、社区等地开展志愿服务。建立“小小农场”，让学生体验种植和收获的乐趣。

5.自主探究形态

自主探究是学生根据自己的兴趣和需求，自主选择学习内容和方式的课程形态。

实施方式：通过项目学习、自主阅读、研究性学习等，让学生自主探究和学习。

特色做法：开展“阅读之星”评选活动，鼓励学生广泛阅读，自主学习。实施“小课题研究”项目，引导学生选择感兴趣的主题研究。

组织“创客空间”活动，让学生自主设计和制作创意作品。建立“学习共同体”，促进学生之间的互助学习和共同进步。

二、课程体系的内容体系

济宁学院第二附属小学的课程内容体系，围绕“五育并举”和“君子教育”的育人目标，形成了全面而系统的课程内容体系。

（一）德育课程内容体系

德育课程是学校课程体系的核心和灵魂，旨在培养学生的道德品质、价值观念和行为习惯。

1.君子教育课程

君子教育是学校德育的特色和亮点，通过系统的课程设计，培养学生的君子品格。

课程内容：

《小小君子修身课》：分低、中、高年级三个版本，系统讲授君子文化和品格要求。

《君子之道》：介绍儒家经典中的君子形象和品格特征。

《君子礼仪》：教授日常生活、学校生活、社交场合的礼仪规范。

实施形式：课堂教学：每周安排1-2课时的专门课程。

主题活动：开展“君子之星”评选、“君子文化节”等活动。

实践体验：组织礼仪展示、志愿服务等实践活动。

2.《道德与法治》课程

道德与法治课程是德育的基础课程，通过系统的道德教育和法治教育，培养学生的道德素养和法治意识。

课程内容：

国家课程《道德与法治》：按照课程标准，系统开展道德教育和法治教育。

校本课程《君子行动》：结合学校特色，根据学生认知规律和年龄特点，设计道德实践活动。

专题教育：开展爱国主义、集体主义、社会主义核心价值观等专题教育。

实施形式：

课堂教学：系统讲授道德知识和法律常识。

主题班会：围绕道德主题开展班会活动。

社会实践：组织参观法院、警察局等，增强法治意识。

3.心理健康教育课程

心理健康教育课程旨在培养学生积极健康的心理品质，提高心理调适能力和抗挫折能力。

课程内容：

《快乐成长》：低年级心理健康教育课程，培养积极情绪和良好人际关系。

《阳光心灵》：中年级心理健康教育课程，培养自信心和责任感。

《健康人生》：高年级心理健康教育课程，培养自我认知和生涯规划能力。

实施形式：

课堂教学：每月安排1—2课时的心理健康课。

团体辅导：针对不同年龄段学生开展团体心理辅导。

个别咨询：为有需要的学生提供个别心理咨询。

（二）智育课程内容体系

智育课程是学校课程体系的基础和主体，旨在培养学生的基础知识、思维能力和学习能力。

1.基础学科课程

基础学科课程是智育的核心内容，通过系统的学科教学，培养学生的基础知识和基本技能。

课程内容：

语文课程：注重语言积累、阅读理解、写作表达和文学素养的培养。

数学课程：强调数学思维、计算能力、空间观念和应用意识的培养。

英语课程：培养学生的英语听说读写能力和跨文化交际能力。

科学课程：培养学生的科学探究能力和科学素养。

实施形式：

常规课堂：按照课程标准，系统开展教学。

拓展课程：开设学科拓展课，如阅读课、数学思维课等。

学科竞赛：组织各类学科竞赛，如“语文知识大赛”“数学奥林匹克”等。

2.阅读教育课程

阅读教育是智育的重要组成部分，通过系统的阅读指导，培养学生的阅读兴趣和能力，通过阅读学会学习。

课程内容：

《经典阅读》：引导学生阅读中外经典名著。

《主题阅读》：围绕特定主题，如科学、历史、艺术等，专题阅读。

《分级阅读》：根据学生的阅读水平，提供适合的分级读物。

实施形式：

阅读课：每周安排1—2课时的阅读指导课。

晨诵午读暮省课吟句读：每天安排固定时间阅读、君子三省吾身，采用吟诵、句读的方式经典学习。

菁莪园读书会：定期举办读书分享会，交流阅读心得。

3.数字化素养课程

数字化素养课程旨在培养学生的信息素养和数字化学习能力，适应信息化社会的需要。

课程内容：

《信息技术基础》《AI智能应用》：学习计算机基础知识、人工智能操作应用技能。

《编程入门》《AI大语言模型》：学习Scratch、Python等编程语言的基础知识，Deepseek、KIMI、豆包、通义千问、即梦等AI模型和manus智能体、天工智能体等。

《数字化素养》：培养学生的信息获取、处理、应用数字化和伦理安全意识。

实施形式：

课堂教学：系统学习信息技术知识和技能。

项目实践：完成信息技术项目，如制作多媒体作品、编写简单程序等。

信息技术竞赛：参加信息技术创新大赛、编程比赛等。

（三）体育课程内容体系

体育课程是学校课程体系的重要组成部分，旨在增强学生体质，培养运动技能和健康生活方式。

1.基础体育课程

基础体育课程是体育教育的核心内容，通过系统的体育教学，培养学生的基本运动能力和体育素养。

课程内容：

《体育与健康》：按照课程标准，开展田径、球类、体操、武术等项目的教学。

《体能训练》：针对学生的体能状况，开展有针对性的体能训练。

《健康知识》：传授健康生活方式、科学锻炼方法等知识。

实施形式：

体育课：每周3—4课时的体育课。

大课间活动：每天两次30分钟的大课间体育活动。

体育竞赛：定期举办班级、年级、校级体育比赛。

2.特色体育课程

特色体育课程是基础体育课程的补充和拓展，通过特色项目的教学，培养学生的运动兴趣和特长。

课程内容：

传统体育项目：武术、太极拳、踢毽等传统体育项目。

现代体育项目：足球、篮球、排球、乒乓球等现代体育项目。

休闲体育项目：健身操、瑜伽、户外运动等休闲体育项目。

实施形式：

体育社团：成立各类体育社团，如足球社、武术社等。

校队训练：组建校篮球、足球、跳绳、橄榄球体育队，专项训练。

体育节：举办校园体育节，展示体育成果。

3.健康教育课程

健康教育课程旨在培养学生的健康意识和健康生活方式，促进身心健康发展。

课程内容：

《健康生活》：传授健康饮食、作息规律、个人卫生等知识。

《安全教育》：开展交通安全、消防安全、自然灾害防范等教育。

《心理健康》：培养积极心态，提高心理调适能力。

实施形式：

健康教育课：定期开展健康教育专题课。

主题活动：举办“健康生活方式”主题活动。

专家讲座：邀请医生、心理专家等健康知识讲座。

（四）美育课程内容体系

美育课程是学校课程体系的重要组成部分，旨在培养学生的审美情趣、艺术素养和人文情怀。

1.艺术基础课程

艺术基础课程是美育的核心内容，通过系统的艺术教学，培养学生的基本艺术素养。

课程内容：

音乐课程：包括歌唱、欣赏、器乐、创作等内容。

美术课程：包括绘画、手工、设计、欣赏等内容。

舞蹈课程：包括基本舞步、民族舞、现代舞等内容。

实施形式：

艺术课：每周2-3课时的音乐、美术课。

艺术活动：定期举办艺术展演、比赛等活动。

艺术欣赏：组织学生观看高雅艺术演出、参观美术馆等。

2.传统艺术课程

传统艺术课程是学校美育的特色内容，通过传统艺术的学习，传承中华优秀传统文化。课程内容：

书法课程：学习楷书、行书等书法技巧和艺术欣赏。

国画课程：学习山水画、花鸟画等国画技法和艺术欣赏。

民乐课程：学习古琴、笛子、古琴、二胡等民族乐器的演奏。

实施形式：

选修课：开设传统艺术选修课，供学生选择。

艺术社团：成立书法社、国画社、民乐团等社团。

传统文化节：举办传统文化艺术节，展示传统艺术成果。

3.审美教育课程

审美教育课程旨在培养学生的审美能力和艺术鉴赏能力，提升人文素养。

课程内容：

《艺术欣赏》：欣赏中外优秀艺术作品，培养审美能力。

《生活美学》：发现生活中的美，培养生活审美情趣。

《环境艺术》：了解环境设计和园林艺术，培养环境审美意识。

实施形式：

专题讲座：邀请艺术家、设计师等艺术讲座。

艺术之旅：组织参观美术馆、博物馆、音乐厅等。

美育实践：开展校园环境美化、教室布置等活动。

（五）劳育课程内容体系

劳育课程是学校课程体系的重要组成部分，旨在培养学生的劳动观念、劳动技能和劳动习惯。

1.基础劳动课程

基础劳动课程是劳育的核心内容，通过系统的劳动教育，培养学生的基本劳动能力和劳动意识。

课程内容：

《日常生活劳动》：包括个人卫生、整理内务、家务劳动等。

《生产劳动》：包括种植、养殖、手工制作等。

《服务性劳动》：包括校园清洁、绿化养护、图书整理等。

实施形式：

劳动课：每周安排1—2课时的劳动课。

劳动周：每学期安排一周的集中劳动实践。

家庭劳动：指导学生在家庭中承担适当的劳动任务。

2.职业启蒙课程

职业启蒙课程旨在让学生了解各种职业，培养职业意识和职业素养。

课程内容：

《职业探索》：了解各种职业的特点、要求和社会价值。

《职业体验》：体验不同职业的工作内容和工作环境。

《职业素养》：培养良好的职业道德和职业态度。

实施形式：

职业讲座：邀请各行各业的代表职业介绍。

职业参观：组织参观工厂、农场、医院等工作场所。

职业角色扮演：通过角色扮演，体验不同职业的工作内容。

3.实践技能课程

实践技能课程旨在培养学生的动手能力和实践技能，提高解决实际问题的能力。

课程内容：

《手工制作》：学习纸艺、布艺、木工等手工技能。

《烹饪技能》：学习简单的烹饪技巧和食品安全知识。

《生活技能》：学习缝纫、修理、急救等生活实用技能。

实施形式：

技能课：开设各类技能培训课程。

实践活动：组织各种实践活动，如烹饪比赛、手工制作展等。

社区服务：利用所学技能，为社区提供服务，如为老人修理家电等。

第三节 课程体系的实施策略与保障机制

一、课程体系的实施策略

济宁学院第二附属小学在课程体系实施过程中，采取了一系列科学有效的策略，确保课程目标的实现和育人效果的提升。

（一）课程规划与管理策略

1.整体规划，分步实施

学校对课程体系整体规划，制定长期发展规划和年度实施计划，明确各阶段的目标和任务，分步骤、有计划地推进课程实施。

长期规划：制定《课程发展五年规划》，明确课程发展的总体目标、基本原则和主要任务。

年度计划：每学年制定《课程实施年度计划》，细化当年的课程目标、内容和实施措施。

学期安排：每学期制定《课程实施学期安排》，明确各类课程的具体安排和要求。

2.分层管理，责任明确

建立校级、年级、教研组三级课程管理体系，明确各级职责，形成有效的课程管理机制。

校级管理：成立课程建设领导小组，负责课程的总体规划、资源配置和质量监控。

年级管理：年级组负责本年级课程的具体实施、协调和管理。

教研组管理：教研组负责学科课程的教学研究、资源开发和教师专业发展。

3.科学排课，合理安排

根据课程目标和学生需求，科学合理地安排课程时间和内容，确保各类课程的有效实施。

基础课程保障：确保国家课程和基础学科课程的课时和质量。

特色课程统筹：统筹安排校本课程和特色课程，避免与基础课程冲突。

弹性课时制：实行弹性课时制，根据不同课程的特点和需要，灵活安排课时长度。

（二）课程实施与教学策略

1.多元教学，因材施教

根据不同课程的特点和学生的个体差异，采用多元化的教学策略，实现因材施教。

启发式教学：在基础学科教学中，注重启发学生思考，培养学生的思维能力。

体验式教学：在艺术、体育等课程中，强调学生的亲身体验和感受。

探究式教学：在科学、研究性课程中，引导学生自主探究和发现。

合作式教学：在各类课程中，鼓励学生合作学习，培养团队协作能力。

2.整合资源，优化教学

整合校内外各种教育资源，优化教学条件，提高教学效果。

校内资源整合：充分利用图书馆、实验室、体育场馆等校内资源，为课程实施提供支持。

校外资源引入：引入社会资源，如邀请专家学者、艺术家、非遗传承人等参与教学。

网络资源应用：利用网络资源和信息技术，拓展教学空间，丰富教学内容。

3.创新评价，促进发展

建立多元化、发展性的课程评价体系，促进学生的全面发展和个性成长。

多元评价主体：引入学生自评、互评、家长评价等多元评价主体。

多样评价方式：采用观察、访谈、作品分析、表现性评价等多样化的评价方式。

发展性评价理念：注重学生的进步和成长，关注学生的个体差异和发展潜能。

（三）课程创新与特色策略

1.特色引领，彰显个性

以君子教育为特色，引领课程创新，彰显学校个性。

君子教育课程化：将君子教育理念转化为具体的课程内容和实施方案。

传统文化现代化：将传统文化元素与现代教育理念相结合，创新课程形式和内容。

地方资源特色化：充分利用济宁地方文化资源，开发具有地方特色的课程。

2.项目驱动，整合课程

通过主题项目，整合不同学科和领域的课程，促进课程的综合性和实践性。

主题项目设计：设计跨学科的主题项目，如“大沂河文化探究”“绿色生活行动”等。

项目学习实施：组织学生围绕主题项目开展学习和研究，整合运用各学科知识。

成果展示交流：举办项目成果展示会，交流项目学习经验和成果。

3.数字赋能，智慧课程

利用信息技术和数字资源，创新课程形式，提升课程质量。

数字资源建设：建设数字化课程资源库，包括课件、视频、动画等多媒体资源。

智慧课堂应用：运用智慧课堂技术，如互动白板、平板电脑等，提高课堂教学效果。

混合式学习推广：推广线上线下相结合的混合式学习模式，拓展学习时空。

二、课程体系的保障机制

为确保课程体系的有效实施，学校建立了一系列保障机制，从组织、制度、资源、评价等方面提供支持和保障。

（一）组织保障机制

1.领导机构健全

建立健全课程领导和管理机构，为课程实施提供组织保障。

课程建设领导小组：由校长任组长，分管副校长和教导主任任副组长，各部门负责人为成员，负责课程的总体规划和决策。

课程实施工作组：由教务部主任牵头，各年级组长和教研组长组成，负责课程的具体实施和管理。

课程评价监督组：由教科室主任牵头，各学科骨干教师组成，负责课程的评价和监督。

2.教研组织完善

完善教研组织体系，为课程实施提供专业支持。

学科教研组：按学科设立教研组，负责学科课程的研究和实施。

跨学科教研组：设立跨学科教研组，如“君子教育教研组”“综合实践教研组”等，负责跨学科课程的研究和实施。

专题研究小组：根据需要，设立课程改革、教学创新等专题研究小组，深入研究课程实施中的重点问题。

3.教师队伍建设

加强教师队伍建设，为课程实施提供人才保障。

专业培训：定期组织教师参加课程与教学专业培训，提升课程实施能力。

梯队建设：建立“名师—骨干教师—青年教师”的梯队结构，促进教师专业成长。

激励机制：建立教师课程创新和教学改革的激励机制，调动教师的积极性和创造性。

（二）制度保障机制

1.规章制度完善

建立健全课程管理的各项规章制度，为课程实施提供制度保障。

课程管理制度：制定《课程管理办法》，规范课程的开发、实施和评价。

教学常规制度：完善教学计划、备课、上课、作业、考试等教学常规制度。

质量监控制度：建立课程实施的质量监控和评价制度，确保课程质量。

2.运行机制健全

建立科学有效的课程运行机制，确保课程的顺利实施。

决策机制：建立民主决策机制，广泛听取教师、学生、家长的意见和建议。

协调机制：建立各部门、各学科之间的协调机制，促进资源共享和合作。

反馈机制：建立课程实施的反馈机制，及时了解实施效果，调整改进措施。

3.激励约束机制

建立课程实施的激励约束机制，调动各方积极性。

教师激励：对在课程实施中表现突出的教师给予表彰和奖励。

学生激励：对在课程学习中表现优秀的学生给予肯定和鼓励。

责任追究：对不认真履行课程实施职责的人员批评教育和责任追究。

4.资源保障机制

(1)经费保障。保障课程实施的经费投入，为课程建设提供财力支持。

专项经费：设立课程建设专项经费，用于课程开发、教材编写、教师专业发展等。

项目经费：为重点课程项目提供专项经费支持，确保项目顺利实施。

奖励经费：设立课程创新奖励基金，奖励在课程建设中做出突出贡献的教师和团队。

(2)设施设备保障。完善课程实施所需的设施设备，为课程实施提供物质条件。

专用教室：建设音乐室、美术室、科学实验室、劳技室等专用教室。

活动场所：完善图书馆、体育场馆、艺术中心等活动场所。

信息设备：配备计算机、多媒体设备、网络设施等现代教育技术设备。

(3)教材资源保障。丰富课程实施的教材和资源，为课程实施提供内容支持。

(4)国家教材：保障国家课程教材的及时配备和有效使用。

校本教材：开发校本课程教材，如《小小君子修身课》《经典诵读》等。

数字资源：建设数字化课程资源库，包括课件、视频、案例等资源。

4.评价保障机制

（1）课程评价体系。建立科学的课程评价体系，为课程实施提供质量保障。

课程目标评价：评估课程目标的科学性、合理性和可行性。

课程实施评价：评估课程实施的过程、方法和效果。

课程效果评价：评估课程对学生发展的促进作用和育人效果。

（2）教师评价机制。建立教师课程实施的评价机制，促进教师专业发展。

教学质量评价：评估教师的教学水平和教学效果。

课程创新评价：评估教师在课程开发和创新方面的贡献。

专业成长评价：评估教师的专业发展和成长情况。

（3）学生评价机制。建立学生学习的评价机制，促进学生全面发展。

学业评价：评估学生的学科知识和基本技能掌握情况。

素养评价：评估学生的核心素养和关键能力发展情况。

成长评价：评估学生的成长轨迹和发展潜能。

第四节 课程体系的创新特色与实践案例

一、课程体系的创新特色

济宁学院第二附属小学在课程体系建设过程中，形成了一系列创新特色，体现了学校的教育理念和办学特色。

（一）“君子教育”课程特色

“君子教育”是学校课程体系的最大特色，通过系统的课程设计和实施，培养学生的君子品格和人文素养。

1.理念创新

传统与现代融合：将儒家君子教育理念与现代教育理念相融合，实现传统文化的创造性转化和创新性发展。

德育与智育结合：将君子教育与学科教学相结合，实现德育与智育的有机统一。

校本与国家课程整合：将君子教育融入国家课程，同时开发校本课程，形成整体育人体系。

2.内容创新

“六德修身”课程体系：构建以“孝、仁、义、礼、智、信”六德为核心的德育课程体系。

“六艺润心”课程体系：构建以“礼、乐、射、御、书、数”六艺为基础的综合素养课程体系。

经典诵读课程：系统开发《论语》《大学》《中庸》等儒家经典诵读课程。

3.实施创新

“诵读—感悟—思辨—践行”教学模式：创新君子教育的教学模式，强调知行合一。

“课堂—活动—环境—实践”实施路径：构建多元化的君子教育实施路径，形成全方位育人格局。

“自评—互评—师评—家评”评价方式：建立多元化的评价方式，全面评价学生的君子品格养成。

（二）“五育融合”课程特色

学校注重德智体美劳“五育融合”，构建了全面而有机的育人课程体系。

1.整体设计

“五育”目标一体化：制定德智体美劳一体化的育人目标，避免各自为政。

“五育”内容系统化：系统设计“五育”课程内容，确保各育相互支撑、相互促进。

“五育”实施协同化：协同推进“五育”课程实施，形成育人合力。

2.融合路径

学科内融合：在各学科教学中渗透德育、美育、劳育等内容。

学科间融合：通过主题活动、综合实践等形式，促进不同学科的融合。

课内外融合：将课堂教学与课外活动、校园文化有机结合。

3.评价创新

综合素质评价：建立综合素质评价体系，全面评价学生的“五育”发展情况。

成长记录袋：建立学生成长记录袋，记录学生在“五育”方面的成长轨迹。

多元评价方式：采用多元化的评价方式，如观察、访谈、作品分析等。

（三）“项目学习”课程特色

学校积极推进项目学习，通过跨学科的主题项目，促进课程的综合性和实践性。

1.项目设计

生活化主题：选择与学生生活密切相关的主题，如“我们的社区”“绿色生活”等。

跨学科整合：整合多学科知识和技能，如语文、数学、科学、艺术等。

实践性任务：设计具有实践性和挑战性的任务，引导学生解决实际问题。

2.实施策略

学生主导：由学生自主选择和规划项目，教师提供必要的指导和支持。

合作学习：组织学生以小组形式开展合作学习，培养团队协作能力。

过程性指导：教师在项目实施过程中提供及时的指导和反馈。

3.成果展示

多样化成果：项目成果可以是报告、作品、表演、展览等多种形式。

公开展示：组织项目成果的公开展示，邀请家长、社区人士参观。

反思总结：引导学生对项目学习反思和总结，提升学习效果。

（四）“数字化”课程特色

学校积极推进课程的数字化建设，利用信息技术创新课程形式和内容。

1.资源建设

数字教材开发：开发数字化教材和学习资源，如电子课本、微课视频等。

资源库建设：建设学科资源库、专题资源库、案例库等数字化资源库。

平台搭建：搭建学校数字化学习平台，为师生提供在线学习和交流的空间。

2.教学应用

智慧课堂：运用智慧课堂技术，如互动白板、平板电脑等，提高课堂教学效果。

混合式学习：推广线上线下相结合的混合式学习模式，拓展学习时空。

个性化学习：利用数字技术，为学生提供个性化的学习内容和路径。

3.评价创新

数据分析：利用大数据分析学生的学习情况，为教学决策提供依据。

即时反馈：通过数字技术，为学生提供即时的学习反馈。

过程性评价：记录和分析学生的学习过程，实现过程性评价。

二、课程体系的实践案例

学校在课程体系实施过程中，形成了一系列典型案例，展示了课程的实践成效和创新价值。

（一）《小小君子修身课》课程案例

《小小君子修身课》是学校自主开发的特色校本课程，旨在通过系统的君子教育，培养学生的君子品格和人文素养。

1.课程背景

学校位于孔子故里，拥有丰富的儒家文化资源。为了传承和弘扬儒家文化，培养学生的君子品格，学校开发了《小小君子修身课》校本课程。

2.课程设计

课程目标：培养学生的君子品格，包括仁爱之心、义理之行、礼仪之范、诚信之本、中庸之道、自强不息等。

课程内容：根据不同年龄段学生的特点，分为低、中、高年级三个版本，内容包括君子文化知识、君子品格培养、君子行为规范等。

3.课程实施

每周安排1—2课时的专门课程，由专职教师或班主任担任，采用"诵读—感悟—思辨—践行"的教学模式。

4.实施效果

学生变化：学生的道德认知、道德情感和道德行为得到全面发展，表现出更多的君子品格。

教师成长：教师的君子教育理念和能力得到提升，形成了一支专业化的君子教育教师队伍。

学校特色：君子教育成为学校的鲜明特色，赢得了家长和社会的广泛认可。

5.经验启示

文化自信：要充分挖掘和利用中华优秀传统文化资源，增强文化自信。

系统设计：要系统的课程设计，确保课程的科学性、有效性和体系化。

实践体验：要注重学生的实践体验，促进知行合一。

（二）“阅读之旅”课程案例

“阅读之旅”是学校开展的阅读教育课程案例，旨在通过系统的阅读指导，培养学生的阅读兴趣和能力。

1.课程背景

阅读是学生获取知识、发展思维、提升素养的重要途径。为了培养学生的阅读兴趣和能力，学校开发了“阅读之旅”课程。

2.课程设计

课程目标：培养学生的阅读兴趣，提高阅读能力，养成良好的阅读习惯，丰富人文素养。

课程内容：包括经典阅读、主题阅读、分级阅读等内容，涵盖中外名著、科普读物、诗歌散文等多种类型。

3.课程实施

每周安排1—2课时的阅读指导课，每天安排晨诵、午读时间，定期举办读书分享会、读书节等活动。

4.实施效果

阅读兴趣：学生的阅读兴趣显著提高，主动阅读的意识增强。

阅读能力：学生的阅读理解能力、批判性思维能力得到提升。

阅读习惯：学生养成了良好的阅读习惯，形成了浓厚的校园阅读氛围。

5.经验启示

兴趣引导：要注重培养学生的阅读兴趣，激发内在动力。

资源保障：要提供丰富多样的阅读资源，满足不同学生的需求。

活动促进：要通过丰富多彩的阅读活动，促进阅读习惯的养成。

（三）“数字化学习空间”建设案例

“数字化学习空间”是学校推进课程数字化的典型案例，旨在利用信息技术创新学习方式，提升教育质量。

1.项目背景

信息技术的发展为教育带来了新的机遇和挑战。为了适应信息化时代的要求，学校启动了“数字化学习空间”建设项目。

2.项目设计

项目目标：建设数字化学习环境，开发数字化学习资源，创新数字化学习方式，提升师生的信息素养。

项目内容：包括硬件环境建设、资源库建设、平台搭建、应用推广等方面。

3.项目实施

分阶段推进，先试点后推广，逐步实现全校覆盖。

4.实施效果

环境改善：学校的数字化学习环境得到显著改善，为师生提供了良好的学习条件。

资源丰富：数字化学习资源日益丰富，满足了师生的多样化需求。

方式创新：学习方式更加多元化，混合式学习、个性化学习等新型学习方式得到推广。

5.经验启示

顶层设计：要系统的顶层设计，确保项目的科学性和可行性。

教师专业发展：要加强教师的信息技术培训，提高应用能力。

应用为本：要以应用为导向，避免技术与教育脱节。

第十三章 教学改革：育人的关键环节

教学是学校育人工作的中心环节，是落实立德树人根本任务、促进学生全面发展的主渠道。济宁学院第二附属小学深刻认识到教学改革对于提升教育质量、实现育人目标的关键作用，秉持“菁莪乐育”的办学理念，以孔子教育思想为引领，积极探索和实践教学改革，构建了具有学校特色的教学模式和策略，取得了显著成效。本章将深入探讨学校教学改革的理论基础、核心理念、实践路径、创新举措和保障机制，全面展现学校在提升教学质量、促进学生成长的探索与实践。

第一节 教学改革的理论基础与时代背景

一、教学改革的理论基础

济宁学院第二附属小学的教学改革，根植于深厚的教育理论基础，既汲取了古今中外的教育智慧，又紧密结合了当代教育发展的趋势和要求。

（一）中国传统教育思想的启示

作为孔子故里的学校，教学改革深受儒家教育思想的影响。

“因材施教”原则：孔子强调根据学生的个性差异教育，这为学校实施差异化教学、关注学生个体发展提供了理论指导。

“学思结合”方法：孔子提倡“学而不思则罔，思而不学则殆”，强调学习与思考的辩证统一，这指导学校在教学中注重启发学生思维，培养独立思考能力。

“知行合一”理念：王阳明提出的“知行合一”思想，强调理论与实践的统一，这促使学校在教学中注重理论联系实际，加强实践教学环节。

“教学相长”观念：儒家认为教与学是相互促进的，教师在教的过程中也能获得成长。这鼓励学校建立民主平等的师生关系，营造教学相长的氛围。

“循序渐进”原则：教育应遵循学生的认知规律，由浅入深，循序渐进。这要求学校在教学设计和实施中，科学安排教学内容和进度。

（二）现代教育理论的支撑

学校教学改革也积极吸收和借鉴了现代教育理论的成果。

建构主义学习理论：认为学习是学生主动建构知识意义的过程。这指导学校转变以教师为中心的教学模式，强调学生的主体地位，创设情境，引导学生主动探究和合作学习。

多元智能理论：霍华德·加德纳(Howard Gardner)提出的多元智能理论，认为个体拥有多种不同的智能。这促使学校采用多样化的教学策略和评价方式，关注学生的多元智能发展。

合作学习理论：强调通过小组合作完成学习任务，促进学生之间的互助和共同发展。这推动学校在教学中广泛应用合作学习策略，培养学生的团队协作能力。

深度学习理论：强调超越表面知识记忆，促进学生对知识的深刻理解、批判性思考和迁移应用。这引导学校设计更具挑战性的学习任务，促进学生的深度学习。

信息技术与教育融合理论：强调信息技术在优化教学过程、丰富教学资源、促进个性化学习等方面的重要作用。这推动学校积极探索信息技术与教学的深度融合。

（三）国家教育政策的指引

学校教学改革始终紧跟国家教育改革的步伐，落实相关政策要求。

1.立德树人根本任务：教学改革必须围绕立德树人根本任务，将价值引领融入教学全过程。

2.核心素养导向：教学改革要以培养学生的核心素养为目标，促进学生全面发展。

3.“双减”政策要求：教学改革要提质增效，减轻学生过重课业负担，优化课堂教学，丰富课后服务。

4.教育评价改革：教学改革要与教育评价改革相衔接，破除“五唯”顽瘴痼疾，树立科学的教育评价观。

5.教育数字化战略：教学改革要积极拥抱教育数字化，利用信息技术赋能教学创新。

二、教学改革的时代背景

济宁学院第二附属小学的教学改革，是在时代列车高速前行时代背景下进行的，面临着新的机遇和挑战，有时代的迫切感。

知识经济时代的要求

知识经济时代对人才的创新能力、学习能力和适应能力提出了更高要求。传统以知识传授为主的教学模式已难以适应时代发展，教学改革必须转向培养学生的创新精神和实践能力。

（一）信息技术的飞速发展

互联网、大数据、人工智能等信息技术的快速发展，深刻改变着教育的形态。教学改革需要积极利用信息技术，创新教学模式，拓展学习时空，实现个性化学习。

（二）社会变革的深刻影响

社会结构、价值观念、生活方式的深刻变革，对教育提出了新的挑战。教学改革需要关注社会发展需求，培养学生的社会责任感、适应能力和终身学习能力。

（三）教育改革的深化推进

国家持续深化教育改革，对提高教育质量、促进教育公平、落实立德树人提出了更高要求。教学改革是落实国家教育改革部署的关键举措。

（四）学生发展的新特点

当代学生视野开阔、思维活跃、个性鲜明，对教育的需求更加多样化和个性化。教学改革必须关注学生的新特点和新需求，提供更加适合的教育。

第二节 教学改革的核心理念与目标追求

一、教学改革的核心理念

济宁学院第二附属小学的教学改革，秉持以下核心理念。

（一）学生为本，全面发展

教学改革始终坚持以学生发展为本，将促进学生的全面发展作为出发点和落脚点。关注学生的个体差异和潜能发展，尊重学生的主体地位，激发学生的学习兴趣和内在动力，培养德智体美劳全面发展的时代新人。

（二）素养导向，能力为重

教学改革以培养学生的核心素养为导向，超越单纯的知识传授，更加注重学生关键能力和必备品格的培养。强调培养学生的学习能力、思维能力、创新能力、实践能力和社会责任感，为学生的终身发展奠定坚实基础。

（三）文化浸润，立德树人

教学改革充分发挥学校地处孔子故里的文化优势，将中华优秀传统文化特别是儒家文化融入教学全过程。通过“君子教育”等特色实践，实现知识传授与价值引领的统一，培养具有深厚文化底蕴和高尚道德情操的时代君子。

（四）教学相长，共同成长

教学改革倡导建立民主、平等、和谐的师生关系，营造教学相长的良好氛围。鼓励教师在教学实践中不断反思、学习和成长，实现师生的共同发展。

（五）改革创新，追求卓越

教学改革坚持与时俱进，勇于探索和创新，不断优化教学模式和方法。追求卓越的教学质量和育人效果，努力办好人民满意的教育。

二、教学改革的目标追求

基于核心理念，学校教学改革追求以下具体目标。

（一）转变教学观念

引导教师树立以学生为中心、以素养为导向、以能力为重心的现代教学观念，摒弃陈旧的教学思想和方法。

（二）优化教学内容

根据课程标准和学生发展需求，精选和优化教学内容，突出重点，突破难点，增强教学内容的时代性、基础性和选择性。

（三）创新教学模式

积极探索和实践符合学校特色和学生特点的教学模式，如“君子课堂”教学模式、项目式学习、探究式学习、合作式学习等，提高教学的有效性和吸引力。

（四）改进教学策略

鼓励教师运用启发式、讨论式、参与式等多种教学策略，激发学生的学习兴趣和主动性，促进师生互动和生生互动。

（五）丰富教学资源

开发和利用多样化的教学资源，包括校本教材、数字资源、社会资源等，为教学提供有力支持。

（六）提升教学技能

加强教师教学基本功训练和专业发展，提升教师的课程设计能力、课堂驾驭能力、信息技术应用能力和教学反思能力。

（七）完善评价体系

建立多元化、发展性的教学评价体系，关注学生的学习过程和全面发展，发挥评价的诊断、激励和导向作用。

（八）提高教学质量

全面提高课堂教学质量和效率，促进学生学业水平和综合素养的提升，实现减负增效。

第三节 教学改革的实践路径与创新举措

一、构建“君子课堂”教学模式

“君子课堂”是济宁学院第二附属小学教学改革的核心探索，旨在将君子教育理念融入课堂教学实践，构建具有学校特色的高效课堂模式。

（一）“君子课堂”的核心理念

1.和而不同，尊重差异：尊重学生的个体差异和不同见解，鼓励学生独立思考，大胆质疑，营造开放包容的课堂氛围。

2.学思并重，启迪智慧：注重启发学生思维，引导学生深入思考，将知识学习与思维训练相结合，培养学生的批判性思维和创新能力。

3.知行合一，学以致用：强调理论联系实际，将课堂学习与生活实践相结合，引导学生运用所学知识解决实际问题。

4.教学相长，共同进步：建立民主平等的师生关系，鼓励师生互动、生生互动，实现教师与学生的共同成长。

（二）“君子课堂”的实施策略

1.“诵读—感悟—思辨—践行”四环节教学法

诵读：通过朗读、背诵等方式，积累语言，感受文化，培养语感。

感悟：引导学生体会文本内涵，理解知识意义，产生情感共鸣。

思辨：设置启发性问题，组织讨论辨析，培养学生的思辨能力。

践行：设计实践性任务，引导学生将所学应用于实际生活，做到知行合一。

2.创设情境，激发兴趣

根据教学内容，创设与学生生活经验相关、富有启发性的教学情境，激发学生的学习兴趣和探究欲望。

3.问题驱动，引导探究

以精心设计的问题链驱动课堂教学，引导学生围绕问题思考、探究和讨论，培养学生发现问题、分析问题和解决问题的能力。

4.合作学习，互助共进

合理组织小组合作学习，明确分工，加强指导，培养学生的合作意识和沟通能力，实现优势互补，共同进步。

5.多元评价，关注过程

采用课堂观察、学习档案、作品展示、小组互评等多种评价方式，关注学生的学习过程和参与度，及时给予反馈和鼓励。

（二）“君子课堂”的实践案例以语文学科《论语》选读课为例

诵读：学生齐读、分组读、个别读相关章节，感受语言韵律。

感悟：教师引导学生结合注释和自身经验，理解“己所不欲，勿施于人”等经典语句的含义。

思辨：设置情境问题，如“在现代社会，我们应该如何理解和践行‘仁’？”，组织学生讨论辨析。

践行：布置课后任务，让学生观察和记录生活中体现“仁爱”的行为，并分享自己的实践体会。

二、深化课程整合与跨学科教学

学校积极打破学科壁垒，推进课程整合和跨学科教学，培养学生的综合素养和解决复杂问题的能力。

（一）主题式课程整合

围绕特定主题，整合不同学科的知识和技能，开展主题式教学活动。

主题选择：选择具有综合性、探究性和实践性的主题，如“儒润圣城”“中华传统节日”“科技改变生活”等。

内容整合：将语文、数学、科学、艺术、道德与法治等学科的相关内容融入主题活动中。

实施方式：通过项目学习、研究性学习、综合实践活动等形式开展。

案例：“水韵曲阜”主题活动，整合了地理（沂河水系）、历史（沂河变迁）、语文（沂河诗词）、美术（沂河绘画）、音乐（沂河小曲）等学科内容，通过实地考察、资料查阅、模型制作、成果展示等方式进行。

（二）跨学科项目学习

设计和实施跨学科项目学习，引导学生运用多学科知识解决真实世界的问题。

项目设计：设计具有挑战性的真实问题或任务，需要运用多学科知识才能解决。

团队合作：学生组成项目小组，分工合作，共同完成项目任务。

过程指导：教师提供必要的指导和支持，引导学生制订计划、收集信息、分析问题、提出方案、展示成果。

案例：“设计一款校园节水装置”项目，需要运用科学（水的性质、杠杆原理）、数学（测量计算）、美术（设计图绘制）、劳技（模型制作）等学科知识。实现学科内部渗透融合在单一学科教学中，注重渗透其他学科的知识和方法，拓展学生的知识视野。

语文+历史：在古诗文教学中，介绍相关的历史背景和人物故事。

数学+科学：在数学教学中，结合科学现象和实验数据教学。

美术+音乐：在美术欣赏课中，播放与画作风格或主题相关的音乐。

体育+德育：在体育教学中，培养学生的团队精神、拼搏精神和规则意识。

三、推进信息技术与教学深度融合

学校热情积极拥抱教育数字化，对数字化变革保持必要的敏锐性，以应用驱动，利用信息技术赋能教学改革，创新教学方式，提升教学效果。

（一）建设智慧教学环境

1.硬件升级：为教室配备交互式电子白板、高速网络、学生平板电脑等硬件设备。

2.软件平台：搭建智慧校园平台、在线学习平台、教学资源库等软件系统。

3.空间改造：改造教室布局，创建支持小组合作、探究学习的灵活学习空间。

（二）开发与应用数字资源

1.资源库建设：建设覆盖各学科、各年级的数字化教学资源库，包括微课、课件、动画、虚拟实验等。

2.教师资源开发：鼓励教师自主开发或合作开发优质数字教学资源。

3.资源共享机制：建立校内资源共建共享机制，促进优质资源的流通和应用。

（三）创新数字化教学模式

1.混合式学习：将线上学习与线下课堂教学相结合，拓展学习时空，满足个性化学习需求。

2.翻转课堂：引导学生课前在线学习基础知识，课堂上深入讨论、协作探究和问题解决。

3.虚拟仿真实验：利用虚拟现实（VR）、增强现实（AR）技术开展虚拟仿真实验，解决实验条件限制、危险性高等问题。

4.个性化学习路径：利用学习分析技术，诊断学生的学习需求，推送个性化的学习资源和学习路径。

（四）提升师生信息素养

1.教师专业发展：定期开展信息技术应用能力培训，提升教师的数字化教学能力。

2.学生培养：开设信息技术课程，培养学生的信息意识、计算思维、数字化学习与创新能力。

3.技术支持：提供必要的技术支持和指导，解决师生在应用信息技术中遇到的问题。

四、优化作业设计与课后服务

学校积极落实“双减”政策要求，优化作业设计，丰富课后服务，切实减轻学生负担，提高育人质量。

（一）优化作业设计，提质减负

1.总量控制：严格控制作业总量和时长，小学一、二年级不布置书面家庭作业，三至六年级书面作业平均完成时间不超过60分钟。

2.结构优化：减少重复性、机械性作业，增加探究性、实践性、综合性作业。

3.分层设计：根据学生学习能力差异，设计分层作业，满足不同学生的需求。

4.形式创新：探索项目式作业、主题式作业、跨学科作业等新型作业形式。

5.质量提升：加强作业设计研究，提高作业的针对性、有效性和趣味性。

6.反馈改进：及时批改反馈作业，加强面批讲解，分析学情，改进教学。

（二）丰富课后服务，满足需求

1.“5+1”模式：全面推行课后服务“5+1”模式，每周5天课后服务，每天2小时的课后服务时间，其中安排1节社团活动。

2.内容丰富：提供学业辅导、兴趣拓展、体育锻炼、艺术活动、劳动实践等多样化的课后服务内容。

3.资源整合：充分利用校内师资、设施，并积极引入校外专业人员和优质资源参与课后服务。

4.自主选择：尊重学生和家长的意愿，提供自主选择的服务项目。

5.质量保障：建立课后服务质量评估和监管机制，确保服务质量和安全。

6.特色项目：开设“新六艺”社团、科技创新俱乐部、传统体育项目等特色课后服务项目。

五、健全教学评价与质量监控机制

学校建立科学、多元、发展性的教学评价体系，加强教学质量监控，促进教学改革的深入发展。

（一）改革学生评价

1.过程性评价：注重对学生学习过程的评价，记录学生的参与度、努力程度和进步情况。

2.增值性评价：关注学生在原有基础上的发展和进步，而非简单的分数排名。

3.综合素质评价：建立学生综合素质评价体系，全面反映学生的德智体美劳发展水平。

4.多元评价方式：采用课堂表现、作业情况、项目成果、实践活动、学业测试等多种方式评价。

（二）完善教师评价

1.发展性评价：将教师评价与专业发展相结合，激励教师不断改进教学，提升能力。

2.多元评价主体：引入同行评价、学生评价、家长评价等多元主体。

3.评价内容综合：评价内容包括教学设计、课堂教学、作业辅导、教研参与、学生发展等多个方面。

4.评价结果应用：将评价结果作为教师评优评先、职称晋升、绩效分配的重要依据，并用于诊断教学问题，改进教学工作。

（三）加强教学质量监控

1.常态化听评课：建立领导干部、教研组长、骨干教师常态化听评课制度。

2.教学视导：定期开展校内教学巡值视导，检查教学常规落实情况，诊断教学问题。

3.学情分析：通过作业分析、测试分析、问卷调查等方式，定期学情分析，及时调整教学策略。

4.质量报告：建立教学质量报告制度，定期向教师、家长和社会公布学校教学质量状况。

5.外部评估：积极引入第三方专业机构教学质量评估，获取客观反馈。

第四节 教学改革的成效与反思

一、教学改革取得的显著成效

经过多年的探索与实践，济宁学院第二附属小学的教学改革取得了显著成效，有力地促进了学校教育质量的提升和学生的全面发展。

（一）学生学习方式发生深刻转变

学生的学习主动性、探究精神和合作意识显著增强，从被动接受知识转向主动建构意义。课堂上，学生敢于提问、乐于讨论、善于合作，学习兴趣浓厚，思维活跃。

（二）教师专业能力得到有效提升

教师的教学观念不断更新，教学设计能力、课堂驾驭能力、信息技术应用能力和教学反思能力得到显著提升。一支理念先进、业务精湛、勇于创新的教师队伍正在形成。

（三）课堂教学质量实现稳步提高

“君子课堂”等教学模式的实践，使得课堂教学更加生动、高效、富有启发性。学生学业负担减轻，学习效果提升，教学质量稳步提高，得到了学生、家长和社会的广泛认可。

（四）学校办学特色日益彰显

以“君子教育”为核心的教学改革，形成了鲜明的学校办学特色。“君子课堂”“五育融合”“项目学习”等创新实践，使学校在区域内乃至更广范围内产生了积极影响。

（五）学生综合素养全面发展

教学改革不仅促进了学生学业水平的提高，更重要的是促进了学生核心素养的全面发展。学生的道德品质、人文底蕴、科学精神、创新能力、实践能力和社会责任感得到显著提升。

二、教学改革面临的挑战与反思

在肯定成绩的与此同时，学校也清醒地认识到教学改革仍然面临一些挑战，需要不断反思和改进。

（一）改革深度有待加强

部分教师的教学观念转变还不够彻底，传统教学模式的影响依然存在。教学改革需要在更深层次上触及教学的核心要素，如课程内容的选择与组织、学习方式的根本变革等。

（二）教师发展不够均衡

不同年龄、不同学科教师的教学改革参与度和能力水平存在差异。需要进一步加强教师专业发展和专业引领，促进教师队伍的整体发展和均衡发展。

（三）评价体系仍需完善

虽然建立了多元评价体系，但在实际操作中，学业成绩仍然是评价的主要依据。如何真正落实过程性评价、增值性评价和综合素质评价，仍需进一步探索和完善。

（四）资源整合有待优化

信息技术资源、校外教育资源等的整合与应用效率有待提高。如何更好地将各类资源有效融入教学过程，发挥最大效益，是需要持续研究的问题。

（五）长效机制尚需巩固

教学改革需要持续投入和长期坚持。如何建立更加稳定、有效的长效机制，保障教学改革的持续深入，并一以贯之，防止改革成果流于形式或出现反复，是学校需要思考的重要课题。

第十四章 家校合作：育人的重要支撑

家校合作是学校教育的重要支撑，是实现立德树人根本任务的必要条件。济宁学院第二附属小学深刻认识到家庭教育与学校教育协同一致的重要性，积极探索家校合作的有效途径，构建了具有特色的家校合作体系，形成了学校、家庭、社会协同育人的良好格局。

第一节 家校合作的理论基础与价值意蕴

一、家校合作的理论基础

济宁学院第二附属小学的家校合作实践，建立在深厚的理论基础之上，既汲取了中华优秀传统文化的教育智慧，又吸收了现代教育理论的精髓。

（一）中华传统家教文化的启示

中华民族历来重视家庭教育，形成了丰富的家教文化传统，为现代家校合作提供了宝贵的思想资源。

1.“家国同构”思想

中国传统文化中的“修身、齐家、治国、平天下”理念，体现了家庭教育与社会教育的内在联系。家庭被视为社会的基本单位，家庭教育被视为社会教育的基础。这一思想启示我们，家校合作应当立足于培养具有社会责任感和家国情怀的人。

2.“三位一体”教育观

儒家教育思想强调“学校、家庭、社会”三位一体的教育观，认为教育是学校、家庭和社会的共同责任。孔子提出“弟子入则孝，出则悌”，强调家庭教育与学校教育的一致性。这一教育观为现代家校合作提供了理论依据。

3.“身教重于言教”的教育方法

中国传统家教强调父母的榜样作用，认为“其身正，不令而行；其身不正，虽令不从”。这一教育方法启示我们，家校合作应当注重家长的示范引领作用，通过家长的言传身教影响孩子。

4.“因材施教”的教育原则

儒家教育思想强调“因材施教”，主张根据学生的个性差异教育。这一原则要求家校合作中，家长和教师应当共同了解学生的特点，制订个性化的教育方案。

（二）现代教育理论的支持

现代教育理论为家校合作提供了科学的理论支撑，指导学校构建更加有效的家校合作模式。

1.生态系统理论

美国心理学家布朗芬布伦纳(Urie Bronfenbrenner)提出的生态系统理论认为，儿童的发展受到多层次环境系统的影响，包括微系统(学校、家庭)、中系统(家庭与学校的互动)、外系统(社区、父母工作环境)和宏系统(文化、政策)。这一理论强调家庭与学校互动的重要性，为家校合作提供了理论基础。

2.重叠影响力理论

美国教育学家爱普斯坦(Joyce Epstein)提出的重叠影响力理论认为，学校、家庭和社区是相互重叠的影响力领域，它们共同影响学生的学习和发展。这一理论强调学校、家庭和社区的伙伴关系，为构建全面的校家社合作提供了理论框架。

3.家长参与理论

家长参与理论认为，家长积极参与学校教育活动，能够提高学生的学业成就、行为表现和社会适应能力。这一理论为家长参与学校教育提供了理论依据，指导学校设计多样化的家长参与途径。

4.社会资本理论

社会资本理论认为，学校、家庭和社区之间的关系网络是一种重要的社会资本，可以促进信息交流、资源共享和互助合作。这一理论为家校合作中的资源整合和网络构建提供了理论支持。

（三）国家政策的指导

国家关于家庭教育和家校合作的政策法规，为学校开展家校合作提供了政策依据和方向指引。

1.《中华人民共和国家庭教育促进法》

2021年颁布的《中华人民共和国家庭教育促进法》，明确了家庭教育的法律地位和基本原则，规定了学校在家庭教育指导中的责任和义务，为家校合作提供了法律保障。

2.《关于加强家庭教育实践的指导意见》

中共中央办公厅、国务院办公厅印发的《关于加强家庭教育实践的指导意见》，强调了家庭教育的重要性，明确了学校、家庭、社会协同育人的工作机制，为家校合作指明了方向。

3.《义务教育法》

《义务教育法》规定，学校应当主动与学生家长联系，通报学生的学习、品行情况，共同做好学生的教育实践。这为学校开展家校合作提供了法律依据。

4.《中小学德育工作指南》

《中小学德育工作指南》强调，学校应当建立健全家校合作机制，形成教育合力，共同促进学生健康成长。这为学校德育工作中的家校合作提供了具体指导。

二、家校合作的价值意蕴

家校合作具有丰富的价值意蕴，对学生发展、家庭教育、学校教育和社会和谐都具有重要意义。

（一）学生发展的价值

家校合作对学生的全面发展具有不可替代的价值。

1.促进学生全面发展

家校合作能够整合家庭和学校的教育资源，为学生提供更加全面、系统的教育，促进学生德智体美劳全面发展。当家庭和学校的教育理念一致、教育方法协调时，学生能够在一个和谐统一的教育环境中健康成长。

2.提高学生学业成就

研究表明，家长积极参与学校教育，关注孩子的学习情况，能够显著提高学生的学习动机和学业成就。家校合作可以帮助家长了解学校的教育目标和教学内容，更好地支持孩子的学习。

3.改善学生行为表现

家校合作有助于形成一致的行为规范和价值观念，减少学生的行为问题。当家长和教师共同关注学生的行为表现，及时沟通和干预，学生的自律能力和社会适应能力会得到提升。

4.增强学生安全感和归属感

家校合作能够为学生创造一个安全、温暖、支持性的成长环境，增强学生的安全感和归属感。当学生感受到家长和教师的共同关心和支持时，他们的心理健康水平和幸福感会显著提高。

（二）对家庭教育的价值

家校合作对提升家庭教育质量具有重要价值。

1.提高家长教育意识和能力

通过家校合作，作为孩子终生的陪伴者、指导者，家长可以了解现代教育理念和方法，提高教育意识和能力。学校可以为家长提供专业的家庭教育指导，帮助家长掌握科学的教育方法，改进家庭教育实践。

2.优化家庭教育环境

家校合作有助于家长反思和改进家庭教育环境，创造更有利于孩子成长的家庭氛围。学校可以引导家长关注家庭关系、亲子互动、家庭文化等因素对孩子成长的影响，优化家庭教育环境。

3.减轻家长教育焦虑

当代家长普遍存在教育焦虑，家校合作可以为家长提供专业支持和情感支持，减轻家长的教育焦虑。通过与教师的沟通交流，家长可以更加客观地了解孩子的发展情况，减少不必要的担忧和压力。

4.促进家庭教育的科学化

家校合作可以促进家庭教育的科学化、规范化和专业化。学校可以将先进的教育理念和方法传递给家长，引导家长摒弃不科学的教育观念和方法，采用更加科学、有效的家庭教育方式。

（三）对学校教育的价值

家校合作对提升学校教育质量具有积极价值。

1.拓展学校教育资源

家长是学校重要的教育资源，家校合作可以充分发挥家长的专业特长、社会资源和教育潜能，拓展学校的教育资源。家长可以参与学校的课程开发、活动组织、资源建设等工作，丰富学校的教育内容和形式。

2.提高教育教学质量

家校合作有助于教师更加全面地了解学生，针对学生的个性特点和需求，调整教育教学策略，提高教育教学质量。家长的反馈和建议也可以帮助学校发现教育教学中的问题，不断改进和完善。

3.增强学校教育实效

家校合作可以延伸和拓展学校教育，使学校教育的内容和要求在家庭中得到巩固和强化，增强学校教育的实效性。当家庭和学校形成教育合力时，教育效果会事半功倍。

4.提升学校管理水平

家校合作有助于学校建立更加民主、开放、透明的管理机制，提升学校管理水平。家长的参与和监督可以促进学校不断改进管理方式，提高管理效能，增强学校的社会责任感和服务意识。

（四）对社会和谐的价值

家校合作对促进社会和谐具有重要价值。

1.促进教育公平

家校合作可以帮助弱势家庭获得更多的教育支持和资源，促进教育公平。学校可以通过家校合作，了解不同家庭的教育需求和困难，提供有针对性的支持和帮助，缩小教育差距。

2.增强社区凝聚力

家校合作可以促进家长之间、家长与教师之间的交流和互动，增强社区的凝聚力和归属感。通过共同参与学校活动和社区服务，家长和教师可以建立更加紧密的社会关系网络，形成互助互信的社区氛围。

3.传承优秀文化

家校合作可以成为传承中华优秀传统文化的重要途径。学校和家庭可以共同通过学生的“小手拉大手”开展传统文化教育活动，从学校这个文明高地延伸到家庭，培养学生的文化认同感和自信心，促进中华优秀传统文化的传承和发展。

4.构建和谐社会

家校合作是构建和谐社会的重要基础。作为学生教育的共同持份者、责任人，通过家校合作，可以培养学生的社会责任感和公民意识，促进家庭和睦、邻里和谐、社会稳定，为构建和谐社会奠定坚实基础。

第二节 家校合作的实践模式与运行机制

一、家校合作的实践模式

孔孟大地是闻名全国的母教原乡。这里，不仅诞生伟大的至圣先师孔子，还孕育了一代“亚圣”孟子。“忠厚传家久，诗书继世长”，孔孟之乡乃至齐鲁大地自古以来就重视家庭教育的光荣传统。孔母阙里施教、孔子诗礼庭训、昔日孟母三迁的家庭教育故事至今流传，为曲阜家庭耳熟能详。“木铎声声振，儒风代代传”，济宁学院第二附属小学长期以来始终坚持探索“传承好家风，共育新君子”，在家校合作育人方面做出大量实践探索并取得显著成效。济宁学院第二附属小学在长期的家校合作实践中，探索形成了“四位一体”的家校合作模式，即以“家长学校、家长委员会、家访制度、家校互动平台”为核心的家校合作体系。

（一）家长学校：提升家长素养的平台

家长学校是学校面向全体家长开展家庭教育指导的重要平台，旨在提升家长的教育素养和能力。

1.组织架构

领导机构：成立家长学校领导小组，由校长任组长，分管副校长任副组长，德育主任、年级组长、班主任代表等为成员。

教师团队：组建家长学校教师团队，包括学校骨干教师、心理健康教育教师、特邀专家等。

年级分校：按年级设立家长学校分校，由年级组长担任分校负责人，负责本年级家长学校活动的组织实施。

2.课程体系

家长学校构建了系统的课程体系，包括基础课程、专题课程和实践课程三个层次。

基础课程：面向全体家长，内容包括家庭教育基本理念、方法和技巧，如《家庭教育的基本原则》《科学的亲子沟通》《如何培养孩子的学习习惯》等。

专题课程：针对不同年龄段学生家长的需求，设置专题课程，如低年级《儿童早期阅读指导》，中年级《如何培养孩子的自主学习能力》，高年级《青春期教育与引导》，各年级适用的《家庭教育金点子》等。

实践课程：通过家庭教育案例分析、家长经验分享、亲子活动指导等形式，帮助家长将理论知识转化为实践能力。

3.教学形式

家长学校采用多样化的教学形式，满足不同家长的学习需求。

集中讲座：每学期定期举办家庭教育专题讲座，邀请教育专家、心理学家、优秀家长等授课。

小组研讨：组织家长小组，围绕特定主题研讨和交流，分享经验和困惑。

案例分析：选取典型的家庭教育案例分析和讨论，提高家长的实际问题解决能力。

在线学习：利用网络平台，提供家庭教育在线课程和资源，方便家长随时学习。

实践活动：组织家长参与亲子活动、家庭教育实践，将理论知识应用于实际教育中。

4.评价反馈

建立家长学校评价反馈机制，不断改进和完善家长学校工作。

需求调查：定期开展家长需求调查，了解家长的学习需求和困惑，有针对性地设计课程内容。满意度评价：每次活动后满意度评价，收集家长的反馈意见，及时调整和改进。

效果评估：通过问卷调查、访谈等方式，评估家长学校的教育效果，检验家长的学习成果和实践应用情况。

（二）家长委员会：家长参与的组织保障

家长委员会是家长参与学校教育和管理的重要组织形式，是家校合作的桥梁和纽带，是教育责任的共同持份者。

1.组织结构

校级家长委员会：由各年级家长代表组成，设主任1名，副主任若干名，委员若干名，任期一年，可连选连任。

年级家长委员会：由各班家长代表组成，负责本年级的家长工作。

班级家长委员会：由班级家长选举产生，一般设主任1名，委员若干名，负责本班的家长工作。

2.工作职责

参与决策：参与学校重大决策的讨论和咨询，提供家长的意见和建议。

支持教育：支持和配合学校的教育教学工作，协助组织各类教育活动。

沟通协调：加强家长与学校、家长与家长之间的沟通和协调，反映家长的意见和要求。

监督评价：参与学校教育教学质量和管理水平的监督和评价，促进学校改进和发展。

资源整合：整合家长资源，为学校教育提供支持和帮助。

3.运行机制

定期会议：校级家长委员会每学期召开2—3次全体会议，年级和班级家长委员会根据需要召开会议。

工作计划：每学期制订家长委员会工作计划，明确工作目标和任务。

活动组织：组织开展家长志愿服务、家长讲堂、家长开放日等活动。

信息反馈：建立信息反馈机制，及时向学校反映家长的意见和建议，向家长通报学校的工作情况。

4.特色活动

“家长志愿者”活动：组织家长志愿者参与学校的安全值守、活动组织、课程辅导等工作。

“家长讲堂”活动：邀请不同职业的家长走进课堂，分享职业知识和人生经验。

“家长开放日”活动：定期举办家长开放日，邀请家长走进校园，参观教学活动，了解学校工作。

“家长助教”活动：邀请有专业特长的家长担任助教，参与学校的课程教学和活动指导。

（三）家访制度：深入了解的重要途径

家访是教师深入了解学生家庭情况、加强与家长沟通的重要途径，是家校合作的传统而有效的形式。尽管现代通信工具发达、便捷，但家访这一教育传统仍有其重要作用。

1.家访类型

常规家访：每学期对全体学生一次常规家访，了解学生的家庭情况和学习环境。

专项家访：针对特殊学生（如学习困难、行为问题、家庭变故等）专项家访，提供针对性的指导和帮助。

集中家访：在寒暑假或特定时间段，组织教师集中开展家访活动。

网络家访：利用电话、视频等方式远程家访，适用于距离较远或时间冲突的情况。

2.家访内容

了解家庭情况：包括家庭成员、经济状况、教育资源、家庭氛围等。

沟通学生表现：向家长反馈学生在校的学习、行为、交往等方面的表现。

了解家长期望：了解家长对孩子的教育期望和对学校的建议。

指导家庭教育：根据学生的具体情况，为家长提供有针对性的家庭教育指导。

共商教育策略：与家长共同商讨适合学生的教育策略和方法。

3.家访流程

前期准备：制订家访计划，准备家访材料，与家长预约时间。

家访实施：按照预定时间家访，注重礼仪和技巧，营造轻松和谐的氛围。

记录整理：填写家访记录表，记录家访内容和发现的问题。

后续跟进：根据家访情况，制订后续教育计划，并跟踪指导。

总结反馈：定期总结家访情况，分析存在的问题，改进家访工作。

4.家访创新

主题家访：围绕特定主题（如阅读习惯、生活习惯、学习方法等）开展家访。

多方参与：邀请学校心理教师、社区工作者等多方参与家访，提供综合支持。

家访成果展示：通过家访故事分享、家访案例分析等形式，展示家访成果，交流家访经验。

家访资源库：建立家访资源库，收集整理家访案例、家访技巧、家访工具等资源，为教师提供支持。

（四）家校互动平台：信息沟通的有效渠道

家校互动平台是利用现代信息技术，实现家校之间便捷、高效沟通的重要渠道。

1.平台构建

线上平台：包括学校网站家长专区、家校通App、班级微信群、钉钉群、家长QQ群等。

线下平台：包括家长会、家长开放日、家长接待日、家长信箱等。

纸质媒介：包括家校联系手册、学生成长记录册、家校通讯等。

展示平台：包括家长工作展示区、家长参与成果展等。

2.功能设计

信息发布：发布学校通知、教育动态、活动安排等信息。

学情反馈：反馈学生的学习情况、行为表现、成长变化等。

互动交流：提供家长与教师、家长与家长之间的交流平台。

资源共享：分享家庭教育资源、学习资料、教育信息等。

在线咨询：提供在线咨询服务，解答家长的教育困惑。

意见反馈：收集家长的意见和建议，改进学校工作。

3.运行管理

责任分工：明确各平台的负责人和管理员，确保平台的正常运行。

内容审核：建立内容审核机制，确保平台信息的准确性和适宜性。

及时响应：建立快速响应机制，及时回应家长的问题和需求。

定期维护：定期对平台维护和更新，确保平台的稳定和安全。

使用培训：为教师和家长提供平台使用培训，提高平台的使用效率。

4.特色应用

“每日一课”：每天推送一条家庭教育小贴士，帮助家长提升教育能力。

“成长档案”：记录学生的成长历程，包括学习成果、活动参与、荣誉奖励等。

“家长课堂”：提供在线家庭教育课程和资源，方便家长随时学习。

“互动社区”：创建家长互动社区，促进家长之间的交流和互助。

“预约系统”：提供在线预约功能，方便家长预约教师面谈或参与学校讲座活动。

二、家校合作的运行机制

为确保家校合作的有效开展，济宁学院第二附属小学建立了科学、规范、高效的运行机制。

（一）组织领导机制

1.领导体系

家校合作工作领导小组：由校长任组长，分管副校长任副组长，班级部主任、少先队大队辅导员、级部组长等为成员，负责家校合作工作的总体规划和决策。

家校合作工作办公室：设在班级部，负责家校合作日常工作的组织协调和实施管理。

年级家校合作工作组：由年级组长任组长，班主任为成员，负责本年级的家校合作工作。

班级家校合作工作组：由班主任任组长，任课教师和班级家长委员会成员为成员，负责本班的家校合作工作。

2.职责分工

学校层面：制定家校合作工作规划和制度，统筹协调各方资源，监督评估工作成效。

年级层面：根据学校规划，制订本年级家校合作工作计划，组织实施年级层面的家校合作活动。

班级层面：落实学校和年级的工作要求，开展班级层面的家校合作活动，与家长保持密切沟通。

教师层面：积极参与家校合作活动，与家长保持良好沟通，提供专业的家庭教育指导。

家长层面：通过家长委员会等组织形式，参与学校教育和管理，支持和配合学校工作。

（二）制度保障机制

1.规章制度

《家校合作工作管理办法》：明确家校合作的目标、原则、内容、形式和要求。

《家长学校管理制度》：规范家长学校的组织管理、课程体系、教学实施和评价反馈。

《家长委员会工作章程》：明确家长委员会的组织结构、选举程序、工作职责和运行机制。

《家访工作制度》：规定家访的类型、内容、程序、要求和记录方式。

《家校沟通制度》：规范家校沟通的渠道、方式、频率和内容。

2.工作流程

计划—实施—评估—改进的工作流程：每学期制订家校合作工作计划，组织实施各项活动，定期评估工作成效，不断改进和完善。

问题—分析—对策—落实的问题解决流程：及时发现家校合作中的问题，分析原因，制定对策，落实解决。

3.激励约束

教师激励：将家校合作工作纳入教师考核体系，对表现突出的教师给予表彰和奖励。

家长激励：对积极参与家校合作的家长给予肯定和表彰，如评选“优秀家长志愿者”“家校合作先进家庭”等。

责任追究：对不履行家校合作职责的教师批评教育和责任追究。

（三）资源整合机制

1.人力资源整合

教师资源：充分发挥教师的专业优势，为家长提供教育指导和支持。

家长资源：挖掘家长的职业特长和专业背景，为学校教育提供支持。

社会资源：引入社会专业人士，如心理咨询师、教育专家等，为家校合作提供专业支持。

2.物质资源整合

场地资源：利用学校和社区的场地资源，开展家校合作活动。

设备资源：整合学校和家庭的设备资源，支持教育教学活动。

经费资源：学校设立家校合作专项经费，同时吸引社会捐助和家长支持。

3.信息资源整合

教育资源：整合学校和社会的教育资源，为家长提供丰富的家庭教育资源。

信息平台：建立家校信息共享平台，促进信息的流通和共享。

专业网络：建立家庭教育专业支持网络，为家长提供专业的咨询和指导。

（四）评价反馈机制

1.评价内容

工作过程评价：评价家校合作工作的计划制订、组织实施、资源投入等过程性指标。

工作成效评价：评价家校合作对学生发展、家长成长、教师提升、学校发展的促进作用。

满意度评价：评价家长、教师、学生对家校合作工作的满意程度。

2.评价方式

自评：学校、教师、家长自我评价，反思工作成效和不足。

互评：学校与家长、教师与家长之间相互评价，提供多角度的反馈。

第三方评价：引入教育主管部门、专业机构等第三方客观评价。

3.反馈改进

定期总结：每学期对家校合作工作总结，分析成效和问题。

问题诊断：针对评价中发现的问题，深入分析和诊断。

改进措施：制定针对性的改进措施，不断完善家校合作工作。

跟踪评估：对改进措施的实施效果跟踪评估，形成持续改进的循环。

第三节 家校合作的特色项目与实践案例

一、“君子家风”建设项目

“君子家风”建设项目是济宁学院第二附属小学家校合作的特色项目，旨在传承中华优秀传统文化，培养学生的君子品格，构建和谐家庭文化。

（一）项目背景与意义

1.文化传承的需要

济宁作为孔子故里，拥有丰富的儒家文化资源。学校立足地域文化优势，将儒家“君子”教育理念引入家庭教育，促进中华优秀传统文化的传承和发展。

2.家庭建设的需要

当前家庭教育中存在重智轻德、重知识轻品格的倾向，家风建设被忽视。“君子家风”项目旨在引导家庭重视品德教育和家风建设，培养学生的君子品格。

3.家校协同的需要

学校的“君子教育”需要家庭的配合和支持，“君子家风”项目为家校协同育人提供了有效途径，形成学校教育与家庭教育的合力。

（二）项目内容与实施

1.“君子家训”征集与实践

家训征集：组织“我家的家训”征集活动，鼓励每个家庭结合自身特点和传统文化，制定适合自己的家训。

家训展示：举办“君子家训”展示活动，通过展板、视频、演讲等形式展示各家的家训。

家训实践：引导家庭将家训融入日常生活，通过家庭会议、家庭活动等形式践行家训。

家训评选：开展“最美家训”评选活动，表彰具有典型意义的家训及其实践。

2.“君子家书”撰写与交流

家书撰写：组织“君子家书”撰写活动，引导家长和学生互相写信，表达关爱、期望和感恩。

家书朗读：举办“家书朗读会”，邀请家长和学生朗读自己的家书，分享情感体验。

家书展示：将优秀家书汇编成册，在校园内展示，传播家庭教育的正能量。

家书传统：鼓励家庭建立定期写家书的传统，增进亲子沟通和情感交流。

3.“君子家规”制定与执行

家规研讨：组织家长参加“家规与家教”研讨会，学习科学的家庭教育方法。

家规制定：引导家庭民主制定家规，明确家庭成员的权利、责任和行为规范。

家规执行：鼓励家庭成员共同遵守家规，形成良好的家庭秩序和氛围。

家规调整：定期评估家规的执行情况，根据家庭发展和孩子成长的需要，适时调整家规。

4.“君子家事”分担与合作

家务分工：引导家庭合理分配家务，让孩子承担适合年龄的家务劳动。

家庭会议：鼓励家庭定期举行家庭会议，共同商讨家庭事务，培养民主协商精神。

家庭活动：组织丰富多彩的家庭活动，如家庭读书会、家庭旅行、家庭公益等，增进家庭凝聚力。

家庭仪式：鼓励家庭建立特色家庭仪式，如生日仪式、节日仪式、成长仪式等，增强家庭认同感。

（三）项目特色与创新

1.文化传承与创新相结合

项目既注重传统家风家训的传承，又鼓励家庭结合现代生活创新家风内容和形式，实现传统文化的创造性转化和创新性发展。

2.家校互动与家庭自主相结合

项目既有学校的引导和支持，又尊重家庭的自主性和多样性，鼓励家庭根据自身特点和需求，自主开展家风建设。

3.理论学习与实践体验相结合

项目既注重家庭教育理论的学习，又强调在日常生活中的实践应用，通过实践体验加深对理论的理解和内化。

4.个体成长与家庭发展相结合

项目既关注学生个体的品格培养，又注重整个家庭的和谐发展，促进家庭成员的共同成长。

（四）项目成效与影响

1.学生层面

学生的君子品格得到培养，表现出更多的孝敬、诚信、礼仪、责任等优良品质。

学生的家庭责任感增强，主动参与家务劳动和家庭事务。

学生与父母的沟通更加顺畅，亲子关系更加和谐。

2.家庭层面

家庭教育观念更加科学，家长更加注重品德教育和家风建设。

家庭氛围更加和谐，家庭成员之间的沟通和理解增强。

家庭教育方式更加民主，家长更加尊重孩子的个性和需求。

3.学校层面

学校的“君子教育”得到家庭的有力支持，形成了家校协同育人的良好格局。

学校与家庭的联系更加紧密，家长对学校的认同感和支持度提高。

学校的教育影响力扩大，成为传承和弘扬中华优秀传统文化的重要阵地。

4.社会层面

项目经验在区域内推广，影响了更多学校和家庭。

项目成果得到社会认可，多次在市级、省级家庭教育评比中获奖。

项目为构建社会主义家庭文明新风尚做出了积极贡献。

二、“家长课堂”项目

“家长课堂”项目是济宁学院第二附属小学家校合作的创新实践，旨在发挥家长的专业特长和资源优势，丰富学校课程资源，拓宽学生视野。

（一）满足多种需求

1.教育资源的拓展需求

学校教育资源有限，而家长群体中蕴含着丰富的专业知识、职业经验和社会资源，“家长课堂”项目旨在整合这些资源，丰富学校课程内容。

2.学生综合素养的培养需求

培养学生的综合素养需要多元化的教育内容和形式，“家长课堂”项目通过引入不同行业、不同领域的家长资源，为学生提供多元化的学习体验。

3.家长参与学校教育的需求

家长希望更深入地参与学校教育，了解学校教育过程，“家长课堂”项目为家长提供了参与学校教育的平台和机会。

（二）分类课程资源

1.“职业体验”课堂

课程内容：由不同职业的家长走进课堂，介绍自己的职业知识、工作内容和职业精神，帮助学生了解不同职业的特点和要求。

实施方式：每月安排1~2次“职业体验”课，每次邀请1~2位家长主讲，面向特定年级或全校学生开放。

特色活动：组织“职业体验周”，集中邀请多位不同职业的家长分享，并组织学生参观家长工作场所，实地体验。

成果展示：学生撰写职业体验报告，制作职业介绍手册，举办职业梦想展示活动。

2.“专业知识”课堂

课程内容：由具有专业特长的家长开设专业知识课程，如科学实验、艺术欣赏、健康知识、法律常识等，拓展学生的知识面。

实施方式：根据家长的专业特长和学生的兴趣需求，开设选修课程或专题讲座，学生自愿选择参加。

特色活动：组织“专家面对面”活动，邀请专业领域的家长与学生互动交流，解答学生的疑问。

成果应用：将家长分享的专业知识整理成校本教材或学习资料，供学生学习参考。

3.“兴趣特长”课堂

课程内容：由具有特殊兴趣爱好或特长的家长开设兴趣课程，如书法、绘画、音乐、舞蹈、手工、烹饪等，培养学生的兴趣特长。

实施方式：以社团活动或兴趣小组的形式开展，由家长担任指导教师，定期组织活动。

特色活动：举办“家长特长展示会”，邀请具有特长的家长展示和教学，激发学生的学习兴趣。

成果展示：定期举办学生作品展示会，展示在家长指导下完成的作品，肯定学生的学习成果。

4.“家长助教”课堂

课程内容：家长作为助教，协助教师开展常规课程教学，如阅读指导、实验辅助、小组活动指导等。

实施方式：根据课程需要和家长特长，安排家长担任特定课程的助教，配合教师开展教学活动。

特色活动：开展“家长助教日”活动，集中邀请家长参与课堂教学，体验教师工作。

反馈改进：定期收集教师、学生和家长对“家长助教”的反馈意见，不断改进和完善。

（三）家长课堂呈创新

1.资源整合的创新

项目创新性地整合了家长资源，将家长的专业知识、职业经验和兴趣特长转化为学校教育资源，丰富了学校课程内容。

2.参与方式的创新

项目为家长参与学校教育提供了多样化的方式，家长可以根据自己的时间、能力和特长，选择适合的参与方式，降低了参与门槛。

3.教育形式的创新

项目打破了传统的教师授课模式，引入了多元化的教育主体和形式，为学生提供了更加丰富多彩的学习体验。

4.评价方式的创新

项目采用多元化的评价方式，注重学生的兴趣、参与度和成长变化，而非简单的知识考核，促进了学生的全面发展。

第四节 家校合作的成效反思与发展展望

一、家校合作的主要成效

济宁学院第二附属小学通过多年的家校合作实践，取得了显著成效，形成了良好的家校协同育人格局。

（一）学生发展方面的成效

1.全面发展水平提高

家校合作为学生的全面发展创造了有利条件，学生在德智体美劳各方面都取得了明显进步。特别是在品德修养、学习能力、身心健康、艺术素养和劳动习惯等方面，表现出较高水平。

2.学业成绩稳步提升

家校合作促进了学生的学习积极性和效率，学生的学业成绩稳步提升。学校的教学质量评估结果显示，近三年来，学生的学业水平测试成绩持续提高，优秀率和及格率均有明显提升。

3.行为习惯明显改善

家校合作促进了学生良好行为习惯的养成。学生的自律意识增强，遵守校规校纪的自觉性提高，文明礼貌、团结互助、诚实守信等良好品质得到培养。

4.心理健康状况良好

家校合作为学生的心理健康发展创造了良好环境。学生的心理健康水平普遍较高，自信心、抗挫折能力、人际交往能力等方面表现良好，心理问题发生率低于同类学校平均水平。

（二）家庭教育方面的成效

1.家长教育观念更新

通过家长学校、家长讲座、家长读书会等活动，家长的教育观念得到更新，更加注重孩子的全面发展和长远发展，摒弃了片面追求分数的错误观念。

2.家长教育能力提升

家长的家庭教育能力明显提升，掌握了更加科学的教育方法，能够更好地指导孩子的学习、管理孩子的行为、促进孩子的成长。

3.家庭教育氛围改善

家庭教育氛围更加和谐民主，亲子关系更加融洽，家庭成员之间的沟通更加顺畅，家庭教育的效果更加明显。

4.家庭教育资源丰富

家长获得了更加丰富的家庭教育资源，包括专业知识、实用方法、案例经验等，为提高家庭教育质量提供了有力支持。

（三）学校发展方面的成效

1.教育教学质量提升

家校合作促进了学校教育教学质量的提升。家长的参与和支持，为学校教育提供了更多资源和力量，教育教学效果更加明显。

2.学校管理更加民主

家长通过家长委员会等形式参与学校管理，提出意见和建议，促进了学校管理的民主化、科学化和规范化。

3.学校特色更加鲜明

家校合作成为学校的特色和亮点，“君子家风”“家长课堂”“家长成长营”等特色项目，彰显了学校的办学特色，提升了学校的社会影响力。

4.学校资源更加丰富

家长资源的引入，丰富了学校的教育资源，拓展了学生的学习空间，为学校的多元化发展提供了支持。

（四）社会影响方面的成效

1.家校合作经验推广

学校的家校合作经验得到推广，影响了区域内其他学校，促进了区域教育的整体发展。

2.家庭教育示范引领

学校的家庭教育指导工作起到了示范引领作用，影响了更多家庭，提升了社区的家庭教育水平。

3.社会教育资源整合

学校通过家校合作，整合了社会教育资源，促进了学校教育、家庭教育和社会教育的有机结合。

4.教育公平促进

学校通过家校合作，为弱势家庭提供更多支持和帮助，促进了教育公平，缩小了教育差距。

二、家校合作的问题与反思

在肯定成绩的与此同时，学校也清醒地认识到家校合作中存在的问题和不足，开展深入的反思。

（一）认识层面的问题与反思

1.家校合作认识不够深入

部分教师和家长对家校合作的认识还停留在表面，没有真正理解家校合作的深刻内涵和重要意义，导致合作流于形式。反思：需要加强理论学习和实践研究，深化对家校合作的认识，明确家校合作的目标、内容和方法，提高家校合作的质量和效果。

2.角色定位不够清晰

在家校合作中，学校、教师、家长的角色定位不够清晰，责任边界模糊，有时出现越位或缺位的现象。反思：需要明确各方的角色定位和责任边界，建立清晰的分工协作机制，确保各方在合作中发挥应有的作用。

3.合作意识不够平等

部分教师存在“专业优越感”，认为自己比家长更懂教育；部分家长存在“消费者心态”，认为学校应该提供全方位的服务。这种不平等的意识影响了合作的效果。反思：需要树立平等合作的意识，尊重家长的主体地位和教育权利，建立平等互助的合作关系。

（二）实践层面的问题与反思

1.参与度不够均衡

家长参与家校合作的程度存在较大差异，部分家长参与度高，而部分家长由于工作忙碌、认识不足等原因，参与度较低。反思：需要采取多样化的合作方式，降低参与门槛，提高家长参与的便利性和灵活性，吸引更多家长参与。

2.内容设计不够精准

家校合作活动的内容设计有时不够精准，没有充分考虑不同家长的需求和特点，导致活动效果不够理想。反思：需要加强需求调研，了解不同家长的需求和特点，有针对性地设计合作内容，提高活动的针对性和有效性。

3.形式方法不够多样

家校合作的形式和方法有时比较单一，缺乏创新和吸引力，难以满足不同家长的需求和期望。反思：需要创新合作形式和方法，运用现代信息技术，拓展合作渠道，提高合作的吸引力和有效性。

4.评价反馈不够及时

家校合作的评价反馈机制不够完善，对合作效果的评估不够及时和全面，影响了合作的持续改进。反思：需要建立科学的评价反馈机制，及时收集各方的意见和建议，不断改进和完善合作工作。

（三）机制层面的问题与反思

1.制度保障不够完善

家校合作的制度保障不够完善，有些工作缺乏明确的制度规范，导致执行不够到位。反思：需要完善家校合作的制度体系，明确工作流程和标准，确保各项工作有章可循、有据可依。

2.资源整合不够充分

家校合作中的资源整合不够充分，学校、家庭、社会的资源没有得到最大化的利用和共享。反思：需要加强资源整合和共享，建立资源共享平台，促进各类资源的有效利用。

3.激励机制不够有效

家校合作的激励机制不够有效，对积极参与合作的教师和家长的激励不够，影响了参与的积极性。反思：需要建立有效的激励机制，对积极参与家校合作的教师和家长给予适当的肯定和奖励，提高参与的积极性。

4.长效机制不够稳定

家校合作的长效机制不够稳定，有些工作依赖个人的热情和投入，缺乏制度化、常态化的保障。反思：需要建立稳定的长效机制，将家校合作纳入学校的常规工作，确保工作的持续性和稳定性。

三、家校合作的发展趋势与展望

基于对家校合作实践的总结和反思，学校对家校合作的未来发展开展展望，明确了发展方向和策略。

（一）发展趋势

1.专业化趋势

家校合作将朝着更加专业化的方向发展，学校的家庭教育指导将更加专业化，家长参与学校教育的方式也将更加专业化。

2.数字化趋势

信息技术的发展将推动家校合作的数字化转型，线上线下相结合的家校合作模式将成为主流，数字化工具和平台将广泛应用于家校沟通和合作。

3.个性化趋势

家校合作将更加注重个性化，根据不同家庭和学生的特点和需求，提供个性化的合作内容和方式，满足多样化的教育需求。

4.社区化趋势

家校合作将与社区教育更加紧密结合，形成学校、家庭、社区三位一体的教育共同体，共同承担教育责任，共享教育资源。

（二）发展目标

1.构建全员参与的家校合作体系。目标是实现全体家长和教师的广泛参与，形成人人参与、人人受益的家校合作格局。

2.建立多元协同的家校合作机制。目标是建立学校、家庭、社会多元协同的合作机制，形成教育合力，共同促进学生的全面发展。

3.创新高效便捷的家校合作方式。目标是创新家校合作方式，运用现代信息技术，提高合作的效率和便捷性，降低参与门槛，提高参与度。

4.提升科学专业的家校合作质量。目标是提高家校合作的科学性和专业性，提升合作的质量和效果，为学生的发展提供更好的支持。

（三）发展策略

1.深化认识，更新理念

加强理论学习和实践研究，深化对家校合作的认识。开展教师和家长的培训，更新教育理念，树立协同育人的意识。明确各方的角色定位和责任边界，建立平等互助的合作关系。

2.完善机制，强化保障

完善家校合作的制度体系，明确工作流程和标准。建立稳定的长效机制，将家校合作纳入学校的常规工作。加强资源整合和共享，建立资源共享平台。建立有效的激励机制，提高参与的积极性。

3.创新形式，提高效率

运用现代信息技术，创新家校合作形式。建立线上线下相结合的家校互动平台，提高沟通效率。设计多样化的合作活动，满足不同家长的需求。优化工作流程，提高合作的效率和便捷性。

4.提升能力，增强实效

加强教师的家庭教育指导能力培训，提高指导的专业性。提升家长的教育素养和能力，增强家庭教育的实效。加强学校的家校合作组织和管理能力，提高工作质量。建立科学的评价反馈机制，不断改进和完善合作工作。

（四）未来展望

1.构建“智慧家校”平台

利用人工智能、大数据等技术，构建“智慧家校”平台，实现家校之间的智能化、个性化沟通和合作，提高合作的效率和质量。

2.打造“校家社”教育共同体

整合学校、家庭、社区的教育资源，打造“校家社”教育共同体，形成三位一体的教育格局，共同承担教育责任，共享教育资源。

3.建设“学习型家庭”网络

引导和支持家庭建设“学习型家庭”，促进家长和孩子的共同学习和成长，形成终身学习的家庭氛围，构建学习型家庭网络。

4.创建“家校合作”示范基地

将学校建设成为“家校合作”示范基地，突出学校对家庭教的引领，不断总结和推广家校合作的经验和做法，引领区域家校合作工作的发展，为提高区域教育质量做出贡献。

第十五章 社会协同：育人的广阔平台

社会协同育人是学校教育的重要延伸和补充，是全面实施素质教育、促进学生全面发展的必然要求。济宁学院第二附属小学立足于“菁莪乐育”的办学理念，积极探索学校、家庭、社会协同育人的有效途径，构建了开放多元的社会协同育人体系，形成了学校教育、家庭教育、社会教育有机结合的教育格局。本章将系统阐述学校社会协同育人的理论基础、实践模式、运行机制、特色项目和成效反思，全面展现学校在促进社会协同育人方面的探索与实践。

第一节 社会协同育人的理论基础与价值意蕴

一、社会协同育人的理论基础

济宁学院第二附属小学的社会协同育人实践，建立在深厚的理论基础之上，既汲取了中华优秀传统文化的教育智慧，又吸收了现代教育理论的精髓。

（一）中华传统教育思想的启示

中华民族历来重视社会各方面对教育的参与和支持，形成了丰富的社会协同育人传统，为现代社会协同育人提供了宝贵的思想资源。

“社会即学校”思想。中国传统教育思想认为，社会是一所大学校，生活即教育。孔子提出“三人行，必有我师焉”，强调向社会各方学习的重要性。这一思想启示我们，教育不应局限于学校围墙之内，而应充分利用社会资源，拓展教育空间。

“知行合一”教育观。王阳明的“知行合一”思想强调知识与实践的统一，认为真知必须通过实践获得，真行必须以知识为指导。这一教育观为社会实践教育提供了理论依据，启示我们将课堂教学与社会实践相结合，促进学生知行统一。

“经世致用”教育理念。中国传统教育强调“经世致用”，主张学以致用，学习的目的在于应用于实际生活和社会实践。这一理念启示我们，教育应当面向社会、服务社会，培养学生的社会责任感和实践能力。

“家国同构”教育思想。中国传统文化中的“修身、齐家、治国、平天下”理念，体现了个人、家庭、国家、社会的内在联系。这一思想启示我们，教育应当培养学生的家国情怀和社会责任感，促进个人发展与社会发展的和谐统一。

（二）现代教育理论的支撑

现代教育理论为社会协同育人提供了科学的理论支撑，指导学校构建更加有效的社会协同育人模式。

生态系统理论。布朗芬布伦纳提出的生态系统理论认为，儿童的发展受到多层次环境系统的影响，包括微系统(学校、家庭)、中系统(家庭与学校的互动)、外系统(社区、父母工作环境)和宏系统(文化、政策)。这一理论强调社会环境对儿童发展的重要影响，为社会协同育人提供了理论基础。

社会建构主义理论维果茨基(Lev Vygotsky)的社会建构主义理论强调，学习是一个社会互动的过程，儿童的认知发展离不开社会文化环境和社会互动。这一理论为社会协同育人提供了认知心理学的支持，强调社会环境和社会互动对学生学习的重要作用。

社会资本理论。社会资本理论认为，社会关系网络是一种重要的资源，可以促进信息交流、资源共享和互助合作。这一理论为学校整合社会资源、构建社会协同育人网络提供了理论支持。

终身教育理论。终身教育理论强调，教育是贯穿人的一生的持续过程，不仅限于学校教育阶段。这一理论为学校拓展教育空间、延伸教育时间、丰富教育内容提供了理论依据。

多元智能理论。霍华德·加德纳(Howard Gardner)的多元智能理论认为，人的智能是多元的，包括语言智能、逻辑—数学智能、空间智能、音乐智能、身体—运动智能、人际智能、内省智能和自然观察智能等。这一理论为学校利用社会资源，促进学生多元智能发展提供了理论支持。

（三）国家政策的指导

国家关于社会协同育人的政策法规，为学校开展社会协同育人提供了政策依据和方向指引。

《中华人民共和国教育法》:《教育法》明确规定，国家鼓励企业事业组织、社会团体及其他社会组织和个人依法举办和参与教育事业。这为社会力量参与教育提供了法律保障。

《关于加强和改进新时代中小学思想政治理论课建设的意见》：该意见强调，要充分发挥爱国主义教育基地、革命纪念场所等校外思政课堂的作用，加强与社会实践活动、研学旅行的有机衔接。这为学校开展社会实践教育提供了政策支持。

《关于全面加强和改进学校美育工作的意见》：该意见提出，要整合学校与社会美育资源，推动学校美育与社会文化教育相互融合。这为学校开展社会美育教育提供了政策指导。

《关于推进中小学生研学旅行的意见》：该意见明确了研学旅行的重要意义和基本原则，为学校开展研学旅行活动提供了政策依据。

《关于深化教育教学改革全面提高义务教育质量的意见》：该意见强调，要建立健全学校家庭社会协同育人机制，形成教育合力。这为学校构建社会协同育人体系提供了政策指导。

二、社会协同育人的价值意蕴

社会协同育人具有丰富的价值意蕴，对学生发展、学校教育、社会进步都具有重要意义。

（一）对学生发展的价值

社会协同育人对学生的全面发展具有不可替代的价值。

拓展学习空间：社会协同育人打破了学校围墙的限制，将教育空间从课堂扩展到社会各个领域，为学生提供了更加广阔的学习空间。学生可以在博物馆、科技馆、图书馆、企业、社区等场所学习，获得更加丰富多样的学习体验。

丰富学习内容：社会协同育人丰富了学习内容，使学生能够接触到课本以外的知识和信息。通过参观访问、社会调查、志愿服务等活动，学生可以了解社会现实、感受社会变化、认识社会问题，拓展知识视野。

提升实践能力：社会协同育人强调实践体验，为学生提供了应用知识、锻炼能力的机会。通过参与社会实践活动，学生可以将课堂所学知识应用于实际情境，培养解决问题的能力和创新精神。

培养社会责任：社会协同育人有助于培养学生的社会责任感和公民意识。通过参与社区服务、志愿活动、公益项目等，学生可以了解社会需求、关注社会问题、参与社会建设，逐步形成对社会的责任感和使命感。

促进全面发展：社会协同育人为学生的全面发展创造了条件。通过多样化的社会活动和体验，学生可以发展多元智能，培养综合素质，实现德智体美劳全面发展。

（二）对学校教育的价值

社会协同育人对提升学校教育质量具有积极价值。

拓展教育资源：社会协同育人可以整合社会各方面的教育资源，弥补学校教育资源的不足。社会机构、企事业单位、社区组织等都可以为学校提供场地、设备、师资、课程等资源，丰富学校的教育内容和形式。

创新教育方式：社会协同育人促进了教育方式的创新。通过引入社会资源和力量，学校可以开展项目学习、问题解决、社会调查、志愿服务等多样化的教育活动，突破传统课堂教学的局限，创新教育方式。

提高教育实效：社会协同育人有助于提高教育的实效性。通过将教育内容与社会实际相结合，学生可以在真实情境中学习和应用知识，增强学习的针对性和实用性，提高教育效果。

促进教育改革：社会协同育人为教育改革提供了新的思路和方向。通过引入社会力量和资源，学校可以突破传统教育模式的局限，探索新的教育理念和方法，推动教育改革和创新。

提升学校影响：社会协同育人有助于提升学校的社会影响力和美誉度。通过与社会各方面的合作和互动，学校可以扩大社会影响，获得更多的社会支持和认可，提升学校的品牌形象。对社会发展的价值：社会协同育人对促进社会发展具有重要价值。促进教育公平社会协同育人有助于促进教育公平。通过整合社会资源，可以为不同地区、不同学校的学生提供更加均衡的教育机会和资源，缩小教育差距，促进教育公平。

传承文化价值：社会协同育人有助于传承和弘扬中华优秀传统文化。通过与文化机构、非物质文化遗产传承人等的合作，可以将传统文化资源引入学校教育，促进文化传承和创新。

培养社会人才：社会协同育人有助于培养适应社会发展需要的人才。通过与企业、科研机构等的合作和综合实践，可以了解社会对人才的需求，调整教育内容和方式，培养具有创新精神和实践能力的人才。

促进社区建设：社会协同育人有助于促进社区建设和发展。学校与社区的合作，可以增强社区的教育功能，提升社区的文化品质，促进社区的和谐发展。

推动社会进步：社会协同育人有助于推动社会的进步和发展。通过培养具有社会责任感和创新精神的人才，可以为社会的可持续发展提供人才支持和智力支持。

第二节 社会协同育人的实践模式与运行机制

一、社会协同育人的实践模式

济宁学院第二附属小学在长期的社会协同育人实践中，探索形成了“四位一体”的社会协同育人模式，即以“社区共建、基地合作、企业联动、网络协同”为核心的社会协同育人体系。

（一）社区共建：学校与社区的互动合作

社区是学校最直接的社会环境，学校与社区的互动合作是社会协同育人的重要形式。

1.共建内容

环境共建：学校与社区共同创建良好的育人环境，包括校园周边环境整治、社区文化环境建设、安全卫生环境维护等。

资源共享：学校向社区开放图书馆、体育场馆、多功能厅等设施，社区向学校提供活动场地、文化设施、人力资源等支持。

活动共办：学校与社区共同举办文化活动、体育比赛、科普讲座、艺术展演等活动，丰富师生和社区居民的文化生活。

服务共促：学校组织师生参与社区服务，如环保宣传、文明劝导、敬老助残等；社区为学校提供安全保障、交通疏导、环境维护等服务。

教育共管：学校与社区共同关注青少年的成长和教育，协同解决学生的思想、学习、生活等方面的问题。

2.组织形式

学校—社区联席会议：定期召开学校与社区的联席会议，协商解决共同关心的问题，制订合作计划。

学校—社区工作站：在社区设立学校工作站，在学校设立社区工作站，促进双方的沟通和合作。

学校—社区志愿服务队：组建由教师、学生和社区居民组成的志愿服务队，开展各类志愿服务活动。

学校—社区共建委员会：成立由学校、社区、家长代表组成的共建委员会，负责规划和协调共建工作。

3.特色项目

“社区小公民”培养计划：组织学生参与社区治理和服务，培养社区意识和公民责任感。

“社区文化大讲堂”：邀请社区文化能人、非遗传承人等走进校园，开展文化传承活动。

“绿色社区共创行动”：师生与社区居民共同参与环保活动，创建绿色社区。

“邻里守望”关爱行动：组织学生关爱社区空巢老人、留守儿童等弱势群体。

“社区安全教育基地”：与社区共建安全教育基地，开展安全教育和演练活动。

（二）基地合作：学校与教育基地的深度合作

教育基地是学校教育的重要延伸和补充，学校与各类教育基地的深度合作，可以丰富教育内容，拓展教育空间。

1.合作类型

爱国主义教育基地：与革命纪念馆、烈士陵园、历史博物馆等合作，开展爱国主义教育。

科技教育基地：与科技馆、天文台、自然博物馆等合作，开展科学教育和探究活动。

文化艺术基地：与文化馆、美术馆、音乐厅等合作，开展文化艺术教育和审美体验。

生态环保基地：与自然保护区、湿地公园、生态农场等合作，开展生态环保教育。

职业体验基地：与各类职业体验中心、企业展示馆等合作，开展职业启蒙教育。

2.合作方式

课程共建：学校与教育基地共同开发校本课程，将基地资源转化为教育内容。

活动共办：学校与教育基地共同举办各类教育活动，如科技节、艺术节、读书节等。

师资共享：教育基地的专业人员担任学校的兼职教师，学校教师参与基地的教育活动设计。

研学共促：学校组织学生到教育基地开展研学活动，教育基地为学校提供专业指导。

评价共议：学校与教育基地共同制定评价标准，对合作成效评估和反馈。

3.特色项目

“博物馆里的课堂”：与孔子博物馆合作，将博物馆资源转化为课程资源，开展主题教学活动。

“科技创新体验营”：与科技馆合作，开展科技创新和实验探究活动。

“非遗传承工作坊”：与文化馆合作，邀请非物质文化遗产传承人进校园，开展传统文化体验活动。

“生态探秘之旅”：与自然保护区合作，开展生态观察和环保实践活动。

“职业梦想体验站”：与职业体验中心合作，开展职业体验和生涯规划活动。

（三）企业联动：学校与企业的互利合作

企业是社会的重要组成部分，学校与企业的互利合作，可以为学生提供丰富的学习资源和实践机会。

1.合作内容

资源支持：企业为学校提供资金、设备、场地等支持，提供综合实践机会。

人才培养：企业参与学校的人才培养过程，分享职业经验，引领职业规划。

课程开发：学校与企业共同开发与产业发展、职业需求相关的课程内容。

技术支持：企业为学校提供技术支持和专业指导，促进学校的信息化建设和教育创新。

文化交流：学校与企业文化交流，相互学习，共同发展。

2.合作形式

企业开放日：定期组织学生参观企业，了解企业文化、生产流程和职业要求。

企业专家进校园：邀请企业专家到校开展讲座、指导实践活动、担任兼职教师。

校企共建实验室：企业与学校共建实验室或创新工作室，为学生提供实践平台。

校企合作项目：学校与企业共同开展研究项目或实践项目，解决实际问题。

3.特色项目

“企业家进校园”讲座系列：邀请企业家走进校园，分享创业经历和职场经验。

“小小工程师”培养计划：与科技企业合作，开展科技创新和工程实践活动。

“绿色企业探访”活动：与环保企业合作，了解绿色生产和可持续发展理念。

“传统工艺体验”工作坊：与传统工艺企业合作，体验传统工艺制作过程。

“未来职业规划”指导活动：与人力资源企业合作，开展职业规划和生涯指导活动。

（四）网络协同：学校与网络平台的创新合作

网络平台是现代社会的重要组成部分，学校与各类网络平台的创新合作，可以拓展教育空间，创新教育方式。

1.合作领域

在线教育平台：与在线教育平台合作，引入优质的在线课程和教育资源。

社交媒体平台：利用社交媒体平台，拓展学校的宣传渠道，增强与社会的互动。

知识共享平台：与知识共享平台合作，分享学校的教育成果和经验。

公益服务平台：通过公益服务平台，组织参与各类公益活动和志愿服务。

创新创业平台：与创新创业平台合作，培养学生的创新精神和创业意识。

2.合作方式

资源共享：学校与网络平台共享教育资源，如课程、教材、案例等。

项目合作：学校与网络平台共同开展教育项目，如在线课程开发、教育应用研发等。

活动联办：学校与网络平台共同举办各类线上线下活动，如网络科技节、在线阅读节等。

技术支持：网络平台为学校提供技术支持和服务，促进学校的信息化建设。

人才培养：学校与网络平台共同培养具有信息素养和创新能力的人才。

3.特色项目

“云端课堂”项目：与在线教育平台合作，开发和应用在线课程，拓展学习空间。

“数字公民”培养计划：与互联网企业合作，培养学生的信息素养和网络道德。

“网络安全教育”活动：与网络安全企业合作，开展网络安全教育和防护培训。

“在线志愿服务”平台：与公益服务平台合作，组织开展在线志愿服务活动。

“创客空间”建设：与创新创业平台合作，建设校园创客空间，培养创新能力。

二、社会协同育人的运行机制

为确保社会协同育人的有效开展，济宁学院第二附属小学建立了科学、规范、高效的运行机制。

（一）组织领导机制

1.领导体系

社会协同育人工作领导小组：由校长任组长，分管副校长任副组长，德育主任、教导主任、年级组长等为成员，负责社会协同育人工作的总体规划和决策。

社会协同育人工作办公室：设在德育处，负责社会协同育人日常工作的组织协调和实施管理。

年级社会协同育人工作组：由年级组长任组长，班主任为成员，负责本年级的社会协同育人工作。

班级社会协同育人工作组：由班主任任组长，任课教师和家长代表为成员，负责本班的社会协同育人工作。

2.职责分工

学校层面：制定社会协同育人工作规划和制度，统筹协调各方资源，监督评估工作成效。

年级层面：根据学校规划，制订本年级社会协同育人工作计划，组织实施年级层面的社会协同育人活动。

班级层面：落实学校和年级的工作要求，开展班级层面的社会协同育人活动，与家长和社会各方保持密切沟通。

教师层面：积极参与社会协同育人活动，发挥专业优势，指导学生参与社会实践。

学生层面：主动参与社会协同育人活动，在实践中学习、成长和发展。

3.制度保障机制规章制度

《社会协同育人工作管理办法》：明确社会协同育人的目标、原则、内容、形式和要求。

《社会实践活动管理制度》：规范社会实践活动的组织、实施、安全管理和评价反馈。

《校外教育基地合作管理制度》：规定校外教育基地的选择、合作、使用和评估。

《企业合作项目管理制度》：规范与企业合作的项目申报、实施、监督和评价。

《网络平台合作管理制度》：规定与网络平台合作的内容、方式、安全管理和效果评估。

4.工作流程

计划—实施—评估—改进的工作流程：每学期制订社会协同育人工作计划，组织实施各项活动，定期评估工作成效，不断改进和完善。

需求—对接—合作—评价的合作流程：明确教育需求，寻找合适的合作伙伴，开展深入合作，评价合作效果。

5.激励约束

教师激励：将社会协同育人工作纳入教师考核体系，对表现突出的教师给予表彰和奖励。

学生激励：对积极参与社会协同育人活动的学生给予肯定和表彰，如评选“社会实践之星”“志愿服务先进个人”等。

合作伙伴激励：对支持学校教育的社会机构、企业和个人给予感谢和表彰，如授予“教育合作伙伴”“育人贡献奖”等称号。

责任追究：对不履行社会协同育人职责的教师批评教育和责任追究。

6.资源整合机制

（二）资源调查与分析

资源调查：全面调查学校周边和社会各方面的教育资源，包括场地设施、人才队伍、文化资源、自然资源等。

需求分析：分析学校教育的需求和不足，明确需要引入的社会资源类型和数量。

匹配分析：分析社会资源与学校需求的匹配度，确定优先合作的对象和领域。

资源开发与利用

资源开发：主动联系和开发社会资源，如与社区、企业、教育基地等建立合作关系。

资源转化：将社会资源转化为教育资源，如将企业生产过程转化为职业体验课程，将社区文化活动转化为德育实践活动。

资源共享：建立资源共享机制，促进学校与社会各方的资源互通和共享。

（三）资源管理与评估

资源库建设：建立社会教育资源库，收集和整理各类社会教育资源信息。

资源使用管理：制定社会教育资源使用管理办法，规范资源的申请、使用和反馈。

资源效益评估：定期评估社会教育资源的使用效益，优化资源配置和使用。

（四）安全保障机制安全预防

风险评估：对社会协同育人活动风险评估，识别潜在的安全风险。

安全预案：制订详细的安全预案，明确应急处置流程和责任分工。

安全教育：对参与活动的师生安全教育，提高安全意识和自我保护能力。

保险保障：为参与社会实践活动的师生购买相关保险，提供风险保障。

安全管理

责任落实：明确各方的安全责任，签订安全责任书，落实安全管理责任。

人员配备：合理配备安全管理人员，确保活动过程中有专人负责安全工作。

设施检查：对活动场所和设施安全检查，确保符合安全标准。

过程监控：对活动过程全程监控，及时发现和处理安全隐患。

应急处置

应急响应：建立快速响应机制，一旦发生安全事故，立即启动应急预案。

救援保障：配备必要的救援设备和药品，确保能够及时有效地救援。

信息报告：建立信息报告制度，确保安全信息能够及时上报和处理。

善后处理：妥善处理安全事故的善后工作，包括医疗救治、心理疏导、家长沟通等。

（五）评价反馈机制

1.评价内容

活动过程评价：评价社会协同育人活动的组织实施、资源投入、参与情况等过程性指标。

活动成效评价：评价社会协同育人活动对学生发展、教师提升、学校发展的促进作用。

合作伙伴评价：评价合作伙伴的资源投入、专业支持、服务质量等方面的表现。

满意度评价：评价学生、教师、家长、合作伙伴对社会协同育人活动的满意程度。

2.评价方式

自评：学校、教师、学生自我评价，反思活动成效和不足。

互评：学校与合作伙伴、教师与学生之间相互评价，提供多角度的反馈。

3.反馈改进

定期总结：每学期对社会协同育人工作总结，分析成效和问题。

4.改进措施

制定针对性的改进措施，不断完善社会协同育人工作。

第三节 社会协同育人的特色项目与实践案例

一、“大沂河文化”研学项目

“大沂河文化”研学项目是济宁学院第二附属小学社会协同育人的特色项目，旨在利用“逝者如斯夫”的沂河优势，开展大沂河文化教育，培养学生的文化自信和家国情怀。

（一）项目背景与意义

1.文化传承的需要

曲阜拥有沂河文化资源。学校立足地域文化优势，开展大沂河文化教育，促进中华优秀传统文化的传承和发展。

2.素质教育的需要

沂河文化内涵丰富，涉及历史、地理、科技、艺术等多个领域，是开展素质教育的优质资源。通过河文化研学，可以促进学生多学科知识的融合和综合素质的提升。

3.爱国主义教育的需要

沂河是中华民族的文化瑰宝，是中华文明的重要载体。通过沂河文化研学，可以增强学生的民族自豪感和文化自信，培养爱国主义情怀。

4.项目内容与实施课程开发与实施

校本课程开发：开发《大沂河文化》校本课程，系统介绍大沂河的历史、地理、科技、艺术、民俗等方面的知识。

学科融合教学：将大沂河文化融入语文、数学、科学、艺术等学科教学，实现多学科融合。

专题讲座：邀请沂河文化研究专家、水利专家、非遗传承人等进校园，开展专题讲座。

研究性学习：组织学生开展大沂河文化的研究性学习，如“沂河的水利工程”“沂河的文化”等专题研究。

5.实地研学与体验

孔子博物馆研学：组织学生参观孔子博物馆，了解沂河的历史变迁和文化内涵。

沂河沿线考察：组织学生考察大沂河济宁段，实地了解沂河的地理环境和水利设施。

非遗体验活动：组织学生参与大沂河沿线的非物质文化遗产体验活动，如孔子作春秋处，子在川上曰等。

水上体验活动：组织学生体验大沂河水上活动，如乘船游览、水上安全教育等。

6.文化创作与展示

艺术创作：组织学生创作以大沂河为主题的绘画、书法、摄影、音乐、舞蹈等艺术作品。

文学创作：组织学生创作以大沂河为主题的诗歌、散文、故事等文学作品。

模型制作：组织学生制作大沂河的沙盘模型、船只模型、水利设施模型等。

成果展示：举办“大沂河文化”主题展览，展示学生的研学成果和创作作品。

社会服务与宣传

文化宣传：组织学生开展大沂河文化的宣传活动，如制作宣传册、拍摄宣传片、开展社区宣讲等。

环保行动：组织学生参与大沂河水环境保护活动，如水质监测、垃圾清理、植树造林等。

导游服务：培训学生担任大沂河文化的小导游，为游客提供讲解服务。

文化交流：与大沂河沿线其他学校开展文化交流活动，分享研学成果和经验。

（二）效果：本项目实现三个结合

1.地域特色与文化传承相结合

项目充分利用济宁作为大沂河文化带重要节点城市的优势，将地域特色与文化传承相结合，让学生在家乡的文化土壤中汲取营养，增强文化认同感和自豪感。

2.课堂学习与实践体验相结合

项目既注重课堂学习，系统传授大沂河文化知识，又强调实践体验，组织学生实地研学和体验活动，实现知行合一。

3.多学科融合与综合素质培养相结合

项目打破学科界限，将大沂河文化融入多个学科的教学中，促进学生多学科知识的融合和综合素质的提升。

4.传统文化与现代技术相结合

项目既注重传统文化的传承，又运用现代技术手段，如VR技术、数字博物馆等，创新教育方式，增强教育效果。

（三）项目成效与影响

1.学生层面

学生对大沂河文化的认知和理解显著提升，形成了系统的大沂河文化知识体系；学生的文化自信和民族自豪感增强，对中华优秀传统文化产生了浓厚兴趣；学生的综合素质得到提升，特别是在历史思维、地理思维、科学思维、艺术审美等方面有明显进步；学生的社会责任感增强，主动参与大沂河文化的保护和传承活动。

2.学校层面

学校形成了以大沂河文化为特色的校本课程体系，丰富了学校的课程资源。学校与社会各方建立了广泛的合作关系，拓展了教育资源和空间；学校的教育特色更加鲜明，社会影响力和美誉度提升；学校的教师队伍专业素质提高，特别是在跨学科教学和研学指导方面的能力增强。

3.社会层面

项目促进了大沂河文化的保护和传承，为大沂河文化带建设做出了贡献。项目经验在区域内推广，影响了更多学校开展地域文化教育；项目成果得到社会认可，保护母亲河大沂河行动被市级成果评比中获奖；项目为地方性构建文明枪式做出了积极贡献。

二、“小小志愿者”培养项目

“小小志愿者”培养项目是济宁学院第二附属小学社会协同育人的创新实践，旨在通过组织学生参与志愿服务活动，培养学生的社会责任感、公民意识和实践能力。

（一）项目缘起

德育教育的需要。志愿服务是德育教育的重要载体，通过参与志愿服务，学生可以在实践中培养爱心、责任感、奉献精神等优良品质。

社会实践的需要。小学生需要通过社会实践活动，了解社会、融入社会、服务社会，提高社会适应能力和实践能力。

公民教育的需要。培养具有社会责任感和公民意识的新时代好少年，是学校教育的重要任务。通过志愿服务，可以培养学生的公民素养和社会责任感。

（二）项目内容与实施组织建设

1.志愿服务

队伍建设：成立学校“小小志愿者”服务队，下设各年级、班级分队，建立完善的组织结构。

志愿者培训：对“小小志愿者”系统培训，包括志愿服务理念、服务技能、安全知识等。

志愿者管理：建立志愿者注册、服务记录、评价反馈等管理制度，规范志愿服务活动。

志愿者激励：设立“优秀小志愿者”“志愿服务之星”等荣誉称号，激励学生积极参与志愿服务。

2.服务领域

校园服务：在校园内开展文明劝导、环境保护、图书管理、活动协助等志愿服务。

社区服务：走进社区开展环境整治、文明宣传、邻里互助等志愿服务。

特殊群体服务：关爱老人、残疾人、留守儿童等特殊群体，提供陪伴、学习辅导、生活帮助等服务。

公共场所服务：在图书馆、博物馆、公园等公共场所开展文明引导、讲解服务等志愿活动。

环保服务：参与环保宣传、垃圾分类、植树造林等环保志愿活动。

3.活动形式

常规服务：安排学生定期到固定场所开展志愿服务，如每周到社区养老院陪伴老人。

主题活动：围绕特定主题开展志愿服务活动，如“关爱空巢老人”“保护母亲河”等主题活动。

集中行动：在重要时间节点组织集中志愿服务行动，如“学雷锋月”“国际志愿者日”等。

项目服务：开展持续性的志愿服务项目，如“一对一帮扶”“绿色社区创建”等项目。

家庭志愿：鼓励学生带动家庭成员一起参与志愿服务，形成家庭志愿服务的良好氛围。

4.反思总结

服务日记：要求学生记录志愿服务过程和感受，撰写志愿服务日记。

分享交流：组织学生分享志愿服务经历和感悟，交流服务心得。

成果展示：举办志愿服务成果展示活动，展示志愿服务的过程和成效。

评价反馈：对志愿服务活动评价和反馈，总结经验，改进不足。

5.项目特色与创新

年龄特点与服务内容相匹配。项目根据小学生的年龄特点和能力水平，设计适合的志愿服务内容和形式，确保学生能够胜任并从中获得成长。

学科学习与志愿服务相结合。项目将志愿服务与学科学习相结合，如将环保志愿服务与科学课程结合，将关爱老人的志愿服务与品德课程结合，促进知行合一。

校内服务与校外服务相结合。项目既注重校内志愿服务，培养学生的责任意识和服务能力，又拓展校外志愿服务，增强学生的社会认知和实践能力。

常规活动与特色项目相结合。项目既有常规性的志愿服务活动，保证服务的持续性和稳定性，又有特色志愿服务项目，增强服务的吸引力和影响力。

6.项目成效与影响

学生层面

学生的社会责任感和公民意识增强，形成了服务他人、奉献社会的价值观。学生的实践能力和社会适应能力提高，学会了与不同人群沟通和合作；学生的自信心和成就感增强，在志愿服务中体验到了帮助他人的快乐和成就。学生的品德素养提升，表现出更多的爱心、责任感、团队精神等优良品质。

学校层面

学校的德育工作更加丰富多彩，形成了以志愿服务为特色的德育模式。学校与社会的联系更加紧密，拓展了教育空间和资源；学校的社会影响力和美誉度提升，赢得了社会各界的认可和支持；学校的育人成效更加显著，培养了一批具有社会责任感和实践能力的学生。

社会层面

项目促进了社会文明程度的提升，传播了志愿服务精神和文明风尚。项目为社会弱势群体提供了关爱和帮助，促进了社会和谐；项目经验在区域内推广，影响了更多学校开展志愿服务教育；项目为培养社会主义建设者和接班人做出了积极贡献。

三、“科技创新”合作项目

“科技创新”合作项目是济宁学院第二附属小学社会协同育人的重点项目，旨在通过与科研机构、高校、科技企业的合作，培养学生的科学素养、创新精神和实践能力。

（一）项目缘起

创新教育的需要。培养创新人才是国家发展的战略需求，学校教育需要注重培养学生的创新精神和实践能力。

科学教育的需要。提高学生的科学素养，培养科学思维和科学态度，是素质教育的重要内容。通过与科研机构、高校、科技企业的合作，可以为学生提供优质的科学教育资源。

教育资源的需要。学校的科技教育资源有限，需要通过与社会各方的合作，引入先进的科技设备、专业的科技人才和丰富的科技资源，提升科技教育质量。

（二）项目内容与实施组织建设

1.项目内容与实施合作伙伴

科研机构：与地方科研院所等科研机构合作，引入科研资源和专业指导。

高校：与济宁学院、山东理工大学等高校合作，利用高校的实验室、师资和科研成果。

科技企业：与科技型企业合作，了解科技应用和产业发展，体验科技创新过程。

科技场馆：与科技馆、天文台、自然博物馆等科技场馆合作，开展科普教育和实践活动。

2.合作内容

课程开发：与合作伙伴共同开发科技创新课程，如机器人编程、3D打印、人工智能入门等。

实验室共建：与合作伙伴共建科技创新实验室，如创客空间、机器人实验室、科学探究室等。

师资培训：邀请合作伙伴的专业人员对学校教师专业发展，提升教师的科技教育能力。

科技活动：与合作伙伴共同举办科技节、科学竞赛、科技夏令营等活动，激发学生的科学兴趣。

研究项目：组织学生参与适合年龄的科研项目，体验科学研究过程，培养科学探究能力。

实施方式

专家进校园：邀请科研人员、高校教师、企业工程师等进校园，开展科技讲座、实验指导、项目辅导等活动。

学生进基地：组织学生到科研机构、高校实验室、企业研发中心等参观学习，体验科研环境和科技创新过程。

线上互动：利用网络平台，开展线上科技课程、科学讲座、远程指导等活动，突破时空限制。

项目合作：学校与合作伙伴共同开展科技创新项目，如环保监测、智能家居、社区服务机器人等项目。

成果转化：将学生的创新成果转化为实际应用，如校园环境监测系统、智能垃圾分类装置等。

评价反馈

学生评价：对学生的科学素养、创新能力、实践技能等方面评价，关注学生的全面发展。

项目评价：对合作项目的实施过程、资源投入、活动效果等评价，总结经验，改进不足。

合作评价：对合作伙伴的专业支持、资源投入、服务质量等评价，优化合作关系。

成果评价：对科技创新成果的创新性、实用性、推广价值等评价，促进成果的应用和推广，项目特色与创新。

3.资源整合的创新

项目创新性地整合了科研机构、高校、企业、科技场馆等多方资源，形成了多元协同的科技教育体系，为学生提供了丰富多样的科技教育资源。

教育方式的创新。项目打破了传统的科学教育模式，引入了项目式学习、探究式学习、创客教育等创新教育方式，激发了学生的学习兴趣和创新潜能。

内容设计的创新。项目内容设计注重前沿性和实用性，既关注科技前沿，如人工智能、大数据、物联网等，又注重实际应用，如环保监测、智能家居、社区服务等，使科技教育既有高度又有温度。

评价方式的创新。项目采用多元化的评价方式，注重过程评价和成长评价，关注学生的兴趣、参与度、创新性思维和实践能力，而非简单的知识考核。

4.项目成效与影响

学生层面

学生的科学素养和创新能力显著提升，表现出浓厚的科学兴趣和探究精神。学生的实践能力和动手能力增强，能够运用所学知识解决实际问题；学生的团队合作和沟通能力提高，学会了与不同背景的人合作和交流；学生对科技相关职业产生了初步认识和兴趣。

学校层面

学校的科技教育资源得到丰富，教育条件和环境得到改善；教师队伍专业素质提高，特别是在科技教育和创新指导方面的能力增强；学校的教育特色更加鲜明，形成了以科技创新为特色的教育品牌；学校的社会影响力和美誉度提升，吸引了更多社会资源。

社会层面

项目促进了科技教育资源的社会共享，提高了科技教育的普及程度；项目为培养科技创新人才做出了积极贡献，服务了国家创新驱动发展战略。项目经验在区域内推广，影响了更多学校开展科技创新教育；项目成果得到社会认可，多次在市级、省级科技教育评比中获奖。

第四节 社会协同育人的成效反思与发展展望

一、社会协同育人的主要成效

济宁学院第二附属小学通过多年的社会协同育人实践，取得了显著成效，形成了学校、家庭、社会协同育人的良好格局。

（一）学生发展方面的成效

综合素质提升。社会协同育人为学生的综合素质提升创造了有利条件，学生在知识视野、实践能力、创新精神、社会责任感等方面都取得了明显进步。

学习方式多元化。学生的学习不再局限于课堂和教材，而是拓展到社会各个领域，学习方式更加多元化，学习资源更加丰富，学习体验更加真实。

社会适应能力增强。通过参与社会实践和社会服务，学生的社会认知更加全面，社会适应能力明显增强，能够更好地理解社会、融入社会、服务社会。

创新精神和实践能力提高。通过参与科技创新、文化创作、社会调查等活动，学生的创新精神和实践能力得到了有效培养，表现出更强的问题意识和解决问题的能力。

（二）学校发展方面的成效

教育资源丰富。通过社会协同育人，学校整合了丰富的社会教育资源，包括场地设施、专业人才、文化资源、科技资源等，弥补了学校教育资源的不足。

教育空间拓展。学校的教育空间从校园拓展到社区、博物馆、科技馆、企业、自然环境等多元场所，形成了开放多元的教育空间体系。

教育方式创新。学校的教育方式更加多样化和创新化，项目式学习、探究式学习、体验式学习、服务式学习等新型教育方式得到广泛应用。

学校特色鲜明。社会协同育人成为学校的特色和亮点，“大沂河文化”研学、“小小志愿者”培养、“科技创新”合作等特色项目，彰显了学校的办学特色，提升了学校的社会影响力。

（三）社会影响方面的成效

教育资源共享。学校与社会各方的合作，促进了教育资源的共享和优化配置，提高了教育资源的利用效率。

社会责任履行。学校通过社会协同育人，积极履行社会责任，参与社会服务，为社会发展做出了积极贡献。

文化传承创新。学校通过与文化机构、非遗传承人等的合作，参与了中华优秀传统文化的传承和创新，为文化建设做出了贡献。

人才培养质量提升。社会协同育人提高了人才培养质量，培养了一批具有社会责任感、创新精神和实践能力的学生，为社会发展提供了人才支持。

二、社会协同育人的问题与反思

在肯定成绩的与此同时，学校也清醒地认识到社会协同育人中存在的问题和不足，开展深入的反思。

认识层面的问题与反思协同育人理念不够深入。部分教师和家长对社会协同育人的认识还停留在表面，没有真正理解其深刻内涵和重要意义，导致参与不够积极，效果不够理想。反思：需要加强理论学习和实践研究，深化对社会协同育人的认识，明确其目标、内容和方法，提高参与的积极性和有效性。

育人责任边界不够清晰。社会协同育人中，学校、家庭、社会的责任边界有时不够清晰，出现责任推诿或越位干预的现象，影响了协同育人的效果。反思：需要明确各方的责任边界和协作方式，建立清晰的分工协作机制，确保各方在协同育人中发挥应有的作用。

协同意识和能力不足。部分教师的协同意识和能力不足，不善于与社会各方沟通合作，不能有效整合和利用社会资源，影响了社会协同育人的效果。反思：需要加强教师的协同能力培训，提高其沟通合作、资源整合、项目管理等方面的能力，增强协同育人的实效。

实践层面的问题与反思活动设计不够系统。社会协同育人活动有时缺乏系统设计，活动之间缺乏内在联系，难以形成系统的育人效果。反思：需要加强活动的系统设计，明确活动目标，优化活动内容，建立活动之间的内在联系，形成系统的育人体系。

资源整合不够充分。社会教育资源的整合不够充分，有些优质资源没有得到有效利用，有些资源利用效率不高，影响了协同育人的效果。反思：需要加强资源调查和分析，建立资源库，优化资源配置，提高资源利用效率，最大化发挥资源的育人价值。

评价反馈不够及时。社会协同育人活动的评价反馈机制不够完善，对活动效果的评估不够及时和全面，影响了活动的持续改进和优化。反思：需要建立科学的评价反馈机制，及时收集各方的意见和建议，对活动效果全面评估，不断改进和完善活动设计和实施。

安全管理有待加强。在校外活动中，安全管理有时存在薄弱环节，风险防控措施不够完善，存在安全隐患。反思：需要加强安全管理，完善安全预案，落实安全责任，确保社会协同育人活动的安全有序进行。

机制层面的问题与反思协同机制不够健全。学校与社会各方的协同机制不够健全，合作关系有时不够稳定，合作内容和方式不够规范，影响了协同育人的持续性和有效性。反思：需要建立健全协同机制，规范合作关系，明确合作内容和方式，确保协同育人的持续性和有效性。保障机制不够完善。社会协同育人的保障机制不够完善，在经费、时间、人员等方面的保障不足，影响了协同育人活动的开展和效果。反思：需要完善保障机制，在经费、时间、人员等方面提供必要的保障，为社会协同育人创造有利条件。

激励机制不够有效。对参与社会协同育人的教师、学生、社会人士的激励机制不够有效，影响了参与的积极性和持续性。反思：需要建立有效的激励机制，对积极参与社会协同育人的教师、学生、社会人士给予适当的肯定和奖励，提高参与的积极性和持续性。

长效机制不够稳定。社会协同育人的长效机制不够稳定，有些工作依赖个人的热情和投入，缺乏制度化、常态化的保障。反思：需要建立稳定的长效机制，将社会协同育人纳入学校的常规工作，确保工作的持续性和稳定性。

三、社会协同育人的发展趋势与展望

基于对社会协同育人实践的总结和反思，学校对社会协同育人的未来发展开展展望，明确了发展方向和策略。

（一）发展趋势

系统化趋势。社会协同育人将朝着更加系统化的方向发展，形成系统的理论体系、实践体系和评价体系，提高协同育人的科学性和有效性。

数字化趋势。信息技术的发展将推动社会协同育人的数字化转型，线上线下相结合的协同育人模式将成为主流，数字化工具和平台将广泛应用于协同育人过程。

专业化趋势。社会协同育人将更加注重专业引领和支持，专业机构和人员的参与将增加，协同育人的专业水平和质量将提升。

国际化趋势。社会协同育人将拓展国际视野，引入国际教育资源，开展国际交流与合作，培养具有国际视野和跨文化理解能力的学生。

（二）发展目标

构建全面协同的育人体系。目标是构建学校、家庭、社会全面协同的育人体系，形成教育合力，共同促进学生的全面发展。

建立多元融合的课程体系。目标是建立校内课程与校外课程、学科课程与综合课程、理论学习与实践体验多元融合的课程体系，丰富学生的学习体验。

创新高效便捷的协同方式。目标是创新协同方式，运用现代信息技术，提高协同的效率和便捷性，降低协同成本，提高协同效果。

提升科学专业的协同质量。目标是提高社会协同育人的科学性和专业性，提升协同的质量和效果，为学生的发展提供更好的支持。

（三）发展策略

深化认识，更新理念。加强理论学习和实践研究，深化对社会协同育人的认识。明确各方的责任边界和协作方式，建立清晰的分工协作机制。

完善机制，强化保障。完善社会协同育人的制度体系，明确工作流程和标准。建立稳定的长效机制，将社会协同育人纳入学校的常规工作。

创新形式，提高效率。运用现代信息技术，创新协同形式。建立线上线下相结合的协同平台，提高沟通效率。设计多样化的协同活动，满足不同学生的需求。优化工作流程，提高协同的效率和便捷性。

提升能力，增强实效。加强教师的协同能力培训，提高其沟通合作、资源整合、项目管理等方面的能力。提升学生的社会实践能力和创新能力，增强社会适应能力。加强学校的社会协同育人组织和管理能力，提高工作质量。建立科学的评价反馈机制，不断改进和完善协同工作。

（四）未来展望

构建“智慧协同”平台。利用人工智能、大数据等技术，构建“智慧协同”平台，实现学校与社会各方的智能化、个性化协同，提高协同的效率和质量。

打造“协同育人”共同体。整合学校、家庭、社区、企业、机构等各方资源，打造“协同育人“共同体，形成多元协同的育人格局，共同承担育人责任，共享育人资源。

建设“学习型社会”网络。引导和支持社会各方参与终身学习，构建学习型社会网络，为学生提供丰富的学习资源和机会，促进学生的终身学习和发展。

创建“协同育人”示范基地。将学校建设成为“协同育人”示范基地，总结和推广协同育人的经验和做法，引领区域协同育人工作的发展，为提高区域教育质量做出贡献。

第十六章 特色项目：学校发展的亮点工程

特色项目是学校在长期办学实践中，根据自身优势、社会需求和教育发展趋势，精心培育和打造的具有独特性、创新性和示范性的教育实践活动或工程。它们不仅是学校办学理念和育人模式的具体体现，更是学校发展水平和教育质量的重要标志，是学校对外展示形象、提升影响力的亮点工程。济宁学院第二附属小学秉承“菁莪乐育”的办学理念，在全方位立德树人的实践探索中，形成了一系列富有特色、成效显著的亮点项目，为学校的内涵发展和品牌建设注入了强大动力。本章将重点介绍学校在文化传承、科技创新、艺术体育、劳动教育等方面具有代表性的特色项目，展现学校在特色发展方面的探索与成就。

第一节 特色项目的内涵特征与价值意义

一、特色项目的内涵与特征

学校特色项目是指学校在遵循教育规律和人才成长规律的基础上，结合自身实际和发展需要，在教育教学的某个或某些方面形成的具有独特性、稳定性、先进性和示范性的教育实践形态。

独特性：特色项目是学校基于自身历史传统、文化底蕴、师资优势、生源特点、地理环境等因素形成的，具有鲜明的个性和独特的风格，区别于其他学校的普遍做法。

稳定性：特色项目不是昙花一现的短期行为，而是经过长期培育和实践检验，具有相对稳定性和持续性，成为学校办学传统和文化的一部分。

先进性：特色项目体现了先进的教育理念和教育思想，符合教育改革和发展的方向，具有较高的教育价值和育人功能。

示范性：特色项目具有良好的实践效果和推广价值，能够对其他学校产生积极的示范和引领作用，促进区域教育的发展。

系统性：特色项目通常不是孤立的，而是与学校的办学理念、育人目标、课程体系、管理制度等相互关联、相互支撑，构成一个有机的整体。

二、特色项目的价值与意义

特色项目的建设与发展，对于学校、学生、教师乃至社会都具有重要的价值和意义。

提升学校核心竞争力：特色项目是学校的核心竞争力所在，能够彰显学校的办学优势和特色，提升学校的品牌形象和社会声誉，吸引优质生源和教育资源。

促进学生全面发展：特色项目为学生提供了更加丰富多样的学习体验和发展机会，能够满足学生的个性化需求，发展学生的特长和潜能，促进学生的全面发展和健康成长。

推动教师专业成长：特色项目的实施需要教师具备相应的专业知识和能力，能够促进教师不断学习、研究和创新，提升教师的专业素养和教育教学水平。

深化教育教学改革：特色项目的探索和实践，往往伴随着教育理念、课程内容、教学策略、评价方式等方面的改革和创新，能够有力地推动学校教育教学改革的深化。

丰富区域教育生态：特色学校和特色项目的发展，能够丰富区域教育的形态和内涵，满足社会对多样化、高质量教育的需求，促进区域教育生态的优化和发展。

引领教育发展方向：具有先进性和示范性的特色项目，能够为其他学校提供借鉴和启示，引领教育改革和发展的方向，推动教育事业的整体进步。

第二节 文化传承类特色项目：根植传统，涵养底蕴

济宁学院第二附属小学地处儒家文化发源地，具有得天独厚的文化资源优势。学校充分利用这一优势，将中华优秀传统文化，特别是儒家文化融入教育教学全过程，形成了一系列文化传承的特色项目，旨在根植传统文化基因，涵养学生文化底蕴，培养具有民族情怀和文化自信的新时代少年。

一、“儒风雅韵”国学经典诵读项目

（一）项目背景

国学经典是中华优秀传统文化的瑰宝，蕴含着丰富的哲学思想、道德规范和人文精神。开展国学经典诵读，有助于学生了解传统文化，汲取精神营养，提升人文素养。

（二）项目目标

引导学生诵读国学经典，感受中华文化的博大精深。培养学生良好的阅读习惯和语言表达能力；涵养学生的道德情操，塑造健全的人格；增强学生的文化自信和民族自豪感。

（三）实施途径

课程融入：将国学经典诵读纳入语文、品德等相关课程，利用晨读、午读、课堂教学等时间诵读和讲解。

校本教材开发：编写《儒风雅韵》国学经典诵读校本教材，根据不同年级学生的认知水平，选取合适的经典篇目。

主题活动开展：定期举办国学经典诵读比赛、知识竞赛、情景剧表演、书法展示等主题活动，激发学生的参与兴趣。

环境营造：在校园内布置国学经典名句、书法作品等，营造浓厚的国学文化氛围。

家校共育：鼓励家长与孩子一起诵读国学经典，开展亲子阅读活动，形成家校共育的合力。

（四）项目特色

地域性：项目紧密结合济宁儒家文化发源地的地域特色，重点选取儒家经典篇目。

系统性：项目有明确的目标、系统的教材、多样的活动和完善的评价机制。

趣味性：通过丰富多彩的活动形式，激发学生的兴趣，变被动接受为主动参与。

渗透性：将国学经典诵读渗透到教育教学的各个环节和校园生活的方方面面。

项目成效：学生的国学素养和人文底蕴得到提升，学生的语言表达能力和阅读能力增强，学生的道德品质和行为习惯得到改善，校园文化氛围更加浓厚，书香气息更加浓郁。

二、“非遗传承”体验工作坊项目

（一）项目背景

非物质文化遗产是民族智慧和文明的结晶，是重要的文化资源。曲阜地区拥有丰富的非物质文化遗产，如曲阜楷木雕刻、石雕、纸坊传统造纸术、扎染等。开展非遗传承体验活动，有助于学生了解和热爱家乡文化，培养动手实践能力和审美情趣。

（二）项目目标

让学生了解家乡的非物质文化遗产，增强文化认同感；通过亲身体验，掌握部分非遗技艺的基本方法；培养学生的动手实践能力、观察能力和创造能力；提升学生的审美情趣和艺术素养；增强学生保护和传承非物质文化遗产的意识。

（三）实施途径

建立非遗工作坊：在校内建立多个非遗体验工作坊，如陶艺坊、剪纸坊、面塑坊、扎染坊等。

聘请传承人指导：邀请非物质文化遗产传承人或民间艺人到校担任指导教师，传授技艺。

开设非遗体验课程：将非遗体验纳入学校的拓展课程或社团活动，供学生自主选择。

组织参观学习：组织学生参观非遗博物馆、传承人工作室等，实地了解非遗项目。

举办成果展示：定期举办非遗作品展览、技艺展示、交流体验等活动，展示学生的学习成果。

（四）项目特色

体验性：项目强调学生的亲身体验和动手实践，在做中学，在学中做。

互动性：学生与非遗传承人、民间艺人互动交流，学习技艺，感受匠心。

地方性：项目重点选取济宁本地的非物质文化遗产项目，突出地方特色。

开放性：工作坊向全体学生开放，鼓励学生根据兴趣自主选择参与。

（五）项目成效

学生对家乡非物质文化遗产的了解和兴趣增强，学生的动手实践能力和创造能力得到锻炼和提高，学生的审美情趣和艺术素养得到提升，部分学生在非遗技艺方面展现出特长和潜能，学生保护和传承非物质文化遗产的意识增强。

第三节 科技创新类特色项目：面向未来，启迪智慧

在科技日新月异的时代背景下，培养学生的科学素养、创新精神和实践能力至关重要。济宁学院第二附属小学高度重视科技教育，通过与高校、科研机构、科技企业合作，积极搭建科技创新平台，开展丰富多彩的科技活动，形成了一系列科技创新类的特色项目。

一、“智造空间”创客教育项目

（一）项目背景

创客教育是融合创新教育、体验教育、项目学习等思想，培养学生创新能力、实践能力和解决问题能力的新型教育模式。建设创客空间，开展创客教育，是培养创新人才的重要途径。

（二）项目目标

培养学生的创新意识、创意思维和创造能力；提升学生的动手实践能力和技术应用能力；培养学生发现问题、分析问题和解决问题的能力；激发学生对科学技术的兴趣和热情。

（三）实施途径

建设创客空间：建设配备3D打印机、激光切割机、开源硬件、编程机器人、各类工具等设备的“智造空间”。

开设创客课程：开设涵盖创意设计、编程思维、电子制作、模型建构、人工智能初步等内容的创客课程。

组建创客社团：成立机器人社团、编程社团、航模社团、3D打印社团等，满足学生的不同兴趣。

开展项目式学习：围绕真实问题或挑战，组织学生开展跨学科的项目式学习，如设计智能家居模型、制作环保监测装置等。

举办创客竞赛与展示：定期举办校内创客马拉松、创意设计大赛、机器人竞赛等活动，并组织学生参加各级各类科技创新竞赛。

（四）项目特色

跨学科融合：项目融合了科学、技术、工程、艺术、数学（STEAM）等多学科

知识。

动手实践：强调“做中学”，学生通过动手操作将创意变为现实。

问题导向：以解决真实问题为导向，培养学生的综合能力。

开放共享：创客空间面向全体学生开放，鼓励分享创意和成果。

（五）项目成效

学生的创新思维和创造能力得到激发和培养，学生的动手实践能力和技术素养显著提升。学生解决问题的能力和跨学科综合能力增强，学生在各级科技创新竞赛中屡获佳绩。

二、“AI启蒙”人工智能初步项目

（一）项目背景

人工智能是引领未来的战略性技术，对教育产生了深刻影响。在小学阶段开展人工智能启蒙教育，有助于学生了解AI基本概念，培养计算思维，适应未来社会发展。

（二）项目目标

让学生了解人工智能的基本概念、发展历程和应用领域。初步掌握图形化编程工具，体验AI应用开发的基本过程。培养学生的计算思维、逻辑思维和信息素养；激发学生对人工智能的兴趣，为未来学习打下基础。引导学生思考人工智能带来的伦理和社会问题。

（三）实施途径

开设AI启蒙课程：面向中高年级学生开设人工智能初步课程，内容包括AI概念、图形化编程（如Scratch结合AI插件）、简单AI应用体验（如图像识别、语音识别）等。

利用AI教育平台：引入成熟的AI教育平台和资源，为学生提供学习工具和实践环境。

组建AI兴趣小组：成立人工智能兴趣小组，开展更深入的学习和项目探究。

举办AI主题活动：举办AI知识讲座、编程体验活动、AI创意作品展等，普及AI知识，营造学习氛围。

与高校/企业合作：邀请高校AI专业师生或企业工程师到校指导，或组织学生参观AI实验室、体验AI产品。

（四）项目特色

启蒙性：项目定位为启蒙教育，注重概念理解和兴趣培养，避免过于深奥的理论。

趣味性：采用图形化编程和游戏化学习等方式，降低学习门槛，增强趣味性。

体验性：强调动手体验，让学生在实践中感受AI的魅力。

前沿性：项目内容紧跟人工智能发展趋势，具有时代感。

（五）项目成效

学生对人工智能有了初步的认识和理解，学生的编程兴趣和计算思维得到培养，学生的信息素养和逻辑思维能力有所提升，为学生适应未来智能化社会奠定了基础。

三、“生态小卫士”环境监测项目

（一）项目背景

生态环境保护是全人类的共同责任。通过组织学生参与环境监测活动，可以增强学生的环保意识，培养科学探究能力，践行绿色发展理念。

（二）项目目标

让学生了解校园及周边环境的基本状况，关注环境问题。学习使用简单的环境监测工具和方法；培养学生的观察能力、数据分析能力和科学探究精神；增强学生的环保意识和社会责任感；引导学生践行绿色生活方式。

（三）实施途径

组建环保社团：成立“生态小卫士”环保社团，吸纳对环保感兴趣的学生。

学习监测知识：邀请环保专家或科学教师讲解环境监测的基本知识和方法，如水质检测、空气质量检测、噪声检测、土壤检测等。

配备监测工具：配备简单的环境监测仪器和试剂，如PH试纸、水质检测试剂盒、噪声计、简易空气检测仪等。

开展定点监测：在校园内及周边选取若干监测点，定期开展环境监测活动，记录数据。

数据分析与报告：指导学生对监测数据整理和分析，撰写环境监测报告，提出改进建议。

环保宣传与行动：根据监测结果，开展环保宣传活动，发起环保倡议，组织环保实践行动，如垃圾分类、节约水电、校园绿化等。

（四）项目特色

实践性强：项目以动手实践为主，学生亲身参与环境监测全过程。

问题导向：从身边的环境问题出发，引导学生关注现实，学以致用。

跨学科融合：项目融合了科学、数学、地理、品德等多学科知识。

持续性：环境监测活动定期开展，形成常态化机制。

（五）项目成效

学生的环保意识和责任感显著增强，学生的科学探究能力和数据分析能力得到提高，学生养成了良好的环保行为习惯，促进了校园及周边环境的改善，培养了一批热心环保的小卫士。

第四节 艺体健康类特色项目：多元发展，塑造身心

艺术和体育是促进学生身心健康、全面发展的重要途径。济宁学院第二附属小学坚持“健康第一”的教育理念，重视艺体教育，通过开设多样化的艺体课程，组建丰富的艺体社团，举办多彩的艺体活动，形成了促进学生多元发展、塑造健康身心的艺体健康类特色项目。

一、“墨香雅韵”书法特色项目

项目背景：

书法是中华优秀传统文化的代表，练习书法不仅能培养学生的审美情趣，还能磨炼意志，陶冶情操。学校依托儒家文化底蕴，将书法教育作为特色项目重点发展。

项目目标：

让学生了解书法的基本知识和发展历史。掌握正确的书写姿势和基本的书写技巧；培养学生的审美能力和艺术鉴赏能力；培养学生耐心细致、持之以恒的意志品

质；传承和弘扬中华优秀传统文化。

实施途径：

开设书法课程：将书法纳入校本课程体系，保证每周固定的练习时间。

建设书法教室：建设设施齐全、环境儒雅的书法专用教室。

组建书法社团：成立书法社团，为有兴趣和特长的学生提供深入学习和交流的平台。

聘请专业教师：聘请专业的书法教师或邀请书法家到校指导。

举办书法活动：定期举办书法比赛、作品展览、名家讲座、写春联等活动。

营造书法氛围：在校园内展示优秀书法作品，营造“人人爱书法“的氛围。

项目特色：

普及与提高相结合：既面向全体学生开设书法普及课程，又为有特长的学生提供提高平台。

传统与现代相结合：既注重传统技法的学习，也鼓励学生创新探索。

技能与育人相结合：不仅传授书法技能，更注重通过书法育人，培养学生的品格。

项目成效：

学生的书写水平普遍提高，养成了良好的书写习惯。学生的意志品质得到磨砺，学习更加专注；校园文化建设增添了浓厚的墨香气息。学生在各级书法比赛中取得优异成绩。

二、“活力校园”阳光体育项目

项目背景：

体育是促进学生健康成长的重要手段。学校积极响应国家“阳光体育运动”的号召，大力开展体育活动，确保学生每天锻炼两小时，促进学生体质健康水平的提升。

项目目标：

保证学生每天充足的体育锻炼时间。提高学生的身体素质和运动技能；培养学生的体育兴趣和终身体育意识；培养学生的团队合作精神和竞争意识；促进学生身心健康和谐发展。

实施途径：

开足体育课程：严格按照国家课程标准开足开好体育课，注重教学质量。

开展大课间活动：精心设计内容丰富、形式多样的大课间体育活动，确保学生每天锻炼两小时。

组建体育社团：成立篮球、足球、排球、乒乓球、羽毛球、田径、武术、健美操等各类体育社团，满足学生的不同兴趣。

举办体育竞赛：定期举办校运会、班级联赛、单项比赛等，营造浓厚的体育氛围。

改善体育设施：不断改善体育场地和设施，为学生提供良好的锻炼条件。

校家社联动：鼓励家长参与学生的体育锻炼，利用社区体育资源，形成体育合力。

项目特色：

全员参与：面向全体学生，确保每个学生都能参与到体育活动中来。

形式多样：活动形式丰富多彩，满足不同学生的兴趣和需求。

常态化开展：将阳光体育活动纳入学校日常工作，形成常态化机制。

注重育人功能：不仅关注学生的身体健康，更注重通过体育培养学生的意志品质和团队精神。

项目成效：

学生的体质健康水平显著提升，学生的运动兴趣和技能得到培养，校园体育氛围浓厚，学生充满活力。学生的团队合作精神和竞争意识增强，促进了学生的身心健康全面发展。

三、“艺彩纷呈”艺术社团项目

项目背景：

艺术教育是美育的重要组成部分，对于培养学生的审美能力、想象力和创造力具有重要作用。学校通过组建多样化的艺术社团，为学生提供展示才华、发展特长的平台。

项目目标：

培养学生的艺术兴趣和爱好；发展学生的艺术特长和潜能；提高学生的审美能

力和艺术表现力；丰富学生的校园文化生活；促进学生的个性化发展。

实施途径：

组建多元社团：根据学生兴趣和教师特长，组建合唱团、舞蹈队、器乐队、戏剧社、美术社、手工社等多元化的艺术社团。

配备专业师资：聘请校内外具有专业特长的艺术教师或艺术家担任社团指导教师。

提供活动保障：提供必要的活动场地、器材和经费保障，确保社团活动正常开展。

开展常规训练：制订科学的训练计划，利用课余时间常规训练和排练。

搭建展示平台：定期举办艺术节、文艺会演、作品展览等活动，为学生提供展示和交流的平台。

参与对外交流：组织艺术社团参加各级各类艺术比赛和展演活动，开阔视野，提升水平。

项目特色：

多样化选择：社团种类丰富，满足学生不同的艺术兴趣和需求。

专业化指导：聘请专业师资指导，保证社团活动的质量。

个性化发展：尊重学生的个性差异，为每个学生提供发展艺术特长的机会。

成果化展示：通过多种形式展示社团成果，增强学生的成就感和自信心。

项目成效：

学生的艺术兴趣和特长得到发展，学生的审美能力和艺术表现力显著提高，校园文化生活更加丰富多彩，艺术氛围浓厚，学生的自信心和团队合作精神增强，艺术社团在各级比赛和展演中取得优异成绩。

第五节 劳动实践类特色项目：崇尚劳动，锤炼品格

劳动教育是中国特色社会主义教育制度的重要内容。济宁学院第二附属小学高度重视劳动教育，将其纳入教育教学全过程，通过开设劳动课程、建设实践基地、开展劳动实践活动等途径，形成了崇尚劳动、锤炼品格的劳动实践类特色项目。

一、"开心农场"种植体验项目

项目背景：

随着城市化进程加快，许多孩子远离土地，缺乏对农业生产的了解和体验。建设校园农场，开展种植体验活动，有助于学生亲近自然，体验劳动乐趣，培养热爱劳动、珍惜粮食的品质。

项目目标：

让学生了解农作物的生长过程，学习基本的种植知识和技能；体验劳动的艰辛和乐趣，培养热爱劳动的情感；培养学生的观察能力、动手实践能力和责任意识；增强学生珍惜粮食、尊重劳动的意识；促进学生亲近自然，热爱生活。

实施途径：

开辟校园农场：利用校园空地或楼顶开辟"开心农场"，划分给各班级或社团管理。开设种植课程：将种植体验纳入劳动教育课程或综合实践活动课程。

提供技术指导：邀请农业技术人员或有经验的家长到校指导种植技术。

组织种植实践：组织学生参与翻地、播种、浇水、施肥、除草、收获等种植全过程。

开展观察记录：引导学生观察记录农作物的生长变化，撰写观察日记。

分享劳动成果：组织学生分享收获的果实，体验丰收的喜悦，或将农产品用于义卖、赠送等活动。

项目特色：

体验性强：学生全程参与种植过程，亲身体验劳动的各个环节。

趣味性浓：将劳动与游戏、观察、记录相结合，增强趣味性。

教育性深：在劳动中渗透感恩教育、生命教育、环保教育等。

持续性好：种植活动贯穿整个学期或学年，具有持续性。

项目成效：学生掌握了基本的种植知识和技能，学生体验了劳动的乐趣，培养了热爱劳动的情感，学生的观察能力和动手实践能力得到提高，学生珍惜粮食、尊重劳动的意识增强，促进了学生与自然的和谐相处。

二、“巧手慧心”生活技能项目

项目背景：

生活技能是学生适应社会、独立生活的基础。在小学阶段培养学生必要的生活技能，有助于提高学生的自理能力和生活品质。

项目目标：

让学生掌握基本的日常生活技能，如整理内务、清洁卫生、简单烹饪、缝纫修补等。培养学生的自理能力、动手能力和解决问题的能力；增强学生的独立意识和责任感；培养学生热爱生活、勤俭节约的品质。

实施途径：

开设生活技能课程：将生活技能纳入劳动教育课程或校本课程体系。

建设生活技能教室：建设配备相应设施设备的生活技能实践教室，如模拟厨房、缝纫角等。

开展实践操作：组织学生实际操作练习，如学叠衣服、学扫地、学做简单的饭菜、学钉纽扣等。

举办技能比赛：定期举办生活技能比赛，如叠被子比赛、包饺子比赛、缝纫比赛等，激发学生的学习兴趣。

家校合作：鼓励家长在家庭中有意识地培养孩子的生活技能，形成家校合力。

项目特色：

实用性强：项目内容贴近学生日常生活，具有很强的实用性。

操作性强：以动手实践为主，学生通过反复练习掌握技能。

循序渐进：根据学生年龄特点，由易到难，循序渐进地安排学习内容。

生活化：将技能学习融入日常生活，鼓励学生学以致用。

项目成效：

学生掌握了基本的日常生活技能，自理能力显著提高，学生的动手能力和解决问题的能力得到锻炼，学生的独立意识和责任感增强，学生养成了热爱生活、勤俭节约的良好品质。

三、“变废为宝”创意手工项目

项目背景：

随着社会发展，废弃物日益增多，环境保护成为重要议题。开展“变废为宝”创意手工活动，既能培养学生的环保意识，又能激发学生的创造力和动手能力。

项目目标：

增强学生的环保意识，认识到废弃物利用的价值。学习利用废旧物品创意设计和手工制作。培养学生的想象力、创造力和动手实践能力。培养学生勤俭节约、珍惜资源的品质。

实施途径：

收集废旧物品：鼓励学生收集家中的废旧物品，如塑料瓶、纸盒、旧布料、易拉罐等。

开设创意手工课程：将“变废为宝”纳入美术、手工或综合实践活动课程。

提供创意指导：教师引导学生创意构思，学习制作方法和技巧。

组织制作实践：组织学生利用废旧物品创意手工制作，如制作笔筒、花瓶、装饰品、小玩具等。

举办作品展览：定期举办“变废为宝”创意手工作品展览，展示学生的创意成果。

环保宣传：结合作品展览，开展环保宣传活动，倡导绿色生活理念。

项目特色：

环保与创意结合：将环保教育与创意手工相结合，寓教于乐。

材料来源广泛：利用生活中的废旧物品作为材料，易于获取，成本低廉。

想象空间无限：鼓励学生大胆想象，自由创作，作品形式多样。

教育意义深刻：在动手动脑中培养环保意识和创新精神。

项目成效：

学生的环保意识和节约意识增强，学生的想象力、创造力和动手能力得到发展。学生体验到变废为宝的乐趣和成就感，校园形成了崇尚节约、保护环境的良好风尚。

特色项目是学校发展的亮点工程，是学校办学理念和育人成果的集中体现。这些特色项目的实施，不仅丰富了学生的学习体验，促进了学生的全面发展，也彰显了学校的办学特色，提升了学校的核心竞争力，为学校的可持续发展注入了源源不断的活力。学校将继续深化特色项目建设，不断创新实践，努力将学校打造成特色鲜明、质量一流的现代化名校。

第十七章 创新实践：学校发展的动力源泉

创新是教育发展的不竭动力，是学校持续进步的源泉。济宁学院第二附属小学在全方位立德树人的实践中，始终坚持创新驱动发展战略，积极探索教育教学改革的新路径、新方法、新模式，形成了一系列富有成效的创新实践。这些创新实践既体现了学校对教育规律的深刻把握，又彰显了学校与时俱进的改革精神，为学校的可持续发展提供了强大动力。

第一节 教育理念创新：引领学校发展的思想引擎

教育理念是学校办学的灵魂，是指导学校各项工作的思想基础。济宁学院第二附属小学在长期的办学实践中，不断更新教育理念，形成了具有时代特色和学校特点的教育思想体系，为学校的创新发展提供了思想引领。

一、教育理念创新的背景与意义

当今世界正经历百年未有之大变局，科技革命和产业变革深入发展，人工智能、大数据、云计算等新技术迅猛发展，对教育提出了新的挑战和要求。与此同时，我国正处于实现中华民族伟大复兴的关键时期，建设教育强国、培养时代新人的任务更加紧迫。在这一背景下，学校必须更新教育理念，适应时代发展需求。

1.政策导向

党的二十大报告明确提出，要“全面贯彻党的教育方针，落实立德树人根本任务，培养德智体美劳全面发展的社会主义建设者和接班人”。《中国教育现代化2035》提出了“坚持以德为先，加强品德修养，增长知识见识，培养奋斗精神，增强综合素质”的要求。这些政策导向为学校教育理念创新提供了方向指引。

2.学校发展需要

随着学校规模的扩大和办学水平的提高，原有的教育理念已不能完全适应学校发展的新需求。学校需要在继承传统的基础上，创新教育理念，形成具有时代特色和学校特点的教育思想体系，引领学校向更高水平发展。

3.教育理念创新的意义

教育理念创新是学校创新发展的思想基础和精神动力。它能够统一全校师生的思想认识，凝聚发展共识；指导学校各项工作的开展，确保正确方向；激发教师的教育热情和创造力，提高教育质量；满足学生的发展需求，促进学生全面成长。

二、“菁莪乐育”理念的创新内涵

济宁学院第二附属小学在深入研究儒家教育思想和现代教育理论的基础上，提出了“菁莪乐育”的办学理念，这一理念既传承了中华优秀传统文化的精髓，又融合了现代教育的先进理念，具有丰富的创新内涵。

（一）“菁莪”的创新解读

学校对“菁莪”开展创新解读：

1.菁选精华：从中华优秀传统文化和世界先进教育理念中菁选精华，为学校教育提供思想资源。

2.菁英培养：致力于培养具有家国情怀、国际视野、创新精神和实践能力的时代新人。

3.菁彩人生：帮助每个学生发现自身潜能，发展个性特长，绽放生命光彩，创造精彩人生。

（二）“乐育”的创新诠释

“乐育”源自《礼记·学记》中的“乐其道而爱其师，然后可以尽其学”，强调在愉悦的氛围中教育。学校对“乐育”开展创新诠释：

1.乐教乐学：营造愉悦的教育氛围，让教师乐于教，学生乐于学，实现教学相长。

2.乐于创新：培养师生勇于探索、乐于创新的精神，激发创造潜能。

3.乐享成长：让师生在教育教学过程中体验成长的快乐，享受发展的喜悦。

4.乐善人生：引导学生树立正确的价值观，培养乐于助人、积极向善的品质，追求美好人生。

（三）“菁莪乐育”的系统构建

学校将“菁莪乐育”的理念系统化、结构化，形成了完整的理念体系。

1.核心理念：菁莪乐育，全面发展。

2.育人目标：培养具有家国情怀、国际视野、创新精神和实践能力的时代新人。

3.办学特色：儒雅校园，君子教育。

4.校训：明德至善，博学笃行。

5.校风：和谐向上，追求卓越。

6.教风：敬业爱生，严谨创新。

7.学风：勤学善思，知行合一。

这一理念体系既有宏观的指导思想，又有具体的实践要求；既体现了学校的文化传统，又彰显了时代特色，为学校的创新发展提供了思想引领。

三、教育理念创新的实践路径

济宁学院第二附属小学在教育理念创新的过程中，探索形成了一套行之有效的实践路径，确保理念创新不流于形式，真正落地生根。

（一）理论研究与实践探索相结合

学校注重理论研究与实践探索的结合，一方面深入研究儒家教育思想和现代教育理论，汲取思想养分；另一方面，立足学校实际，在教育实践中不断探索和验证，使理念创新既有理论高度，又有实践基础。

1.组建研究团队：成立由校长、骨干教师和专家学者组成的教育理念研究团队，开展系统研究。

2.开展理论学习：定期组织教师学习儒家经典和现代教育理论，提高理论素养。

3.实践探索：在教育教学实践中尝试新理念、新方法，积累实践经验。

4.总结提炼升华：对实践经验总结提炼，形成具有学校特色的教育理念。

（二）全员参与与共识凝聚相结合

教育理念创新不是少数人的事情，而是需要全校师生共同参与、凝聚共识的过程。学校通过多种途径和方式，让全体教师参与到理念创新中来，形成共同的价值追求。

1.广泛征求意见：在理念创新过程中，广泛征求教师、学生、家长和社会各界的意见和建议。

2.开展专题研讨：组织教师开展专题研讨，深入探讨教育理念的内涵和实践路径。

3.建立反馈机制：建立理念实践的反馈机制，及时收集师生对理念实施的意见和建议。

4.形成共同愿景：通过多种形式的交流和互动，形成学校发展的共同愿景。

（三）传统继承与创新发展相结合

教育理念创新既要传承优秀传统，又要与时俱进，实现创新发展。学校在继承中华优秀传统文化精髓的基础上，积极吸收现代教育理念，实现传统与现代的有机融合。

1.挖掘传统资源：深入挖掘儒家教育思想中的优秀元素，如“有教无类、因材施教、举一反三、学思结合、不愤不启、不悱不发、学思结合、知行统一”等。

2.借鉴现代理念：积极借鉴现代教育理念，如核心素养、项目学习、个性化教育等。

3.创造性转化：对传统教育思想创造性转化，使其适应现代教育需求。

4.创新性发展：在传承基础上创新发展，形成具有时代特色的教育理念。

（四）理念宣传与实践落实相结合

教育理念创新不仅需要宣传普及，更需要在实践中落实。学校通过多种途径宣传教育理念，同时注重将理念转化为具体的教育行动。

1.多渠道宣传：通过校园文化建设、宣传栏、校刊、网站、公众号等多种渠道宣传教育理念。

2.专题培训：组织教师开展教育理念专题培训，深化对理念的理解和认同。

3.制度保障：制定相关制度和措施，为理念落实提供制度保障。

4.实践指导：将教育理念转化为具体的教育教学指导意见，指导教师的日常教育教学工作。

四、教育理念创新的成效与反思

（一）创新成效

济宁学院第二附属小学的教育理念创新取得了显著成效，主要表现在以下几个方面。

1.思想共识的形成：全校师生对“菁莪乐育”理念有了深刻理解和认同，形成了共同的价值追求和行动指南。

2.办学特色的彰显：学校形成了鲜明的办学特色，“儒雅校园，君子教育”成为学校的品牌标识。

3.教育质量的提升：在新理念的指导下，学校的教育教学质量不断提高，学生的综合素质全面发展。

4.学校文化的优化：学校文化更加丰富多彩，校园环境更加和谐向上，师生关系更加融洽。

5.社会影响的扩大：学校的教育理念得到社会各界的认可和赞誉，社会影响力不断扩大。

（二）问题与反思

在教育理念创新的过程中，学校也面临一些问题和挑战，需要深入反思。

1.理念与实践的落差：理念创新与实践落实之间存在一定落差，部分教师在教育教学实践中对新理念的贯彻不够到位。

2.理念宣传的深度：理念宣传有时停留在表面，没有深入理念的核心内涵，导致部分师生对理念的理解不够深刻。

3.理念评估的科学性：对理念实施效果的评估缺乏科学的标准和方法，难以客观评价理念创新的实际成效。

4.理念更新的持续性：教育理念需要与时俱进，不断更新，但在实际工作中，理念更新的机制还不够完善。

（三）未来展望

基于对成效和问题的分析，学校对教育理念创新的未来发展开展展望。

1.深化理念研究：继续深化对“菁莪乐育”理念的研究，不断丰富和完善其内涵。

2.强化实践落实：将理念创新与教育教学实践紧密结合，确保理念在实践中得到有效落实。

3.完善评估机制：建立科学的理念评估机制，客观评价理念创新的实施效果。

4.构建更新机制：建立教育理念定期更新的机制，确保理念与时俱进，永葆生机活力。

第二节 管理模式创新：提升学校治理的科学水平

学校管理是保障教育教学有序开展的基础，是提高教育质量的重要保障。济宁学院第二附属小学在长期的办学实践中，不断创新管理模式，提升治理水平，形成了一套科学高效的学校管理体系。

一、管理模式创新的理论基础

（一）现代学校管理理论

现代学校管理理论强调以人为本、民主参与、科学决策、规范管理，注重学校的整体效能和可持续发展。这一理论为学校管理模式创新提供了基本框架和方法论指导。

（二）教育治理现代化理论

教育治理现代化理论强调多元主体参与、权责明确、依法治校、科学管理，注重治理体系和治理能力的现代化。这一理论为学校管理模式创新提供了方向引领和目标指向。

（三）学习型组织理论

学习型组织理论强调组织成员的持续学习、团队学习和共同愿景，注重组织的自我更新和持续发展。这一理论为学校管理模式创新提供了内在动力和发展路径。

（四）教育生态学理论

教育生态学理论强调教育系统内部各要素之间以及教育系统与外部环境之间的相互作用和平衡关系，注重教育生态的和谐发展。这一理论为学校管理模式创新提供了系统思维和整体视角。

二、“三维融合”管理模式的创新实践

济宁学院第二附属小学在管理实践中，创新性地提出了“三维融合”管理模式，即纵向管理与横向管理融合、刚性管理与柔性管理融合、传统管理与现代管理融合，形成了一套科学高效的学校管理体系。

（一）纵向管理与横向管理融合

纵向管理强调自上而下的指挥链和权力结构，横向管理强调同级之间的协作和沟通。学校将两者有机融合，既保证了管理的权威性和执行力，又促进了部门之间的协作和资源共享。

1.组织结构优化：建立“扁平化”的组织结构，减少管理层级，提高管理效率。

2.部门协作机制：建立部门协作机制，促进教务处、德育处、总务处等部门之间的沟通和协作。

3.年级组建设：强化年级组建设，发挥年级组在横向管理中的枢纽作用。

4.教研组功能：发挥教研组在专业引领和教师发展中的作用，促进学科之间的融合和协作。

（二）刚性管理与柔性管理融合

刚性管理强调规章制度和标准流程，柔性管理强调人文关怀和情感激励。学校将两者有机融合，既保证了管理的规范性和严肃性，又体现了对人的尊重和关爱。

1.制度建设：建立健全各项规章制度，明确工作标准和流程，为学校管理提供制度保障。

2.人文关怀：关注教师的专业发展和身心健康，建立教师关爱机制，营造温馨和谐的工作氛围。

3.民主管理：推行民主管理，广泛听取教师意见，让教师参与学校决策和管理。

4.情感激励：建立多元化的激励机制，注重精神激励和情感激励，激发教师的内在动力。

（三）传统管理与现代管理融合

传统管理强调经验传承和人际关系，现代管理强调科学方法和信息技术。学校将两者有机融合，既传承了优秀的管理经验和文化传统，又引入了先进的管理理念

和技术手段。

1.经验传承：总结和传承优秀的管理经验，发挥老教师的传帮带作用。

2.科学决策：运用科学的决策方法，如SWOT分析、德尔菲法等，提高决策的科学性。

3.信息化管理：建设校园信息化平台，实现教学管理、学生指导、后勤管理等的信息化。

4.数据驱动：建立教育大数据分析系统，实现数据驱动的精准管理。

三、管理创新的具体举措

（一）“双主体”治理结构创新

学校创新性地构建了以“党组织领导、校长负责”为核心的“双主体”治理结构，明确了党组织和校长在学校治理中的责任和权限，形成了科学高效的决策机制和执行机制。

1.党组织领导：充分发挥党组织的政治核心作用，把握学校发展方向，启动党员领航工程，政治领航、态度领航、业绩领航，加强思想政治工作。

2.校长负责制：落实校长负责制，明确校长在教育教学和行政管理中的主体责任。

3.决策机制：建立党组织会议和校长办公会议相结合的决策机制，重大事项集体决策。

4.监督机制：建立健全监督机制，确保权力在阳光下运行。

（二）“三级联动”管理机制创新

学校构建了学校、年级、班级“三级联动”的管理机制，形成了上下贯通、协调一致的管理体系，提高了管理的整体效能。

1.学校层面：负责宏观决策和统筹协调，制订学校发展规划和年度工作计划。

2.年级层面：作为学校管理的中间层，负责落实学校决策，协调本年级教育教学工作。

3.班级层面：作为学校管理的基层单位，负责具体实施教育教学活动，直接面对学生。

4.联动机制：建立三级之间的信息沟通、工作协调、问题解决机制，确保管理的连贯性和一致性。

（三）“四位一体”评价体系创新

学校构建了目标管理、过程监控、绩效评估、反馈改进“四位一体”的评价体系，形成了科学完善的质量保障机制。

1.目标管理：制定明确的工作目标和质量标准，为评价提供依据。

2.过程监控：对工作过程实时监控，及时发现和解决问题。

3.绩效评估：对工作成果科学评估，客观评价工作质量和效果。

4.反馈改进：根据评估结果提出改进建议，促进工作质量的持续提升。

（四）“五化并举”管理方式创新

学校推行标准化、规范化、精细化、信息化、人性化“五化并举”的管理方式，提高了管理的科学性和有效性。

1.标准化：制定各项工作的标准和规范，明确工作要求和质量标准。

2.规范化：规范工作流程和操作方法，确保工作有序开展。

3.精细化：注重工作的细节和品质，追求精益求精。

4.信息化：运用现代信息技术，提高管理效率和水平。

5.人性化：关注人的需求和感受，体现人文关怀。

四、管理创新的成效与启示

（一）创新成效

济宁学院第二附属小学的管理模式创新取得了显著成效，主要表现在以下几个方面。

1.管理效能的提升：学校管理更加科学高效，工作运行更加顺畅，资源配置更加合理。

2.教师积极性的提高：教师的工作积极性和创造性得到充分发挥，专业发展更加主动。

3.学校氛围的优化：学校形成了和谐向上、积极进取的良好氛围，师生关系更加融洽。

4.教育质量的提高：在科学管理的保障下，学校的教育教学质量不断提高，学生的综合素质全面发展。

5.学校品牌的打造：学校的管理特色得到社会认可，学校品牌影响力不断扩大。

（二）经验启示

济宁学院第二附属小学的管理模式创新实践，为其他学校提供了宝贵的经验和启示。

1.坚持理论引领：学校管理创新要以科学理论为指导，避免盲目性和随意性。

2.注重系统设计：学校管理是一个系统工程，需要整体设计，统筹推进。

3.强调人本理念：学校管理的核心是人的管理，要尊重人、关心人、发展人。

4.重视文化建设：学校管理要与学校文化建设相结合，形成独特的管理文化。

5.坚持改革创新：学校管理要与时俱进，不断创新，适应教育发展的新要求。

第三节 课程体系创新：构建育人的核心载体

课程是学校育人的核心载体，是实现教育目标的主要途径。济宁学院第二附属小学在课程建设中，坚持以学生发展为本，以核心素养为导向，创新课程体系，形成了具有学校特色的课程结构和内容。

一、课程体系创新的理论基础

（一）核心素养理论

核心素养理论强调培养学生适应终身发展和社会发展需要的必备品格和关键能力，注重学生的全面发展和个性发展。这一理论为学校课程体系创新提供了目标导向和内容框架。

（二）课程整合理论

课程整合理论强调打破学科界限，整合课程内容，促进知识的综合运用和能力的整体发展。这一理论为学校课程体系创新提供了结构设计和内容组织的思路。

（三）建构主义学习理论

建构主义学习理论强调学生是知识意义的主动建构者，学习是在特定的社会文化背景下，通过与环境的相互作用，主动建构知识意义的过程。这一理论为学校课程体系创新提供了学习方式和教学设计的指导。

（四）多元智能理论

多元智能理论认为人的智能是多元的，包括语言智能、逻辑—数学智能、空间智能、音乐智能、身体—运动智能、人际智能、内省智能和自然观察智能等。这一理论为学校课程体系创新提供了学生发展的多元视角。

二、“四位一体”课程体系的创新构建

济宁学院第二附属小学在课程建设中，创新性地构建了国家课程、地方课程、校本课程、隐性课程“四位一体”的课程体系，形成了结构合理、内容丰富、特色鲜明的课程格局。

（一）国家课程的创造性实施

国家课程是学校课程的主体，是实现国家教育目标的基本保障。学校在严格执行国家课程方案的基础上，开展创造性实施。

课程标准的深入研究：组织教师深入研究课程标准，准确把握课程目标和内容要求。

教材的创新使用：在忠实教材的基础上，根据学生实际和地方特色，对教材创新使用。

教学方式的改革：推行项目式学习、探究式学习、合作学习等教学方式，提高课堂教学效果。

评价方式的创新：改革评价方式，注重过程性评价和发展性评价，促进学生全面发展。

（二）地方课程的特色开发

地方课程是国家课程的有益补充，是体现地方特色和满足地方需求的重要途径。学校根据济宁的地域特色和文化传统，开发了一系列地方课程。

儒家文化课程：开发《儒家文化与现代生活》等课程，让学生了解儒家文化的基本内涵和现代价值。

沂河文化课程：开发《大沂河文化探秘》等课程，让学生了解大沂河的历史变

迁和文化内涵。地方非遗课程：开发《济宁非物质文化遗产》等课程，让学生了解和体验地方非遗项目。

地方自然课程：开发《济宁的自然环境》等课程，让学生了解家乡的自然环境和生态保护。

（三）校本课程的创新开发

校本课程是学校课程的特色部分，是体现学校办学理念和特色的重要载体。学校根据自身优势和学生需求，开发了一系列校本课程。

君子教育课程群：开发《小小君子修身课》《君子之道》等课程，培养学生的君子品格和行为习惯。

科技创新课程群：开发《创客实验室》《人工智能初步》等课程，培养学生的创新精神和实践能力。

艺术素养课程群：开发《书法艺术》《戏曲欣赏》等课程，提升学生的艺术素养和审美能力。

生活技能课程群：开发《生活小达人》《安全自护》等课程，提高学生的生活技能和安全意识。

（四）隐性课程的系统建设

隐性课程是学校教育中不明确规定但能对学生产生潜移默化影响的课程，包括校园环境、校园文化、师生关系、校园活动等。学校注重隐性课程的系统建设，发挥其育人功能。

校园环境建设：打造儒雅校园环境，通过建筑风格、景观设计、文化展示等，营造浓厚的文化氛围。

校园文化建设：建设具有儒家特色的校园文化，包括校训、校歌、校徽、校园文化活动等。

师生关系建设：构建和谐融洽的师生关系，倡导尊师爱生、教学相长的教育理念。

校园活动设计：精心设计各类校园活动，如读书节、科技节、艺术节、体育节等，丰富学生的校园生活。

三、课程创新的具体举措

（一）“三层递进”课程结构创新

学校创新性地构建了基础课程、拓展课程、研究课程“三层递进”的课程结构，满足了不同学生的发展需求。

基础课程：面向全体学生，确保学生掌握基础知识和基本技能，达到国家规定的基本要求。

拓展课程：根据学生的兴趣和特长，提供多样化的选择，拓展学生的知识视野和能力范围。

研究课程：针对有特殊才能和浓厚兴趣的学生，提供深入研究的机会，发展学生的专长和潜能。

（二）“四维融合”课程内容创新

学校创新性地构建了知识、能力、情感、行为“四维融合”的课程内容体系，促进学生的全面发展。

知识维度：注重基础知识的系统性和科学性，同时关注知识的实用性和前沿性。

能力维度：注重学习能力、思维能力、实践能力、创新能力等核心能力的培养。

情感维度：注重价值观、人生观、世界观的培养，关注学生的情感体验和价值认同。

行为维度：注重良好行为习惯和行为方式的养成，引导学生知行合一。

（三）“五类并举”课程实施创新

学校创新性地构建了必修课、选修课、活动课、实践课、网络课“五类并举”的课程实施方式，丰富了学生的学习体验。

必修课：确保所有学生掌握必备的知识和技能，达到基本的素质要求。

选修课：根据学生的兴趣和需求，提供多样化的选择，满足学生的个性发展需求。

活动课：通过各类活动，如社团活动、主题活动、节日活动等，丰富学生的学习体验。

实践课：通过实验、调查、参观、实习等实践活动，培养学生的实践能力和创新精神。

网络课：利用信息技术和网络资源，开展线上学习，拓展学习空间和时间。

（四）“六方协同”课程评价创新

学校创新性地构建了学生自评、同伴互评、教师评价、家长评价、专家评价、社会评价“六方协同”的课程评价体系，全面客观地评价学生的发展状况。

学生自评：引导学生自我评价，增强自我认识和自我反思能力。

同伴互评：组织学生之间的互相评价，培养学生的评价能力和合作意识。

教师评价：教师根据学生的学习表现和发展状况专业评价。

家长评价：邀请家长参与评价，从家庭角度观察和评价学生的发展变化。

专家评价：邀请教育专家对学校课程实施效果评价和指导。

社会评价：收集社会各界对学校课程建设的意见和建议，不断完善课程体系。

四、课程创新的成效与反思

济宁学院第二附属小学的课程体系创新取得了显著成效，主要表现在以下几个方面。

学生发展的全面性：学生的知识、能力、情感、行为等方面得到全面发展，综合素质显著提高。

学生学习的主动性：学生的学习兴趣和积极性明显增强，主动学习、探究学习的能力得到提升。

学生特长的个性化：学生的个性特长得到充分发展，每个学生都能找到适合自己的发展路径。

教师教学的创造性：教师的教学观念和教学方式发生积极变化，教学的创造性和有效性明显提高。

学校特色的鲜明性：学校形成了鲜明的课程特色，“君子教育”课程成为学校的品牌课程。

问题与反思

在课程体系创新的过程中，学校也面临一些问题和挑战，需要深入反思。

课程整合的深度：课程整合有时停留在形式上，没有达到内容和方法的深度融合。

课程资源的保障：课程实施需要充足的资源保障，但在实际工作中，资源保障有时不够到位。

教师能力的提升：课程创新对教师的专业能力提出了更高要求，但教师的能力提升需要一个过程。

评价机制的完善：课程评价机制还不够完善，特别是对学生核心素养发展的评价还存在困难。

未来展望

基于对成效和问题的分析，学校对课程体系创新的未来发展开展展望。

深化课程整合：进一步深化课程整合，实现学科内和学科间的深度融合。

优化资源配置：加强课程资源建设，优化资源配置，为课程实施提供充分保障。

提升教师能力：加强教师专业发展，提高教师的课程开发和实施能力。

完善评价机制：建立科学的课程评价机制，客观评价课程实施效果和学生发展状况。

第四节 教学方式创新：激发学习的内在动力

教学是学校育人的核心环节，是实现教育目标的主要途径。济宁学院第二附属小学在教学实践中，不断创新教学方式，激发学生学习的内在动力，提高教学的有效性和针对性。

一、教学方式创新的理论基础建构主义教学理论

建构主义教学理论强调学生是知识意义的主动建构者，教师是学习的引导者和促进者，教学应创设真实的情境，让学生通过自主探索、合作交流等方式主动建构知识。这一理论为学校教学方式创新提供了基本理念和方法指导。

（一）多元智能教学理论

多元智能教学理论认为每个学生都有不同的智能优势和学习方式，教学应尊重学生的个体差异，采用多样化的教学策略，满足不同学生的学习需求。这一理论为

学校教学方式创新提供了个性化教学的思路。

（二）深度学习理论

深度学习理论强调学习不应停留在知识的表面记忆和简单应用，而应追求对知识的深度理解和迁移运用，培养学生的高阶思维能力。这一理论为学校教学方式创新提供了质量导向和目标指引。

（三）学习动机理论

学习动机理论研究影响学生学习积极性的因素，如内在动机、外在动机、成就动机等，为激发学生学习兴趣和主动性提供了理论依据。这一理论为学校教学方式创新提供了动力支持和策略指导。

二、“五元融合”教学模式的创新实践

济宁学院第二附属小学在教学实践中，创新性地构建了“五元融合”教学模式，即目标导向、问题驱动、活动体验、合作探究、反思提升相融合的教学模式，形成了具有学校特色的教学方式。

（一）目标导向

目标导向是教学的起点和方向，明确的教学目标能够指导教学活动的开展，确保教学的方向性和有效性。

目标分层：根据学生的实际情况，将教学目标分为基础目标、发展目标和拓展目标，满足不同学生的发展需求。

目标具体化：将抽象的教学目标具体化，明确学生在知识、能力、情感等方面应达到的具体要求。

目标共享：让学生了解和认同教学目标，明确学习的方向和要求，增强学习的自觉性和主动性。

目标评价：根据教学目标设计评价标准，客观评价学生的学习成果，促进目标的达成。

（二）问题驱动

问题驱动是激发学生学习兴趣和思考的重要手段，精心设计的问题能够引导学生主动探索，深入思考。

问题设计：设计具有挑战性、开放性和生活化的问题，激发学生的学习兴趣和思考欲望。

问题层次：设计不同层次的问题，包括事实性问题、理解性问题、应用性问题、分析性问题、评价性问题和创造性问题，促进学生思维的层层深入。

问题情境：创设真实的问题情境，让学生在具体情境中思考和解决问题，增强学习的真实性和意义感。

问题解决：引导学生运用科学的方法和策略解决问题，培养学生的问题解决能力。

（三）活动体验

活动体验是学生获取直接经验的重要途径，通过亲身参与各种活动，学生能够获得更加深刻的理解和体验。

活动设计：设计丰富多样的学习活动，如实验、调查、参观、角色扮演、情景模拟等，让学生在活动中学习。

体验过程：注重学生在活动中的亲身体验，让学生通过看、听、说、做等多种感官参与学习过程。

情感体验：关注学生在活动中的情感体验，创造积极、愉悦的学习氛围，增强学习的情感投入。

反思体验：引导学生对活动体验反思，从体验中提炼经验，形成认识。

（四）合作探究

合作探究是培养学生团队合作精神和探究能力的重要方式，通过小组合作，学生能够相互学习，共同进步。

小组建设：科学组建学习小组，考虑学生的能力、性格、兴趣等因素，确保小组的异质性和互补性。

角色分工：明确小组成员的角色和职责，如组长、记录员、报告员等，确保每个学生都有明确的任务。

合作规则：制定合作学习的规则和流程，如倾听他人、尊重不同意见、积极参与等，确保合作的有序进行。

探究过程：引导学生在合作中探究，包括提出问题、收集信息、分析数据、形成结论等环节，培养学生的探究能力。

（五）反思提升

反思提升是学生内化知识、提高能力的重要环节，通过对学习过程和结果的反思，学生能够更好地理解和应用所学知识。

学习反思：引导学生对学习过程反思，包括学习方法、学习态度、学习效果等方面。

成果展示：组织学生展示学习成果，如口头汇报、书面报告、作品展示等，增强学生的成就感。

评价反馈：对学生的学习成果评价和反馈，肯定成绩，指出不足，提出改进建议。

迁移应用：引导学生将所学知识迁移应用到新的情境中，促进知识的灵活运用和能力的提升。

三、教学创新的具体举措

（一）“项目式学习”的创新实践

项目式学习是一种以学生为中心、以项目为主线的教学方式，通过完成真实的项目任务，培养学生的综合能力和创新精神。

项目设计：设计贴近学生生活、具有挑战性和开放性的项目，如“校园环境调查”“家乡文化探究”“科技创新设计”等。

团队组建：根据项目需要组建学习团队，明确团队成员的角色和职责。

资源支持：提供必要的学习资源和工具，如图书、网络、实验设备等，支持学生开展项目研究。

过程指导：教师在项目实施过程中提供必要的指导和支持，帮助学生解决困难，但不直接给出答案。

成果展示：组织学生展示项目成果，如报告会、展览会、比赛等，增强学生的成就感和自信心。

评价反馈：对项目过程和成果多元评价，包括自评、互评、教师评价等，促进学生的反思和提高。

（二）"翻转课堂"的创新应用

翻转课堂是一种颠覆传统教学模式的创新教学方式，学生在课前通过视频等资料自主学习新知识，课堂上则互动讨论、问题解答和知识应用。

资源开发：开发或选择优质的学习资源，如微课视频、电子教材、学习指南等，供学生课前自主学习。

自主学习：学生在课前通过观看视频、阅读材料等方式自主学习新知识，记录疑问和思考。

课堂互动：课堂上通过小组讨论、问题解答、案例分析等方式，深化对知识的理解和应用。

个性化指导：教师根据学生的学习情况提供个性化指导，解决学生的疑难问题。

学习评价：通过多种方式评价学生的学习效果，如课堂表现、作业完成、测试成绩等。

智慧课堂的创新探索

智慧课堂是运用现代信息技术支持下的新型课堂教学模式，通过技术手段优化教学过程，提高教学效果。

技术支持：配备必要的硬件设施，如交互式电子白板、平板电脑、无线网络等，为智慧课堂提供技术支持。

资源整合：整合各类数字教育资源，如电子教材、微课视频、学习软件等，丰富教学内容。

互动教学：利用互动软件和平台，实现师生互动、生生互动，增强课堂的互动性和参与度。

即时评价：通过在线测评系统，实现对学生学习情况的即时评价和反馈，及时调整教学策略。

数据分析：收集和分析学生的学习数据，了解学生的学习状况和需求，为个性化教学提供依据。

（三）"学科融合"的创新尝试

学科融合是打破学科界限，整合不同学科的知识和方法，促进学生形成综合思维和能力的教学方式。

主题整合：围绕某一主题，整合不同学科的知识和方法，如“水”主题可以整合科学、语文、数学、艺术等学科内容。

能力整合：围绕核心能力，整合不同学科的教学内容和方法，如批判性思维、创造性思维、问题解决能力等。

项目整合：通过综合性项目，整合不同学科的知识和技能，如“校园环保”项目可以整合科学、数学、语文、美术等学科内容。

教师协作：不同学科教师协作教学，共同设计和实施融合课程，形成教学合力。

评价整合：建立综合性的评价体系，全面评价学生在不同学科领域的学习成果和能力发展。

四、教学创新的成效与反思

（一）创新成效

济宁学院第二附属小学的教学方式创新取得了显著成效，主要表现在以下几个方面。

学生学习的主动性：学生的学习兴趣和积极性明显增强，主动参与学习活动，自主探究能力提高。

学生思维的深度：学生的思维深度和广度得到拓展，批判性思维、创造性思维和实践能力明显提升。

学生学习的个性化：学生的个性特长得到充分发展，每个学生都能找到适合自己的学习方式。

教师教学的创新性：教师的教学观念和教学方式发生积极变化，教学的创新性和有效性明显提高。

教学质量的整体提升：学校的教学质量整体提升，学生的学业成绩和综合素质均有明显进步。

（二）问题与反思

在教学方式创新的过程中，学校也面临一些问题和挑战，需要深入反思。

教学理念的转变：部分教师的教学理念转变不够彻底，在实际教学中仍然习惯于传统的教学方式。

教学能力的提升：创新教学对教师的专业能力提出了更高要求，但教师的能力提升需要一个过程。

教学资源的保障：创新教学需要充足的资源保障，但在实际工作中，资源保障有时不够到位。

教学评价的改革：教学评价机制还不够完善，特别是对学生核心素养发展的评价还存在困难。

（三）未来展望

基于对成效和问题的分析，学校对教学方式创新的未来发展开展展望。

深化理念转变：继续深化教育教学理念的转变，树立以学生为中心的教学观念。

提升教师能力：加强教师专业发展，提高教师的教学设计、组织实施和评价反馈能力。

优化资源配置：加强教学资源建设，优化资源配置，为创新教学提供充分保障。

完善评价机制：建立科学的教学评价机制，客观评价教学效果和学生发展状况。

第五节 评价机制创新：促进师生共同发展

教育评价是教育活动的重要组成部分，是检验教育质量、促进教育发展的重要手段。济宁学院第二附属小学在教育评价方面，不断创新评价理念和方法，构建了科学、全面、多元的评价机制，促进了师生的共同发展。

一、评价机制创新的理论基础发展性评价理论

发展性评价理论强调评价的目的是促进发展，关注评价对象的成长过程和发展潜能，注重评价的诊断和改进功能。这一理论为学校评价机制创新提供了目标导向和价值取向。

（一）多元智能评价理论

多元智能评价理论认为评价应关注学生的多种智能和能力，采用多样化的评价

方法，全面评价学生的发展状况。这一理论为学校评价机制创新提供了内容框架和方法指导。

（二）形成性评价理论

形成性评价理论强调在教育过程中的评价，目的是了解学生的学习进展，及时调整教学策略，促进学生的持续进步。这一理论为学校评价机制创新提供了过程导向和方法策略。

（三）真实性评价理论

真实性评价理论强调在真实情境中对学生的实际表现评价，注重评价的真实性和实践性。这一理论为学校评价机制创新提供了情境设计和实施路径。

二、“三维一体”评价体系的创新构建

济宁学院第二附属小学在评价实践中，创新性地构建了学生评价、教师评价、学校评价“三维一体”的评价体系，形成了全面、科学、有效的评价机制。

（一）学生评价的创新。

学生评价是教育评价的核心内容，直接关系到学生的全面发展和健康成长。学校在学生评价方面开展多方面的创新。

评价理念的创新：树立“以发展为本、以学生为主体”的评价理念，关注学生的全面发展和个性成长。

评价内容的创新：评价内容从单一的学业成绩扩展到德智体美劳全面发展，特别注重学生的核心素养和关键能力。

评价方法的创新：采用多样化的评价方法，如观察法、访谈法、作品分析法、表现性评价法等，全面了解学生的发展状况。

评价主体的创新：评价主体从单一的教师评价扩展到教师评价、学生自评、同伴互评、家长评价等多元主体参与的评价。

评价过程的创新：注重过程性评价，建立学生成长记录袋，记录学生的成长轨迹和发展变化。

教师评价的创新：教师评价是提高教师专业水平和教育教学质量的重要手段。学校在教师评价方面开展多方面的创新。

评价理念的创新：树立“以发展为本、以教师为主体”的评价理念，关注教师的专业发展和成长需求。

评价内容的创新：评价内容从单一的教学成绩扩展到师德师风、专业知识、教学能力、科研水平、育人成效等多个方面。

评价方法的创新：采用多样化的评价方法，如课堂观察、教学反思、学生评教、同行评议、专家评价等，全面了解教师的工作状况。

评价主体的创新：评价主体从单一的行政评价扩展到行政评价、同行评价、学生评价、家长评价、自我评价等多元主体参与的评价。

评价过程的创新：注重过程性评价，建立教师专业发展档案，记录教师的成长轨迹和发展变化。

（二）学校评价的创新

学校评价是检验学校办学质量和发展水平的重要手段。学校在学校评价方面开展多方面的创新。

评价理念的创新：树立“以质量为核心、以特色为追求”的评价理念，关注学校的内涵发展和特色创建。

评价内容的创新：评价内容从单一的升学率扩展到办学理念、管理水平、师资队伍、课程建设、教学质量、学生发展、特色创建等多个方面。

评价方法的创新：采用多样化的评价方法，如数据分析、问卷调查、访谈座谈、实地考察、案例研究等，全面了解学校的发展状况。

评价主体的创新：评价主体从单一的上级评价扩展到上级评价、专家评价、教师评价、学生评价、家长评价、社会评价等多元主体参与的评价。

评价过程的创新：注重过程性评价，建立学校发展档案，记录学校的发展历程和变化。

三、评价创新的具体举措

（一）“成长档案袋”评价的创新实践

成长档案袋评价是一种以学生为主体、以发展为目的的评价方式，通过收集和整理学生在学习过程中的各种作品、记录和反思，全面评价学生的发展状况。

档案内容：学生的成长档案袋包括基本信息、学习成果、活动记录、自我评价、他人评价等内容，全面记录学生的成长轨迹。

收集整理：学生在教师指导下，自主收集和整理自己的学习成果和活动记录，培养自我管理能力。

反思评价：学生定期对自己的学习和成长反思和评价，教师、同学和家长也参与评价，形成多元评价。

展示交流：定期举行成长档案袋展示和交流活动，让学生分享自己的成长经历和收获，增强成就感和自信心。

持续改进：根据评价结果，学生制订下一阶段的学习和发展计划，教师提供必要的指导和支持。

（二）“多元评价”体系的创新应用

多元评价体系是一种综合运用多种评价方法、多个评价主体、多个评价维度的评价体系，能够全面、客观地评价学生的发展状况。

评价方法多元化：综合运用纸笔测试、口头表达、实践操作、作品分析、观察记录等多种评价方法，全面了解学生的发展状况。

评价主体多元化：教师评价、学生自评、同伴互评、家长评价、专家评价等多个主体参与评价，形成多角度的评价视角。

评价维度多元化：从知识、能力、情感、态度、行为等多个维度评价学生，关注学生的全面发展。

评价标准多元化：根据学生的个体差异和发展需求，设置不同的评价标准，实现个性化评价。

评价结果多元化：评价结果不仅包括量化的分数，还包括质性的描述和建议，为学生的发展提供全面指导。

（三）“等级评价”制度的创新探索

等级评价制度是一种以等级代替分数的评价制度，旨在减轻学生的考试压力，促进学生的全面发展。

等级设置：根据学生的学习表现，设置A、B、C、D等不同等级，避免分数的过度竞争。

评价标准：制定明确的等级评价标准，包括知识掌握、能力发展、学习态度等方面，确保评价的客观性和公正性。

综合评价：等级评价不仅关注学习成绩，还关注学生的学习过程、学习态度、学习方法等方面，综合评价。

动态调整：根据学生的发展变化，动态调整评价标准和方法，确保评价的适切性和有效性。

结果运用：评价结果主要用于了解学生的学习状况，指导教学改进和学生发展，而非简单的排名和选拔。

（四）“教师专业发展”评价的创新尝试

教师专业发展评价是一种以促进教师专业成长为目的的评价方式，通过多元评价和持续反馈，促进教师的专业发展。

专业标准：制定明确的教师专业发展标准，包括师德师风、专业知识、教学能力、科研水平、育人成效等方面。

自我评价：教师定期自我评价，反思自己的教育教学实践，发现问题，寻求改进。

同伴互评：组织教师之间的互相评价，通过听课、评课、教研活动等形式，相互学习，共同提高。

专家引领：邀请教育专家对教师的教育教学工作评价和指导，提供专业支持。

成长规划：根据评价结果，教师制定个人专业发展规划，明确发展方向和目标，持续提升专业水平。

四、评价创新的成效与反思

（一）创新成效

济宁学院第二附属小学的评价机制创新取得了显著成效，主要表现在以下几个方面。

学生发展的全面性：学生的综合素质得到全面评价和发展，不再单纯追求分数，而是关注全面发展。

学生学习的主动性：学生的学习积极性和主动性明显增强，自主学习、自我管理的能力得到提升。

学校管理的科学性：学校管理更加科学规范，决策更加民主科学，管理效能明显提升。

教育生态的和谐性：学校形成了和谐的教育生态，师生关系、家校关系更加融洽，教育氛围更加积极向上。

（二）问题与反思

在评价机制创新的过程中，学校也面临一些问题和挑战，需要深入反思。

评价理念的转变：部分教师和家长的评价理念转变不够彻底，仍然习惯于传统的分数评价。

评价方法的科学性：部分新型评价方法的科学性和有效性还需要进一步验证和完善。

评价操作的复杂性：多元评价、过程性评价等新型评价方式操作较为复杂，增加了教师的工作负担。

评价结果的运用：评价结果的运用还不够充分，特别是在指导教学改进和学生发展方面的作用还需加强。

五、未来展望

基于对成效和问题的分析，学校对评价机制创新的未来发展开展展望：

深化理念转变：继续深化评价理念的转变，树立“以发展为本、以人为本”的评价理念。

完善评价方法：进一步完善评价方法和工具，提高评价的科学性和有效性。

简化评价操作：在保证评价质量的前提下，简化评价操作流程，减轻教师负担。

加强结果运用：加强评价结果的分析和运用，为教学改进和学生发展提供有效指导。

本章小结

创新是教育发展的不竭动力，是学校持续进步的源泉。济宁学院第二附属小学在全方位立德树人的实践中，始终坚持创新驱动发展战略，在教育理念、管理模式、课程体系、教学方式、评价机制等方面开展一系列创新探索，取得了显著成效。这些创新实践不仅提高了学校的教育教学质量，促进了学生的全面发展，也提升了学校的管理水平和办学品质，为学校的可持续发展注入了强大动力。学校将继续坚持创新驱动发展战略，不断深化教育教学改革，努力建设特色鲜明、质量一流的现代化学校。

第十八章 办学成果：学校发展的丰硕果实

经过多年的不懈努力和持续探索，济宁学院第二附属小学在全方位立德树人的校本实践中取得了丰硕的办学成果。这些成果不仅体现在学生德智体美劳全面发展上，也体现在教师专业成长、学校整体发展和社会影响力提升等多个方面。

第一节 学生发展成果：德智体美劳全面成长

学生是学校教育的主体，学生的全面发展是学校办学成果最直接、最重要的体现。济宁学院第二附属小学始终坚持“五育并举”，促进学生德智体美劳全面发展，取得了令人瞩目的成绩。

一、道德品质显著提升

学校将立德树人放在首位，通过“君子教育”“十大行动”等多种途径，加强学生的思想道德建设，培养学生的良好品德和行为习惯。

核心价值观内化于心：学生对社会主义核心价值观的理解和认同不断加深，能够自觉践行爱国、敬业、诚信、友善等基本道德规范。

“君子品格”初步养成：学生普遍表现出仁爱、诚信、礼貌、担当等君子品格，校园内形成了崇尚美德、见贤思齐的良好风尚。学校定期评选“校园小君子”，树立榜样，激励学生向善向好。

行为习惯规范养成：学生在学习、生活、交往等方面的行为习惯得到有效规范，文明礼仪、遵纪守法、勤俭节约等意识明显增强。学校通过《小学生日常行为规范》的细化落实和持续督导，培养学生良好的行为习惯。

社会责任感增强：学生积极参与志愿服务、社区活动、环保行动等社会实践活动，社会责任感和公民意识不断增强。学校组织的“小小志愿者”活动深受学生欢迎，参与率逐年提高。

心理健康水平提高：学校重视学生的心理健康教育，通过心理健康课程、心理辅导、团体活动等方式，帮助学生疏导心理压力，培养积极乐观的心态和健全的人格。学生心理健康测评结果显示，学生整体心理健康水平良好。

二、学业水平稳步提高

学校在减轻学生过重课业负担的同时，注重提高课堂教学效率和学生学习能力，学生的学业水平稳步提升。

基础知识扎实掌握：学生对各学科的基础知识和基本技能掌握扎实，学习兴趣浓厚，学习能力不断提高。在各级各类学业水平测试中，学校学生的成绩始终名列前茅。

学习能力持续发展：学生的自主学习能力、合作学习能力、探究学习能力得到有效培养。课堂上，学生敢于提问、乐于探究；课后，学生能够自主安排学习，拓展知识面。

思维品质显著提升：学生的批判性思维、创造性思维、逻辑思维能力得到发展。在数学、科学等学科的学习中，学生能够独立思考，提出有创意的解决方案。

学科竞赛屡创佳绩：学生在各级各类学科竞赛中表现突出，屡获佳绩。例如，在全国小学生数学竞赛、“希望杯”全国数学邀请赛、全国青少年科技创新大赛、“语文报杯”全国小学生作文大赛等比赛中，均有多名学生获得国家级、省级奖项。

升学表现优异：学校毕业生以其扎实的基础、良好的素养和突出的能力，受到重点中学的青睐，不仅成绩优异，而且品德良好，带着远大的志向求学，学习后劲强劲，带有独特的二附小气质——文质彬彬然后君子，传统文化积淀丰厚，为上一级学校输送了大量优秀人才。

三、身心素质健康发展

学校高度重视学生的体育和美育工作，促进学生身心健康发展。体育锻炼习惯养成：学校严格落实每天两小时校园体育活动，开设丰富多样的体育课程和社团活动，学生普遍养成了积极参与体育锻炼的良好习惯。学生体质健康测试合格率和优良率逐年提升。

运动技能不断提高：学生的各项基本运动技能得到发展，掌握了至少1—2项体育运动技能。学校田径队、篮球队、足球队等在各级比赛中成绩优异。

艺术素养普遍提升：学校开设了书法、绘画、音乐、舞蹈、戏曲等丰富的艺术课程和社团，学生的艺术兴趣得到激发，审美能力和艺术表现力普遍提高。学生艺术作品在各级比赛中获奖，校园文化艺术节成为展示学生才华的重要平台。

劳动观念逐步树立：学校将劳动教育纳入课程体系，通过校内劳动、家务劳动、社会实践等多种形式，培养学生的劳动观念、劳动技能和热爱劳动的品质。学生能够积极参与力所能及的劳动，体验劳动的价值和快乐。

身心健康和谐统一：通过德育、智育、体育、美育、劳育的全面实施，学生的身心得到和谐发展，展现出朝气蓬勃、积极向上的精神风貌。

四、个性特长充分发展

学校尊重学生的个体差异，为学生提供多样化的发展平台，促进学生个性特长的充分发展。兴趣爱好广泛培养：学校开设了涵盖科技、艺术、体育、人文等多个领域的近百个学生社团，满足了学生多样化的兴趣爱好需求。学生根据自己的兴趣自主选择社团，参与率高，活动效果好。

潜能特长有效挖掘：通过多元化的课程和活动，学生的潜能得到有效挖掘，特长得到充分发展。许多学生在科技创新、艺术表演、体育竞技等方面展现出突出才能。

创新精神实践能力增强：学校通过创客空间、科技节、项目式学习等平台，培养学生的创新精神和实践能力。学生在小发明、小制作、科学探究等方面取得了丰硕成果。

自信心和表现力提升：学校为学生提供了丰富的展示平台，如主题班会、演讲比赛、才艺展示、社团汇报演出等，学生的自信心和表现力得到显著提升。

第二节 教师发展成果：专业素养与育人能力双提升

教师是学校发展的第一资源，教师的专业发展是提高教育质量的关键。济宁学院第二附属小学高度重视教师队伍建设，通过多种途径促进教师专业素养和育人能力的双提升，打造了一支师德高尚、业务精湛、结构合理、充满活力的高素质专业化教师队伍。

一、师德师风建设成效显著

学校始终将师德师风建设摆在教师队伍建设的首位，引导教师争做“四有”好老师。

理想信念更加坚定：教师的政治素养和理论水平不断提高，对党的教育方针理解更加深刻，立德树人的使命感和责任感进一步增强。

道德情操持续提升：教师自觉践行《中小学教师职业道德规范》，爱岗敬业、关爱学生、为人师表、廉洁从教，涌现出一大批师德高尚的优秀教师。

育人意识显著增强：教师普遍树立了“全员育人、全程育人、全方位育人”的意识，将教书与育人紧密结合，在传授知识的同时，注重学生品德修养和行为习惯的培养。

师德考核评价完善：学校建立了科学的师德考核评价机制，将师德表现作为教师考核、聘任、评优评先的首要条件，有效促进了师德师风建设。

二、专业素养持续提升

学校通过多种途径加强教师专业培训和培养，教师的专业知识、教学能力和科研水平持续提升。

学历层次稳步提高：学校鼓励和支持教师在职进修，教师队伍的学历层次不断提高，拥有本科及以上学历的教师比例达到100%，其中研究生学历教师比例逐年增加。

专业知识不断更新：教师积极参加各级各类培训和教研活动，学习先进的教育理念和学科知识，专业知识结构不断优化。

教学能力显著增强：教师的课堂教学能力、课程开发能力、教学研究能力得到显著提升。在各级优质课比赛、教学基本功大赛中，学校教师屡获佳绩。

科研能力逐步提高：教师积极参与教育科研，承担各级各类科研课题，撰写教育教学论文，科研成果丰硕。多项研究成果在省市级获奖或推广应用。

骨干教师队伍壮大：学校培养了一大批省、市、区级教学能手、学科带头人、骨干教师、特级教师，形成了结构合理的骨干教师梯队，发挥了示范引领作用。

三、育人能力全面发展

学校注重提升教师的综合育人能力，使教师不仅是知识的传授者，更是学生成长的引路人。

班级管理能力提升：教师的班级管理理念和方法不断更新，能够有效组织和管理班级，营造良好的班级氛围，促进学生健康成长。

心理辅导能力增强：教师普遍掌握了基本的心理健康知识和辅导技能，能够及时发现和疏导学生的心理问题，促进学生心理健康发展。

家校沟通能力提高：教师能够熟练运用多种方式与家长有效沟通，共同促进学生发展，形成了良好的家校合作关系。

信息技术应用能力提升：教师能够熟练运用现代信息技术辅助教学和管理，提高了教育教学效率和效果。

四、教师荣誉成果丰硕

学校教师以其出色的业绩和突出的贡献，获得了各级各类荣誉和奖励。

个人荣誉：多名教师获得全国模范教师、全国优秀教师、省特级教师、齐鲁名师、市杏坛名师、区功勋教师等荣誉称号。

教学成果奖：多项教学成果获得国家级、省、市级教学成果奖。

科研成果奖：多项科研成果获得省、市级教育科研优秀成果奖，被省市评为优秀教育科研单位。

指导学生获奖：教师指导学生参加各级各类竞赛活动，获得优异成绩，多名教师被评为优秀指导教师。

第三节 学校发展成果：办学品质与社会声誉双提升

在学生和教师共同发展的推动下，学校的整体办学水平和综合实力不断提升，办学特色日益彰显，社会声誉和影响力持续扩大。

一、办学条件显著改善

学校积极争取各方支持，不断加大投入，办学条件得到显著改善。校园环境优化上，校园布局更加合理，绿化美化水平提高，“儒雅校园”的文化氛围更加浓厚。硬件设施完善上，教学楼、实验楼、图书馆、体育馆等设施齐全，各类功能教室、实验室、创客空间等配备先进，满足了教育教学和学生发展的需要。信息化水平提升上，校园网络实现全覆盖，班级配备交互式电子白板，教师配备笔记本电脑，建成了智慧校园管理平台，信息化应用水平不断提高。

二、管理水平科学高效

学校不断创新管理模式，优化管理流程，管理水平和治理能力显著提升。治理结构完善方面，“党组织领导、校长负责”的“双主体”治理结构运行顺畅，决策科学民主，执行高效有力。管理制度健全方面，各项规章制度健全完善，管理流程规范清晰，学校运行井然有序。管理效能提升方面，“三维融合”管理模式有效运行，部门协作顺畅，管理效率和整体效能显著提升。

三、教育质量稳步提升

学校坚持内涵发展，深化教育教学改革，教育质量和办学水平稳步提升。课程体系不断完善，“四位一体”课程体系不断完善，课程内容丰富，结构合理，特色鲜明，有效促进了学生全面发展。教学改革持续深入：“五元融合”教学模式有效实施，课堂教学效率和质量显著提高，学生学习效果良好。育人成效显著提升，学生在德智体美劳各方面全面发展，综合素质高，社会适应能力强，赢得了社会各界的广泛赞誉。

四、办学特色日益彰显

学校在传承儒家文化、实施“菁莪乐育”理念的过程中，实现全员参与、全过程育人、全覆盖影响的全环境立德树人的鲜明办学特色。“儒雅校园”文化特色更加鲜明，学校将儒家文化融入校园环境建设，形成了“处处是经典，无物不育人”的儒雅校园文化特色。“君子教育”德育特色越发凸显，学校以“君子教育”为核心，构建了系统化的德育体系，形成了“培养谦谦君子，奠基幸福人生”的德育特色。“五育并举”课程特色日益突出，学校构建了融合德智体美劳的“五育并举”课程体系，促进了学生的全面发展，形成了独特的课程特色。

五、社会声誉持续扩大

学校以其优异的办学成果和鲜明的办学特色，赢得了学生、家长和社会的广泛认可，社会声誉和影响力持续扩大。学校先后获得全国文明校园、全国青少年校园足球特色学校、全国红旗大队、山东省规范化学校、山东省教学示范校、山东省艺术教育示范校、山东省科普教育示范基地、济宁市教育实践先进单位等多项国家、省、市级荣誉称号。学校的办学经验和成果多次被中央电视台、《中国教育报》《人民教育》、山东电视台、大众日报等多家主流媒体报道。学校积极发挥示范辐射作用，承办各级各类现场会、研讨会，接待国内外教育代表团参观交流，分享办学经验，为区域基础教育发展做出了积极贡献。实现了家长满意度高：家长对学校的办学理念、教育质量、管理服务等方面满意度高，家校关系和谐融洽。达成了社会认可度提升：学校的办学成果得到社会各界的广泛认可，成为区域内享有盛誉的优质小学。

第四节 经验辐射成果：引领区域教育发展

济宁学院第二附属小学在自身发展的同时，积极承担社会责任，通过多种途径发挥示范引领作用，分享办学经验，辐射优质教育资源，为区域基础教育的均衡优质发展做出了积极贡献。

一、教育理念的传播与推广

学校的“菁莪乐育”办学理念和“君子教育”德育模式，得到了教育界的广泛关注和认可。学校通过多种途径传播和推广先进的教育理念。学校积极参与和承办各级教育教学研讨会、论坛，校长、骨干教师多次在全国、省、市级会议上做经验介绍和专题报告，分享学校的教育理念和实践探索。学校利用报刊、电视、网络等媒体平台，宣传学校的办学理念和特色，扩大理念的影响力。学校组织编写和出版了多部反映学校办学思想和实践经验的专著、论文集，专著如《办一所体现孔子教育思想的学校》《菁莪园行思录》《中小学礼仪》等，在杂志期刊发表了多篇高质量的教育教学论文，论文如《办一所儒雅学校》《中华优秀传统文化进校园十大路径》为其他学校提供了理论参考。

二、优质课程资源的共享

学校开发的具有特色的校本课程和地方课程资源，受到其他学校的欢迎。学校通过多种方式共享优质课程资源。学校建立了在线课程资源库，将开发的优质课程资源，如教学设计、课件、微课视频、评价量表等上传至平台，供其他学校免费下载和使用。学校定期举办课程观摩周、教学开放日等活动，邀请兄弟学校教师前来观摩、交流，分享课程开发和实施经验。学校与区域内其他学校合作，共同开发适合地方特点的课程资源，实现资源共享、优势互补。

三、教师培养模式的辐射

学校在教师培养方面积累了丰富的经验，形成了有效的培养模式。学校通过多种方式辐射教师培养经验，包括：骨干教师送教下乡，学校定期组织骨干教师到农村学校、薄弱学校送教下乡，示范优质课，开展专题讲座，指导当地教师专业发展；名师工作室引领，学校的省、市级名师工作室积极吸纳区域内其他学校的教师加入，通过集体备课、同课异构、课题研究等方式，带动区域教师队伍整体水平的提升；跟岗研修与培训，学校接收区域内其他学校的教师前来跟岗研修，为他们提供学习和交流的平台。与此同时，学校作为山东省校长教师培训基地也承接部分区域教师专业发展任务。

四、教育教学经验的推广

学校在教育教学改革中形成的成功经验，对区域内其他学校具有借鉴意义。学校通过多种方式推广教育教学经验。学校多次承办省、市、区级教育教学现场会，向与会代表全面展示学校的改革成果和实践经验；学校与多所农村学校、新建学校建立结对帮扶关系，通过管理指导、师资交流、资源共享等方式，帮助薄弱学校提升办学水平。

五、区域教育智库作用的发挥

学校凭借其深厚的文化底蕴、先进的教育理念和丰富的实践经验，逐步成为区域教育发展的智库，为区域教育决策提供咨询和建议。

参与政策制定研讨：学校领导和专家型教师积极参与区域教育发展规划、政策制定的研讨和论证工作，提出建设性意见。

提供教育咨询服务：学校为区域内其他学校提供教育教学、学校管理、特色创建等方面的咨询服务。

开展区域教育研究：学校牵头或参与区域性教育课题研究，为解决区域教育发展中的重点难点问题提供理论支持和实践方案。

办学成果是衡量一所学校办学水平和教育质量的重要标尺。济宁学院第二附属小学在“菁莪乐育“理念的指引下，通过全方位立德树人的校本实践，取得了丰硕的办学成果，把学生的全面成长是学校最核心的成果。这些丰硕的成果，既是对学校过去努力的肯定，也为学校未来的发展奠定了坚实的基础。

第十九章 经验总结：学校发展的理论提升

济宁学院第二附属小学在长期的办学实践中，始终坚持以立德树人为根本任务，以“菁莪乐育”为核心理念，积极探索全方位育人的校本路径，积累了丰富的实践经验，取得了显著的办学成果。对这些经验系统梳理、深入分析和理论提升，不仅有助于学校自身的可持续发展，也能为其他学校提供有益的借鉴和启示。

第一节 办学理念的经验总结与理论提升

先进的办学理念是学校发展的灵魂和方向指引。济宁学院第二附属小学“菁莪乐育”办学理念的提出与实践，是学校发展经验的核心体现。

一、经验总结：“菁莪乐育”理念的形成与实践

根植传统，融汇现代：“菁莪乐育”理念的形成，是学校深入挖掘以儒家文化为代表的中华优秀传统文化教育智慧，并将其与现代教育思想、时代发展要求有机融合的结晶。它既体现了对“有教无类”“因材施教”“乐教乐学”等传统教育思想的继承，又吸收了素质教育、核心素养、全面发展等现代理念的精华。

系统构建，内涵丰富：学校对“菁莪”和“乐育”开展创新性解读，赋予其“菁选精华、菁英培养、菁彩人生”和“乐教乐学、乐于创新、乐享成长、乐善人生”的丰富内涵，并以此为核心，构建了包含育人目标、办学特色、校训、校风、教风、学风在内的系统化理念体系。

理念引领，实践落地：学校将“菁莪乐育”理念贯穿于教育教学和管理服务的全过程，通过顶层设计、制度保障、文化熏陶、活动渗透等多种途径，将抽象的理念转化为具体的教育行动，实现了理念与实践的有效对接。

二、理论提升：基于实践的理念升华

文化自觉与教育自信的统一：“菁莪乐育”理念的实践，体现了学校高度的文化自觉和坚定的教育自信。学校自觉地从中华优秀传统文化中汲取营养，并将其创造性地转化为现代学校教育的指导思想和实践策略，彰显了中国特色社会主义教育的文化底蕴和时代价值。

“全人教育”思想的校本化表达：“菁莪乐育”强调学生的全面发展和个性成长，关注学生的知识、能力、情感、品德等各个方面，追求“五育并举”，是“全人教育”思想在小学阶段的生动实践和校本化表达，体现了对学生个体生命价值的尊重和关怀。

“快乐教育”理念的深化与拓展：“乐育”不仅强调学习过程的愉悦性，更将其拓展到教师的“乐教”、师生的“乐于创新”“乐享成长”以及追求“乐善人生”的更高境界，深化和拓展了“快乐教育”的内涵，使其更具人文关怀和价值导向。

学校发展内生动力的理论诠释：“菁莪乐育”理念的实践，激发了师生的内在动力和创造活力，促进了学校的内涵发展和品质提升。这一实践证明，根植于本土文化、符合教育规律、契合师生需求的办学理念，是激发学校内生动力的关键所在。

第二节 育人模式的经验总结与理论提升

构建科学有效的育人模式是落实立德树人根本任务的关键。济宁学院第二附属小学在“菁莪乐育”理念指导下，探索形成了“五育并举、君子引领、十大行动”的育人模式。

一、经验总结：“五育并举”的融合实践

德育为先，铸魂育人：学校将德育放在首位，以“君子教育”为核心，通过课程、活动、环境等多种途径，系统开展思想道德教育，引导学生树立正确的世界观、人生观、价值观。

智育为重，启智增慧：学校注重提高课堂教学质量，改革教学方式，培养学生的学习兴趣、学习能力和创新思维，促进学生智力发展。

体育为基，强健体魄：学校保证学生每天两小时体育活动时间，开设多样化体育课程，广泛开展体育竞赛，增强学生体质，培养体育精神。

美育为要，浸润心灵：学校通过艺术课程、社团活动、校园文化建设等，提高学生的审美素养和人文底蕴，陶冶情操，美化心灵。

劳育为本，实践砺能：学校将劳动教育纳入课程体系，组织学生参与校内外劳动实践，培养学生的劳动观念、劳动技能和奋斗精神。

“五育”融合，协同育人：学校注重德智体美劳“五育”之间的相互渗透和融合，

打破壁垒，形成育人合力，促进学生的全面发展。

二、理论提升：整体构建与协同育人的机制

“五育并举”的整体性理论：学校的实践证明，“五育”是一个有机整体，相互联系、相互促进，不可分割。有效的育人模式必须整体规划、统筹实施，避免重此轻彼或相互割裂。学校通过课程整合、活动融合、评价融合等方式，探索了“五育并举”的整体实施路径。

“君子教育”的德育整合功能：“君子教育”作为学校德育的核心抓手，不仅突出了德育的首要地位，更重要的是发挥了对其他四育的价值引领和整合作用。它将儒家君子品格的要求融入智育、体育、美育、劳育之中，使“五育”都承载了德育的功能，提升了育人的整体性和实效性。

“十大行动”的项目化推进机制：“十大行动”作为育人模式的具体载体，将育人目标分解为可操作、可评价的具体项目，通过项目化管理的方式系统推进各项育人工作。这种项目化推进机制，使育人工作目标更明确、责任更清晰、过程更可控、效果更易评价，是落实育人目标、提升育人实效的有效机制。

全员全程全方位育人的协同机制：学校的育人模式强调全员参与、全程覆盖、全方位渗透。通过构建学校、家庭、社会协同育人网络，发挥课堂主渠道作用，拓展课外、校外育人途径，利用校园环境、文化活动等隐性课程资源，形成了多主体协同、多途径联动、多资源整合的全方位育人格局。

第三节 管理机制的经验总结与理论提升

科学高效的管理机制是学校健康运行和持续发展的保障。济宁学院第二附属小学在管理实践中，探索形成了具有特色的管理模式。

一、经验总结：“三维融合”的管理实践

纵横结合，提升效能：学校优化组织结构，强化部门协作和年级组功能，实现了纵向指令畅通与横向沟通协作的有效结合，提高了管理效率和整体效能。

刚柔相济，激发活力：学校坚持制度管理与人文关怀相结合，既有严格的规章制度约束，又有温暖的情感关怀激励，营造了规范有序而又和谐融洽的工作氛围，

激发了教职工的积极性和创造性。

新旧融合，与时俱进：学校既注重传承优秀的管理经验和文化传统，又积极引入现代管理理念和信息技术手段，实现了传统管理智慧与现代管理科学的有机融合，提升了管理的科学化、精细化和信息化水平。

特色机制，保障运行：学校构建了“双主体”治理结构、“三级联动”管理机制、“四位一体”评价体系、“五育并举”管理方式等一系列特色管理机制，为学校的科学、规范、高效运行提供了有力保障。

二、理论提升：现代学校治理的校本探索

党建引领下的现代学校治理体系：学校“双主体”治理结构的实践，是中国特色现代学校制度建设的有益探索。它明确了党组织在学校治理中的领导核心地位，落实了校长负责制，厘清了党组织与行政管理的关系，构建了权责明确、运行协调、监督有效的内部治理体系，体现了坚持党的领导与依法治校、民主管理的有机统一。

系统论思想在学校管理中的应用：学校“三级联动”管理机制和“三维融合”管理模式的构建，体现了系统论的思想。学校管理被视为一个相互联系、相互作用的有机整体，通过优化结构、协调关系、整合资源，追求管理的整体优化和系统效能的最大化。

人本管理理念的深化实践：学校在管理中坚持“刚柔相济”，注重人文关怀和情感激励，推行民主管理，体现了人本管理理念。这种管理方式尊重教师的主体地位，关注教师的需求和发展，激发了教师的内在动力，是提升管理效能、促进学校和谐发展的重要途径。

精细化管理与数据驱动的融合：学校推行“五化并举”的管理方式，特别是精细化和信息化管理，并探索数据驱动的评价与决策，是提升学校管理科学化水平的有效路径。通过对管理过程和结果的精细化把控，以及对教育教学数据的分析利用，能够实现更精准的诊断、更科学的决策和更有效的改进。

第四节 课程教学的经验总结与理论提升

课程与教学是学校育人的主渠道和核心环节。济宁学院第二附属小学在课程建

设和教学改革方面开展深入探索。

一、经验总结："四位一体"课程与"五元融合"教学

课程体系的整体构建：学校构建了国家课程、地方课程、校本课程、隐性课程"四位一体"的课程体系，实现了基础性与选择性、统一性与多样性、显性与隐性的有机结合，为学生全面发展和个性成长提供了丰富的课程资源。

课程内容的创新开发：学校在创造性实施国家课程的与此同时，积极开发具有地方特色和学校特点的地方课程与校本课程，如儒家文化、沂河文化、君子教育、科技创新等课程群，丰富了课程内涵，彰显了办学特色。

教学模式的改革探索：学校构建了"五元融合"教学模式（目标导向、问题驱动、活动体验、合作探究、反思提升），并积极实践项目式学习、翻转课堂、智慧课堂、学科融合等创新教学方式，激发了学生学习兴趣，提高了课堂教学效率。

评价机制的配套改革：学校创新评价机制，推行成长档案袋评价、多元评价体系、等级评价制度等，注重过程性评价和发展性评价，促进了学生学习方式的转变和综合素质的提升。

二、理论提升：核心素养导向的育人实践

核心素养在小学阶段的落地路径：学校的课程教学改革实践，是核心素养培养目标在小学阶段的具体化和校本化探索。通过"四位一体"的课程体系和"五元融合"的教学模式，将核心素养的要求融入具体的课程内容和教学活动之中，探索了知识传授、能力培养、价值引领相统一的育人路径。

课程整合与跨学科学习的深化：学校在课程体系构建和教学方式改革中，体现了课程整合与跨学科学习的理念。通过主题整合、项目整合、学科融合等方式，打破学科壁垒，促进知识的综合运用和能力的整体发展，培养学生的综合思维和解决复杂问题的能力。

学习方式变革的实践范式：学校推行的项目式学习、翻转课堂、合作探究等教学方式，是对传统"教师中心、课堂中心、教材中心"教学模式的突破，体现了"以学生为中心"的理念，倡导自主、合作、探究的学习方式，是促进学生深度学习和主动发展的有效范式。

技术赋能教育教学的创新路径：学校对智慧课堂的探索，体现了信息技术与教育教学深度融合的趋势。通过运用现代信息技术优化教学设计、丰富教学资源、创新教学互动、实现精准评价，为提高教学质量、促进个性化学习提供了新的可能性。

第五节 学校文化的经验总结与理论提升

优秀的学校文化是学校发展的根基和灵魂，具有强大的凝聚、激励和育人功能。济宁学院第二附属小学在长期发展中形成了独特的学校文化。

一、经验总结："儒雅校园"的文化建设

文化理念的顶层设计：学校将"儒雅校园，君子教育"作为办学特色，明确了学校文化建设的核心理念和方向。

物质文化的精心营造：学校将儒家文化元素融入校园环境设计，如图书馆命名为"杏坛书院"，道路命名取自儒家经典，建设"君子文化长廊"等，营造了浓厚的儒雅文化氛围。

制度文化的规范引领：学校将儒家思想中的精华，如"仁爱""诚信""担当"等融入学校规章制度和行为规范，形成了具有儒家文化特色的制度文化。

精神文化的价值塑造：学校通过校训、校歌、校徽、校园节日、榜样宣传等，弘扬"崇真向善尚美"的校训精神，塑造了和谐向上、追求卓越的校风，敬业爱生、严谨创新的教风，勤学善思、知行合一的学风。

行为文化的实践养成：学校通过"君子教育"系列活动、文明礼仪教育、志愿服务活动等，引导师生践行儒雅规范，养成了良好的行为习惯和精神风貌。

二、理论提升：文化育人的力量彰显

中华优秀传统文化创造性转化、创新性发展的典范：学校的文化建设实践，是将以儒家文化为代表的中华优秀传统文化创造性转化和创新性发展的成功案例。它不是简单的复古，而是取其精华、古为今用，将其与现代教育理念和学校实际相结合，赋予传统文化新的时代内涵和育人价值。

环境育人理念的深度实践：学校"儒雅校园"的建设，是环境育人理念的深度实践。通过精心设计的物质环境和浓厚的文化氛围，使校园的每一个角落都成为育

人的场所，实现了“润物细无声”的教育效果。

学校文化与育人目标的内在统一：学校文化建设紧密围绕立德树人的根本任务和“培养君子”的育人目标，使文化建设成为实现育人目标的重要途径和有力支撑。学校文化的核心价值追求与育人目标高度契合，形成了强大的育人合力。

文化认同与师生归属感的构建机制：独特的学校文化增强了师生的文化认同感和归属感。师生在共同的文化氛围中学习、工作和生活，形成了共同的价值追求和行为规范，增强了学校的凝聚力和向心力。这种文化认同是激发师生内生动力、促进学校可持续发展的重要基础。

经验总结是实践的升华，理论提升是发展的阶梯。济宁学院第二附属小学全方位立德树人的校本实践，不仅取得了丰硕的成果，更积累了宝贵的经验。通过对办学理念、育人模式、管理机制、课程教学、学校文化等方面的经验系统总结和理论提升，可以更深刻地认识学校发展的内在规律，把握教育改革的方向。

学校的经验表明：植根传统、融汇现代的办学理念是学校发展的灵魂；“五育并举”、协同育人的模式是落实立德树人的关键；科学高效、人本和谐的管理机制是学校运行的保障；核心素养导向、注重创新的课程教学是提高质量的核心；特色鲜明、底蕴深厚的学校文化是凝聚力量、滋养心灵的沃土。

这些经验和理论提升，不仅为济宁学院第二附属小学的未来发展指明了方向，也为其他学校，特别是致力于传承中华优秀传统文化、探索立德树人校本路径的学校，提供了有价值的参考和借鉴。在新的时代背景下，不断总结经验、深化认识、勇于创新，是推动基础教育高质量发展的必由之路。

第二十章 未来展望：学校发展的前进方向

教育是面向未来的事业，学校发展需要前瞻性的规划和战略性的思考。济宁学院第二附属小学在总结过去成就和经验的基础上，积极展望未来，谋划学校发展的新蓝图。

第一节 发展背景：机遇与挑战并存

学校未来发展面临着复杂多变的外部环境和内部条件，既有难得的发展机遇，也有不容忽视的挑战。准确把握发展背景，是科学规划未来发展的前提。

一、国家政策背景：教育改革进入深水区

（一）教育强国建设的战略部署

党的二十大报告明确提出，要“加快建设教育强国”，这为我国教育发展指明了方向。《中国教育现代化2035》提出了到2035年总体实现教育现代化、迈入教育强国行列的战略目标，并明确了推进教育现代化的十大战略任务。这些政策为学校发展提供了重要的战略指引和政策支持。

（二）基础教育改革的深化推进

国家持续深化基础教育改革，推进义务教育优质均衡发展，深化新时代教育评价改革，加强和改进学校体育美育，全面加强和改进新时代学校思想政治教育，这些改革举措对学校的办学理念、育人模式、课程教学等方面提出了新的要求。

（三）教育数字化转型的加速推进

《教育数字化战略行动计划》的实施，标志着教育数字化转型进入快车道。智能技术与教育教学的深度融合，将重塑教育形态、重构教育生态，对学校的信息化建设和教育教学创新提出了更高要求。

（四）教师队伍建设的政策支持

《中共中央国务院关于全面深化新时代教师队伍建设改革的意见》等政策文件，为加强教师队伍建设提供了政策保障。教师教育振兴行动计划、乡村教师支持计划等一系列举措，为提升教师素质、优化教师队伍结构创造了有利条件。

二、社会发展趋势：变革时代的新要求

（一）科技革命与产业变革的深刻影响

以人工智能、大数据、云计算、区块链等为代表的新一轮科技革命和产业变革正在深刻改变人类生产生活方式，也对人才培养提出了新的要求。未来社会需要具备创新精神、批判性思维、合作能力、数字素养等核心素养的人才。

（二）人口结构变化的深远影响

我国人口出生率持续下降，学龄人口数量减少，这将对学校的招生规模、资源配置、办学模式等产生深远影响。与此同时，人口老龄化加剧，也对学校的社会服务功能提出了新的要求。

（三）家庭教育观念的转变

随着社会的发展和家长教育水平的提高，家长对教育的关注点从单纯的学业成绩转向更加关注孩子的全面发展和幸福成长。家长对教育的参与度、期望值和要求都在提高，这对学校的教育教学和家校合作提出了更高要求。

（四）社会文化多元化的影响

全球化和信息化背景下，社会文化日益多元化，各种思想文化交流交融交锋，这既为学校文化建设提供了丰富资源，也带来了价值观引领的挑战。如何在多元文化背景下坚守中华文化立场，培养学生的文化自信和全球胜任力，是学校面临的重要课题。

三、学校自身条件：优势与不足并存

（一）发展优势

1.办学理念先进：学校“菁莪乐育”的办学理念植根传统、面向未来，既有深厚的文化底蕴，又符合现代教育发展趋势，为学校未来发展提供了思想引领。

2.文化底蕴深厚：学校传承儒家文化精髓，构建了“儒雅校园，君子教育”的特色文化体系，形成了独特的文化优势和品牌影响力。

3.师资队伍优质：学校拥有一支师德高尚、业务精湛、结构合理、充满活力的教师队伍，为学校发展提供了人才保障。

4.办学经验丰富：学校在百年办学过程中的全方位立德树人的实践中积累了丰

富的经验，形成了一系列行之有效的育人模式和管理机制。

5.社会声誉良好：学校办学成果显著，社会认可度高，赢得了学生、家长和社会各界的广泛赞誉。

（二）面临挑战

1.发展空间有限：随着城市化进程加快、学校周边环境变化，学校的物理空间扩展受到限制，这对学校规模扩大和功能拓展构成挑战。

2.优质资源不足：尽管学校师资力量较强，但与一流学校相比，高层次人才和优质教育资源仍显不足，这制约了学校向更高水平发展，这是城中老牌学校发展遇到的共同瓶颈。

3.创新动力不足：部分教师和管理人员习惯于传统的教育教学方式和管理模式，创新意识和能力有待提升，这影响了学校的创新发展。

4.国际视野不够：学校在国际交流与合作方面的经验不足，师生的国际视野和跨文化交流能力有待拓展，这制约了学校的国际化发展。

5.数字化转型压力：面对教育数字化转型的趋势，学校在信息化基础设施、数字资源建设、教师信息技术应用能力等方面还存在差距，数字化转型面临压力。

第二节 发展愿景：建设一流现代化学校

基于对发展背景的分析和对学校自身条件的评估，济宁学院第二附属小学提出了未来发展的愿景和目标，就是在办学上争一流，在质量上争第一，在特色上争唯一。

一、发展愿景

秉承“菁莪乐育”理念，传承创新儒家文化，深化全方位立德树人实践，建设特色鲜明、质量一流的现代化小学，成为区域基础教育改革发展的示范引领者和中华优秀传统文化教育的传承创新者。

二、发展目标

（一）近期目标（2025—2027 年）

1.办学理念更加深入人心：进一步深化“菁莪乐育”理念的内涵，使其成为全体师生的共同价值追求和行动指南。

2.育人模式更加完善：优化“五育并举、君子引领、十大行动”的育人模式，提高育人的系统性、协同性和实效性。

3.课程体系更加科学：完善“四位一体”课程体系，提升课程的系统性、选择性和适切性，满足学生多样化发展需求。

4.教学质量更加优质：深化“五元融合”教学模式改革，提高课堂教学效率，促进学生深度学习和全面发展。

5.教师队伍更加优秀：加强教师队伍建设，提高教师的专业素养和育人能力，打造一支高素质专业化创新型教师队伍。

6.学校管理更加科学：完善“三维融合”管理模式，提高管理的科学化、规范化、精细化水平，增强学校治理能力。

7.学校文化更加浓厚：深化“儒雅校园”文化建设，增强文化的育人功能，提升学校的文化软实力。

8.办学特色更加鲜明：进一步彰显“君子教育”特色，提升特色的品质和影响力，打造学校的品牌优势。

（二）中期目标（2028—2030 年）

1.成为区域教育改革的示范校：在课程改革、教学创新、评价改革、管理创新等方面取得突破性成果，成为区域教育改革的示范引领者。

2.成为传统文化教育的品牌校：在传承创新中华优秀传统文化、推进“君子教育”实践等方面形成系统成果，成为传统文化教育的品牌学校。

3.成为教师专业发展的基地校：建设高水平的教师发展平台，培养一批教育家型教师和学科领军人才，成为教师专业发展的重要基地。

4.成为学生全面发展的幸福校：创造有利于学生全面发展的教育环境，让每个学生都能享受高质量的教育，成为学生成长的幸福家园。

（三）远期目标（2031—2035 年）

1.建成特色鲜明的一流学校：形成独特的办学理念、育人模式、课程体系和文化特色，成为特色鲜明、质量一流的现代化小学。

2.建成区域教育的智库中心：成为区域基础教育改革发展的思想源泉和实践基

地，为区域教育发展提供智力支持和经验借鉴。

3.建成传统文化的传承基地：成为中华优秀传统文化教育的重要传承基地，为弘扬中华优秀传统文化、培养文化自信的时代新人做出贡献。

4.建成国际交流的窗口平台：成为中外教育文化交流的重要窗口，为增进中外教育文化交流、提升中国教育国际影响力做出贡献。

第三节 发展策略：创新驱动与特色引领

实现学校未来发展的愿景和目标，需要科学的发展策略和有效的实施路径。济宁学院第二附属小学将坚持创新驱动与特色引领相结合的发展策略，推动学校高质量发展。

一、坚持创新驱动发展

创新是引领发展的第一动力。学校将坚持创新驱动发展战略，在理念创新、制度创新、管理创新、课程创新、教学创新等方面持续发力，激发学校发展的内生动力。

（一）理念创新：引领发展方向

1.持续深化“菁莪乐育”理念：进一步挖掘“菁莪乐育”理念的时代内涵，使其更好地适应教育发展的新形势、新要求。

2.积极吸收先进教育思想：密切关注国内外教育理论和实践的最新发展，吸收借鉴先进的教育思想和理念，丰富学校的教育思想体系。

3.构建学校教育哲学体系：在实践基础上提炼形成学校独特的教育哲学体系，为学校发展提供更加系统、深刻的思想指导。

（二）制度创新：优化治理结构

1.完善现代学校制度：进一步完善以章程为核心的现代学校制度，健全内部治理结构，明确各治理主体的权责边界，提高治理效能。

2.创新决策机制：完善民主决策、科学决策机制，建立健全重大决策的论证评估和风险防控机制，提高决策的科学性和民主性。

3.优化运行机制：创新学校内部运行机制，优化组织结构，理顺部门关系，提高运行效率，增强学校的整体效能。

（三）管理创新：提升管理水平

1.推进精细化管理：细化管理标准，规范管理流程，强化过程管理，追求管理的精益求精，提高管理的科学化、规范化水平。

2.推进信息化管理：加强智慧校园建设，推进管理信息化、数据化，实现管理的智能化、精准化，提高管理效率和水平。

3.推进人本化管理：坚持以人为本的管理理念，关注师生的需求和发展，营造和谐融洽的工作氛围，激发师生的积极性和创造性。

（四）课程创新：丰富育人内涵

1.创新课程理念：树立核心素养导向、学生发展为本、终身学习等先进课程理念，引领课程改革的方向。

2.创新课程结构：优化“四位一体“课程体系，加强学科间的整合与融合，构建更加科学合理的课程结构。

3.创新课程内容：紧跟时代发展和学生需求，更新课程内容，增强课程的时代性、实践性和选择性。

4.创新课程实施：探索多样化的课程实施方式，如项目式学习、探究式学习、体验式学习等，提高课程实施的有效性。

（五）教学创新：提高教学质量

1.创新教学理念：树立“以学生为中心”的教学理念，关注学生的学习过程和体验，促进学生的主动发展。

2.创新教学模式：深化“五元融合”教学模式改革，探索更加有效的教学组织形式和教学策略。

3.创新教学策略：积极运用项目式教学、探究式教学、合作学习等先进教学策略，提高教学的针对性和有效性。

4.创新教学评价：改革教学评价方式，注重过程性评价和发展性评价，促进学生的全面发展和个性成长。

二、坚持特色引领发展

特色是学校的核心竞争力和可持续发展的重要支撑。学校将坚持特色引领发展战略，进一步彰显“儒雅校园，君子教育”的办学特色，提升特色的品质和影响力。

（一）文化特色：彰显儒雅底蕴

1.深化儒雅校园建设：进一步优化校园环境，丰富文化内涵，营造浓厚的儒雅文化氛围，使校园成为传承儒家文化的重要载体。

2.创新文化育人方式：探索文化育人的新途径和新方法，如文化节、主题活动、社团活动等，增强文化育人的吸引力和实效性。

3.扩大文化影响力：通过多种渠道宣传推广学校文化，如出版文化读本、举办文化论坛、开展文化交流等，扩大学校文化的社会影响力。

（二）德育特色：深化君子教育

丰富君子教育内涵：进一步挖掘君子教育的时代内涵，使其更好地适应新时代立德树人的要求。

1.完善君子教育体系：优化君子教育的目标体系、内容体系、实施体系和评价体系，形成更加科学完善的君子教育体系。

2.创新君子教育方法：探索君子教育的新途径和新方法，如情境教育、体验教育、榜样教育等，增强君子教育的吸引力和实效性。

3.扩大君子教育影响：通过多种渠道宣传推广君子教育，如出版教育读本、举办教育论坛、开展教育交流等，扩大君子教育的社会影响力。

（三）课程特色：打造精品课程

1.打造君子教育课程群：进一步完善君子教育课程体系，开发系列君子教育校本课程，如《小小君子修身课》《君子之道》等，形成特色鲜明的君子教育课程群。

2.打造儒家文化课程群：深入挖掘儒家文化资源，开发系列儒家文化校本课程，如《儒家经典导读》《儒家礼仪教育》等，形成特色鲜明的儒家文化课程群。

3.打造地方文化课程群：充分利用曲阜丰富的地方文化资源，开发系列地方文化校本课程，如《儒家文化探秘》《曲阜非物质文化遗产》等，形成特色鲜明的地方文化课程群。

（四）教学特色：创新教学模式

1.深化“五育融合”教学模式：进一步优化“五育融合”教学模式，使其更加适应学生的学习特点和发展需求。

2.探索项目式学习模式：积极推进项目式学习，设计开发一系列具有挑战性、开放性和实践性的学习项目，培养学生的综合能力和创新精神。

3.探索智慧教学模式：充分运用现代信息技术，探索智慧教学的新模式和新方法，提高教学的针对性和有效性。

三、坚持开放合作发展

开放合作是学校发展的必由之路。学校将坚持开放合作发展战略，加强与各方的交流合作，拓展发展空间，提升发展水平。

（一）加强校际合作

1.与国内名校合作：加强与国内名校的交流合作，学习借鉴先进经验，提升办学水平。

2.与国外学校合作：开展与国外学校的交流合作，拓展国际视野，提升国际化水平。

3.与高校合作：加强深化与高校的合作，开展教育教学研究，提升科研水平和教育质量。

（二）加强社会合作

1.与企业合作：加强与企业的合作，开展职业体验、科技创新等活动，拓展学生的实践平台。

2.与社区合作：加强与社区的合作，开展社区服务、社区教育等活动，增强学校的社会服务功能。

3.与文化机构合作：加强与博物馆、图书馆、文化馆等文化机构的合作，丰富学生的文化体验，提升文化素养。

（三）加强家校合作

1.创新家校沟通机制：建立多元化、常态化的家校沟通机制，如家长会、家访、家长学校、家长委员会等，增强家校沟通的有效性。

2.拓展家校合作内容：拓展家校合作的内容和形式，如家长志愿者、家长课堂、家长参与学校管理等，增强家长参与的广度和深度。

3.提升家校合作质量：提高家校合作的针对性和有效性，形成家校合力，共同促进学生的健康成长。

第四节 发展路径：系统推进与重点突破

实现学校未来发展的愿景和目标，需要科学的发展路径和有效的实施策略。济宁学院第二附属小学将坚持系统推进与重点突破相结合的发展路径，全面提升学校的办学水平和教育质量。

一、系统推进学校整体发展

学校是一个有机整体，各个方面相互联系、相互影响。学校将坚持系统思维，统筹推进各项工作，实现整体协调发展。

（一）顶层设计，统筹规划

1.制定发展规划：制定学校中长期发展规划和年度工作计划，明确发展目标、发展策略和实施路径，为学校发展提供指导。

2.完善制度体系：建立健全各项规章制度，形成科学完善的制度体系，为学校发展提供制度保障。

3.优化资源配置：合理配置人力、物力、财力等资源，提高资源使用效率，为学校发展提供资源支持。

（二）整体推进，协调发展

1.推进德育工作：深化德育改革，完善德育体系，创新德育方法，提高德育实效，促进学生德智体美劳全面发展。

2.推进教学工作：深化教学改革，优化教学过程，提高教学质量，促进学生学业水平和核心素养的提升。

3.推进课程建设：完善课程体系，丰富课程资源，创新课程实施，提高课程质量，满足学生多样化发展需求。

4.推进队伍建设：加强教师队伍建设，提高教师的专业素养和育人能力，打造高素质专业化创新型教师队伍。

5.推进管理创新：深化管理改革，完善管理机制，提高管理水平，增强学校的治理能力和治理水平。

6.推进文化建设：深化文化建设，丰富文化内涵，创新文化形式，提升文化品质，增强学校的文化软实力。

（三）评估反馈，持续改进

1.建立评估机制：建立科学的评估机制，定期对学校发展状况评估，及时发现问题，提出改进建议。

2.完善反馈机制：建立多元的反馈机制，收集师生、家长、社会等各方面的意见和建议，为学校发展提供参考。

3.实施持续改进：根据评估结果和反馈意见，不断调整和完善发展策略和实施路径，实现学校的持续改进和发展。

二、重点突破关键发展领域

在系统推进的基础上，学校将聚焦关键领域，实施重点突破，以点带面，推动学校整体发展。

（一）突破教师队伍建设

教师是学校发展的第一资源，教师队伍建设是学校发展的关键。学校将把教师队伍建设作为重点突破领域，实施“名师引领工程”，打造高素质专业化创新型教师队伍。

1.实施名师培养计划：选拔培养一批学科带头人和骨干教师，通过专项培训、课题研究、外出学习等方式，提升其专业素养和引领能力。

2.实施青年教师成长计划：通过导师制、集体备课、教学比赛等方式，帮助青年教师快速成长，成为教师队伍的生力军。

3.实施专业发展支持计划：建立教师专业发展支持系统，为教师的专业发展提供资源、平台和机会，促进教师的持续成长。

4.实施教师激励计划：完善教师评价和激励机制，激发教师的工作热情和创造活力，形成积极向上的教师文化。

（二）突破课程教学改革

课程教学是学校育人的主渠道，课程教学改革是提高教育质量的核心。学校将把课程教学改革作为重点突破领域，实施“课程教学创新工程”，提高教育教学质量。

1.实施课程体系优化计划：进一步完善“四位一体”课程体系，优化课程结构，丰富课程内容，提高课程质量。

2.实施教学模式创新计划：深化“五元融合”教学模式改革，探索项目式学习、智慧教学等创新教学模式，提高教学效率。

3.实施评价方式改革计划：改革评价方式，推行多元评价、过程性评价、发展性评价，促进学生的全面发展和个性成长。

4.实施教研科研提升计划：加强教研科研工作，提高教师的教研科研能力，促进教育教学改革的深入开展。

（三）突破特色文化建设

特色文化是学校的核心竞争力，特色文化建设是提升学校品牌影响力的重要途径。学校将把特色文化建设作为重点突破领域，实施“儒雅文化提升工程”，彰显学校特色。

1.实施文化环境优化计划：进一步优化校园环境，增加文化元素，营造浓厚的儒雅文化氛围。

2.实施文化活动创新计划：创新文化活动形式，如文化节、主题活动、社团活动等，增强文化活动的吸引力和影响力。

3.实施文化课程开发计划：开发系列文化校本课程，如儒家文化、沂河文化、地方文化等课程，丰富文化育人内涵。

4.实施文化传播拓展计划：通过多种渠道宣传推广学校文化，如出版文化读本、举办文化论坛、开展文化交流等，扩大学校文化的社会影响力。

（四）突破信息化建设

信息化是教育现代化的重要标志，信息化建设是提升学校现代化水平的重要途径。学校将把信息化建设作为重点突破领域，实施“智慧校园建设工程”，推动教育教学和管理服务的数字化转型。

1.实施基础设施升级计划：升级网络设施，完善硬件设备，建设智能化校园环境，为信息化应用提供基础支持。

2.实施数字资源建设计划：建设数字资源库，开发数字课程，丰富数字学习资源，为师生提供丰富的学习资源。

3.实施智慧教学推进计划：推进信息技术与教育教学深度融合，探索智慧教学新模式，提高教学的针对性和有效性。

4.实施智能管理提升计划：推进管理信息化、数据化，实现管理的AI智能化、精准化，提高管理效率和水平。

三、分步实施发展战略

学校发展是一个长期的过程，需要分步骤、有计划地推进。学校将根据发展目标和实际情况，分三个阶段实施发展战略。

（一）第一阶段：夯实基础（2025—2027年）

1.完善制度体系：健全各项规章制度，形成科学完善的制度体系，为学校发展提供制度保障。

2.优化队伍结构：加强教师队伍建设，优化教师队伍结构，提高教师的专业素养和育人能力。

3.提升教学质量：深化教学改革，优化教学过程，提高教学质量，促进学生学业水平和核心素养的提升。

4.丰富课程资源：完善课程体系，丰富课程资源，创新课程实施，提高课程质量，满足学生多样化发展需求。

5.强化特色建设：深化特色建设，彰显“儒雅校园，君子教育”的办学特色，提升特色的品质和影响力。

（二）第二阶段：提质增效（2028—2030年）

1.深化改革创新：深化教育教学改革，推进管理创新，增强学校的创新活力和发展动力。

2.提升教育质量：全面提升教育教学质量，促进学生的全面发展和个性成长，提高学校的办学水平。

3.扩大对外交流：加强与国内外学校的交流合作，拓展国际视野，提升国际化水平。

4.增强社会服务：发挥学校的社会服务功能，为社区发展和社会进步做出贡献。

5.扩大品牌影响：扩大学校的品牌影响力，提升学校的社会声誉和美誉度。

（三）第三阶段：创建一流（2031—2035 年）

1.优化育人生态：构建更加完善的育人生态系统，为学生的全面发展和终身发展创造良好环境。

2.提升创新能力：提高学校的教育创新能力和科研水平，成为教育改革创新的重要力量。

3.扩大辐射影响：发挥示范引领作用，辐射带动区域教育发展，为区域教育做出更大贡献。

4.提升国际影响：提高学校的国际化水平和国际影响力，成为中外教育文化交流的重要窗口。

5.建成一流学校：全面建成特色鲜明、质量一流的现代化小学，实现学校发展的远景目标。

第五节 保障措施：夯实发展基础

实现学校未来发展的愿景和目标，需要有力的保障措施和坚实的发展基础。济宁学院第二附属小学将从组织保障、制度保障、资源保障、文化保障等方面，为学校发展提供有力支持。

一、组织保障：加强领导，形成合力

（一）健全组织领导体系

1.成立发展规划领导小组：由校长任组长，分管校长任副组长，各部门负责人为成员，负责学校发展规划的制定、实施和评估。

2.建立专项工作推进组：根据发展规划的重点任务，成立若干专项工作推进组，负责具体工作的组织实施。

3.完善决策咨询机制：建立由专家、教师、家长、学生代表组成的决策咨询委员会，为学校发展提供咨询和建议。

（二）明确责任分工

1.制定责任清单：明确各部门、各岗位在发展规划实施中的责任和任务，形成责任清单。

2.签订责任书：与各部门负责人签订责任书，明确工作目标、工作任务和考核标准。

3.建立督查机制：定期对责任落实情况督查，确保各项工作有人负责、有人落实。

（三）加强沟通协调

1.建立协调机制：建立跨部门的协调机制，促进各部门之间的沟通和协作。

2.定期召开协调会：定期召开工作协调会，解决工作中的问题和困难，推动工作的顺利开展。

3.建立信息共享平台：建立信息共享平台，促进信息的及时传递和共享，提高工作效率。

二、制度保障：规范管理，提高效能

（一）完善规章制度

1.修订学校章程：根据发展需要，修订完善学校章程，明确学校的办学理念、发展目标、组织结构和运行机制。

2.健全规章制度：健全各项规章制度，如教学管理制度、学生指导制度、教师管理制度、后勤管理制度等，形成科学完善的制度体系。

3.优化工作流程：优化各项工作流程，提高工作效率，减轻教师负担，为教育教学工作创造良好条件。

（二）强化制度执行

1.加强制度宣传：通过多种形式宣传解读制度，使全体师生了解和掌握制度内容，增强制度意识。

2.严格制度执行：严格执行各项规章制度，做到有章必循、违章必究，确保制度的权威性和有效性。

3.定期检查评估：定期对制度执行情况检查评估，发现问题及时纠正，确保制度落到实处。

（三）完善监督机制

1.健全监督体系：建立健全内部监督体系，如党组织监督、行政监督、教代会监督、家长委员会监督等，形成多元监督格局。

2.畅通监督渠道：畅通监督渠道，如设立意见箱、开通监督电话、建立网络平台等，方便师生和家长反映问题和建议。

3.强化监督实效：对监督中发现的问题及时处理，对违规违纪行为严肃查处，确保监督的实效性。

三、资源保障：优化配置，提高效益

（一）加强人力资源保障

1.优化教师队伍结构：根据学校发展需要，优化教师队伍的年龄结构、学历结构、职称结构和学科结构，提高教师队伍的整体素质。

2.加强教师专业发展培养：加强教师的培训和培养，提高教师的专业素养和育人能力，打造高素质专业化创新型教师队伍。

3.完善激励约束机制：完善教师评价和激励机制，激发教师的工作热情和创造活力，形成积极向上的教师文化。

（二）加强硬件资源保障

1.优化校园环境：优化校园环境，改善办学条件，为师生创造良好的工作、学习和生活环境。

2.完善设施设备：完善教学设施设备，如多媒体教室、实验室、图书馆、体育场馆等，满足教育教学需要。

3.加强信息化建设：加强信息化基础设施建设，如网络设施、硬件设备、数字资源等，为信息化应用提供基础支持。

（三）加强财力资源保障

1.拓展经费来源：积极争取政府支持，吸引社会捐赠，开展合作项目，拓展学校经费来源。

2.优化经费使用：科学编制预算，合理分配资源，优化经费使用结构，提高经费使用效益。

3.加强财务管理：加强财务管理，规范财务行为，确保经费使用的合法性、合规性和有效性。

四、文化保障：凝聚共识，激发活力

（一）深化文化建设

1.丰富文化内涵：进一步挖掘“菁莪乐育”理念和“儒雅校园，君子教育”特色的文化内涵，使其更加丰富深刻。

2.优化文化环境：优化校园环境，增加文化元素，营造浓厚的文化氛围，使校园成为文化育人的重要场所。

3.创新文化活动：创新文化活动形式，如文化节、主题活动、社团活动等，增强文化活动的吸引力和影响力。

（二）凝聚发展共识

1.加强理念宣传：通过多种形式宣传学校的办学理念和发展目标，使全体师生了解和认同学校的发展方向。

2.开展专题研讨：组织教师开展专题研讨，深入探讨学校发展的重大问题，形成共识，凝聚力量。

3.建立共同愿景：通过参与式决策、民主管理等方式，让全体师生参与学校发展规划的制定和实施，形成共同的发展愿景。

（三）激发创新活力

1.营造创新氛围：营造鼓励创新、宽容失败的文化氛围，激发师生的创新意识和创造活力。

2.搭建创新平台：搭建教育教学创新平台，为教师的创新实践提供支持和保障。

3.表彰创新成果：对教育教学创新成果表彰和奖励，激励更多的教师参与创新实践。

未来展望是学校发展的指南针，为学校的可持续发展指明方向。济宁学院第二附属小学在总结过去成就和经验的基础上，积极展望未来，谋划学校发展的新蓝图。展望未来，济宁学院第二附属小学将继续秉承“菁莪乐育”理念，传承创新儒家文化，深化全方位立德树人实践，努力建设特色鲜明、质量一流的现代化小学。

结语

在全面贯彻党的教育方针、落实立德树人根本任务的时代背景下，济宁学院第二附属小学立足孔子故里的深厚文化底蕴，秉承“菁莪乐育”的办学理念，创造性地开展了“君子教育”特色实践，走出了一条全方位立德树人的特色发展之路。

学校百年历程的积淀为特色发展奠定了坚实基础。孔子教育思想的现代转化为特色发展提供了思想引领。学校办学思想与发展规划为特色发展指明了方向。“君子教育”的理论与实践构成了特色发展的核心内容。课程建设作为立德树人的核心载体，支撑了特色发展的实施。教师发展作为立德树人的关键力量，保障了特色发展的实施。德育工作作为立德树人的实践探索，丰富了特色发展的内涵。学生发展作为立德树人的核心目标，体现了特色发展的成效。家校合作作为立德树人的协同机制，拓展了特色发展的空间。“君子教育”特色的实施，取得了显著的成效，促进了学生的全面发展和健康成长，提升了教师的专业素养和教育能力，提高了学校的办学质量和社会影响，形成了具有鲜明特点和显著效果的特色教育模式。学校在特色建设的过程中，积累了丰富的经验，为其他学校的特色发展提供了有益借鉴。

未来，学校将进一步深化和发展“菁莪乐育：全环境立德树人”的校本实践探索，在理念引领、课程建设、教学改革、活动创新、评价改进等方面不断探索和创新，使特色建设更加科学、全面、有效，为学生的全面发展和健康成长提供更加有力的支持，也为基础教育的特色发展提供更加有益的借鉴和启示。

在全面建设社会主义现代化强国的新征程上，济宁学院第二附属小学将继续坚持以习近平新时代中国特色社会主义思想为指导，全面贯彻党的教育方针，落实立德树人根本任务，坚持特色发展道路，不断提高办学质量和水平，为培养德智体美劳全面发展的社会主义建设者和接班人作出新的更大贡献！

后　记

本书的写作得益于济宁学院第二附属小学多年来的教育实践积累和理论探索。学校秉承“菁莪乐育”的教育理念，立足孔子故里的文化优势，创新发展“君子教育”特色，构建了独具特色的全方位立德树人校本实践体系，为基础教育的改革与发展提供了有益的经验和启示。

在《菁莪乐育：全方位立德树人的校本实践》这部专著的写作过程中，我越发深刻感受到济宁学院第二附属小学在教育实践探索中所展现的智慧与力量。这部专著从历史传承、文化根基、办学理念、环境育人、管理体系、育人模式、课程建设、合作共育、特色项目到未来展望等方面，比较全面系统地梳理和总结了学校在全方位立德树人方面的校本实践经验。

笔者参加工作即在这所学校，已经三十年，亲历学校发展历程，作为参与者、见证者对学校是熟悉的，笔者为努力尝试理论与实践相结合、历史与未来相贯通、传统与创新相融合，在写作过程中，重新深入研读了学校的各类文献资料，包括学校发展规划、工作总结、教育教学案例、科研成果等，力求全面、客观、准确地反映学校的教育实践和理论探索。与此同时，作为在读曲师大博士研究生，参考了大量的教育理论著作和研究成果，多次请教我的博士生导师高伟教授，也得到曲师大徐瑞教授、原济宁学院初等教育学院院长宋世伟博士等人的指点，才让我不断将学校的实践经验与教育理论相结合，让本专著的理论深度和学术价值有一定的提升。希望本书能够为基础教育的改革与发展提供一些有益的思考和启示，为立德树人根本任务的落实贡献一份微薄力量。

当然，由于个人学识和视野的局限，在写作中难免存在不足和疏漏之处。有诸多笔力不逮的表述，也避免不了一些主观片面，甚至以偏概全，挂一漏万，一叶障目不见泰山等问题，恳请读者批评指正。

最后，我要感谢济宁学院第二附属小学的全体师生，是他们的教育实践和理论探索为本书提供了丰富的素材和深刻的启示。也感谢所有关心和支持基础教育发展的教育实践者和研究者，是他们的智慧和力量推动着中国基础教育的不断前进和发展。

愿这部专著能够成为教育实践者的有益参考，为基础教育的改革与发展贡献一份力量！

作者：郭峰

参考文献

一、中文著作

[1] 杨伯峻.论语译注[M].北京：中华书局,2006.
[2] 王国轩,译注.大学·中庸[M].北京：中华书局,2016.
[3] 胡平生,张萌,译注.礼记[M].北京：中华书局,2022.
[4] 杨伯峻.孟子译注[M].北京：中华书局,2019.
[5] 中国传统文化读本编纂委员会.礼记[M].北京：燕山出版社,1995.
[6] 李泽厚.人类学历史本体论[M].青岛：青岛出版社,2016.
[7] 腾星.教育人类学通论[M].北京：商务印书馆,2017.
[8] 王彦斌.管理中的组织认同[M].北京：人民出版社,2004.
[9] 魏钧.组织契合与认同研究：中国传统文化对现代组织的影响[M].北京：北京大学出版社,2007.
[10] 许芳.组织行为学原理与实务(第三版)[M].北京：清华大学出版社,2007.
[11] 袁振国.教育研究方法导论(第9版)[M].北京：教育科学出版社,2010.
[12]赵幕熹.教育科研方法[M].北京：北京教育出版社,1991.
[13] 朱小蔓.情感教育论纲[M].北京：人民出版社,2008.
[14] 叶澜.教育学原理[M].北京：人民教育出版社,2007.
[15] 卢家楣.情感教学心理学[M].上海：上海教育出版社,2013.
[16] 陈志强.邓小平实践理性的鲜明特征[M].北京：生活·读书·新知三联书店,2013：198.
[17] 顾明远.教育大辞典[M].上海：上海教育出版社,1998：1706.
[18] 李成泉.办一所体现孔子教育思想的学校[M].济南：人民出版社,2008.
[19] 李成泉.走进孔子[M].北京：人民出版社,2008.

二、中文译著

[1] [德]卡尔·马克思,弗里德里希·恩格斯.马克思恩格斯全集(第30卷)[M].中共中央马克思恩格斯列宁斯大林著作编译局,译.北京：人民出版

社,1995.
[2] 马克思,恩格斯.马克思恩格斯选集：第1卷[M].北京：人民出版社,1995.
[3] [德]雅斯贝尔斯.什么是教育[M].邹进,译.北京：生活·读书·新知三联书店,1991.
[4] [德]扬·普兰佩尔.人类的情感：认知与历史[M].马百亮,等,译.上海：上海人民出版社,2021.
[5] [法]卢梭.社会契约论[M].何兆武,译.北京：商务印书馆,2001.
[6] [法]米歇尔·福柯.福柯读本[M].汪民安,译.北京：北京大学出版社,2010.
[7] [美]C.赖特·米尔斯.社会学的想象力[M].李康,译.北京：北京师范大学出版集团,2017.
[8] [美]阿普尔.意识形态与课程[M].黄忠敬,译.上海：华东师范大学出版社,2001.
[9] [美]丹尼尔·贝尔.后工业社会的来临[M].高铦,王宏周,魏章玲,译.北京：新华出版社,1997.
[10] [美]杜威.民主主义与教育[M].王承绪,译.北京：人民教育出版社,2001.
[11] [美]帕克·帕尔默.教学勇气：漫步教师心灵[M].吴国珍,余魏,译.上海：华东师范大学出版社,2005.
[12] [美]乔纳森·特纳.人类情感——社会学的理论[M].孙俊才,文军,译.北京：东方出版社,2009.
[13] [美]塞缪尔·亨廷顿.文明的冲突与世界秩序的重建[M].周琪,译,北京：新华出版社,2009.
[14] [美]韦恩·K.霍伊.教育行政学——理论、研究与实际[M].方德隆,等,译.高雄：复文图书出版社,1983.
[15] [日]佐藤学.静悄悄的革命：课堂改变,学校就会改变[M].李季湄,译.北京：教育科学出版社,2014.
[16] [塞浦路斯]扎莫拉斯.以情立教：一种后现代式探索[M].赵鑫,译.福州：福建教育出版社,2020.
[17] [新西兰]斯托曼.情绪心理学[M].张燕云,译.沈阳：辽宁人民出版社,1986.
[18] [意]亚米契斯.爱的教育[M].夏丏尊,译.南京：译林出版社,2008.
[19] [古希腊]亚里士多德.尼各马可伦理学[M].北京：商务印书馆,2019：1-2.

[20] [美]埃蒂纳·温格.实践共同体：学习、意义和身份[M].李茂荣,欧阳忠明,任鑫,芮金金,译.南昌：江西人民出版社,2018：42.

[21] [加]马克斯·范梅南.教学机智——教育智慧的意蕴[M].李树英,译.北京：教育科学出版社,2014：108.

[22] [美]杜威.教育中的兴趣与努力[M].任钟印,译,北京：人民教育出版社,2008：201.[美]赫舍尔.人是谁[M].隗仁莲,安希孟译.贵阳：贵州人民出版社,2019.1：10.

[23] [美]加德纳.多元智能[M].沈致隆,译.北京：新华出版社,1999：16.

[24] [美]加德纳.多元智能新视野[M].北京：人民大学出版社,2008：8-19.

[25] [美]帕克·帕尔默.教学勇气[M].吴国珍,等,译,上海：华东师范大学出版社,2005：2.[美]以赛亚·伯林.自由论[M].胡传胜,译.南京：译林出版社,2003：242.

[26] [前苏联]阿·阿·斯米尔诺夫等主编.心理学[M].朱智贤,等,译.北京：人民教育出版社,1957：488.

[27] [日]山寺久雄.教师的心灵与风貌[M].赵一奇,等,译.北京：春秋出版社,1989：63.

三、中文期刊论文

[1] 曹纯惠,周兆海.组织社会学视角下教师管理的权责研究[J].教学与管理,2022(15)：34-36.

[2] 陈琳.以“通情”促“达理”：教师情感劳动的属性与机制——源自情感社会学的本土化阐释[J].内蒙古农业大学学报(社会科学版),2023(3)：37-42+84.

[3] 高德胜.论爱与教育爱[J].教育研究与实验,2009(3)：1-6.

[4] 郭景萍.情感是如何制度化的?[J].社会科学,2006(4)：143-149.

[5] 尹弘飚.教育实证研究的一般路径：以教师情绪劳动研究为例[J].华东师范大学学报(教育科学版),2017(3)：47-56+168-169.

[6] 侯钧生.“价值关联”与“价值中立”——评M.韦伯社会学的价值思想[J].社会学研究,1995(3)：1-7.

[7] 胡青,孙宏伟.情绪劳动与心理健康的关系：工作倦怠的中介作用[J].心理与行为研究,2016(5)：662-667.

[8] 金旭球.能力本位的STEM课程设计——联合国教科文组织国际教育局STEM能力框架及启示[J].中国电化教育,2020(12):90-98.
[9] 林崇德.中国学生发展核心素养:深入回答“立什么德、树什么人”[J].人民教育,2016(19):14-16.
[10] 牛利华.教师职业压力与教师的生命关怀[J].东北师大学报,2005(2):144-148.
[11] 张倩.家国情怀的传统构建与当代传承——基于血缘、地缘、业缘、趣缘的文化考察[J].学习与实践,2018(10):129-134.
[12] 郭峰.承儒雅之风,做少年君子——“办一所体现孔子教育思想的学校”的思考与探索[J].教育家,2016(23):50-55.
[13] 办一所体现孔子教育思想的学校——济宁学院第二附属小学[J].教育,2015(45):2.
[14] 李成泉.办一所儒雅之校[J].人民教育,2010(18):14-17.
[15] 李成泉,郭峰,苏明.孔子教育思想融入现代学校建设模式探究[J].齐鲁师范学院学报,2019,34(6):71-77.
[16] 李成泉.从孔子那里汲取教育的力量[N].中国教师报,2022-10-19(005).DOI:10.28126/n.cnki.ncrjy.2022.001447.
[17] 李成泉,郭峰.构建“十大行动”传承传统文化——济宁学院第二附属小学探索传统文化进校园路径[J].教育家,2017(25):54-55.
[18] 李成泉.培养中国人,需要从孔子那里汲取智慧[J].教育家,2016(25):94-96.
[19] 刘绪菊,孔霞,郭峰.孔子教育思想视域下现代学校建设的实践探索[J].现代教育,2016(4):11-13.
[20] 李成泉.少年君子教育的思考与探索[J].华夏教师,2014(5):10-11.DOI:10.16704/j.cnki.hxjs.2014.05.014.
[21] 李成泉.教育改革的起点在学校[J].山东教育,2011(28):13-14.
[22] 李成泉.走孔子教育思想与现代小学教育结合之路[J].当代教育科学,2011(6):50-54.

[23] 李成泉.校长引领学校发展的方向[J].少年儿童研究,2011(18):51-52.

[24] 李成泉,郭峰,苏明.孔子教育思想融入现代学校建设模式探究[J].齐鲁师范学院学报,2019,34(6):71-77.

[25] 李成泉,郭峰.构建“十大行动”传承传统文化——济宁学院第二附属小学探索传统文化进校园路径[J].教育家,2017(25):54-55.

[26] 郭峰.立足“学思行”教学理念构建小学语文单元主题式教学模式[J].齐鲁师范学院学报,2020,35(3):69-75.

四、中文学位论文及报纸

[1] 邓娜.育人的抓手[D].上海:华东师范大学,2022.

[2] 中华人民共和国教育部.义务教育信息科技课程标准(2022年版)[M].北京:283.

[3] 祝智庭,钟志贤.现代教育技术——促进多元智能发展[M].上海:华东师范大学出版社,2003.

[4] 中共中央国务院.关于深化教育改革全面推进素质教育的决定(中发〔1999〕9号)[S].[1999-06-13].

[5] 中共中央 国务院关于进一步加强和改进未成年人思想道德建设的若干意见(中发〔2004〕8号)[EB/OL].[2004-02-26]https://www.gov.cn/gongbao/content/2004/content_62719.htm.

[6] 中共中央国务院印发《关于加强和改进新形势下高校思想政治工作的意见》[EB/OL].[2017-02-27]https://www.gov.cn/xinwen/2017-02/27/content_5182502.htm.

[7] 中共中央办公厅国务院办公厅印发《关于深化教育体制机制改革的意见》[EB/OL].[2017-09-24.https://www.gov.cn/zhengce/2017-09/24/content_5227267.htm.

[8] 教育部关于印发《中小学德育工作指南》的通知(教基〔2017〕8号)[EB/OL].[2017-08-22].http://www.moe.gov.cn/srcsite/A06/s3325/201709/t20170904_313128.html.

[9] 中华人民共和国教育部制定.义务教育课程方案(2022年版)[S].北京:北京师范大学出版社,2022.